普通高等教育土木与交通类“十三五”规划教材

道路工程地质

于 玲 孙宝芸 主编

中国水利水电出版社
www.waterpub.com.cn
·北京·

内 容 提 要

本教材系统介绍地质学基本知识和道路建设所需的工程地质专业知识，着重介绍道路建设中的各类工程地质问题及工程地质分析的评价方法。全书共16章，主要内容包括：绪论、地球概况、矿物与岩石、地质构造、土的形成及工程性质、地下水、地貌、岩体、风化作用、崩塌与滑坡及其治理、泥石流及防治、岩溶及工程地质问题、地震及工程防震、冻土及工程问题、工程地质勘察的主要方法、各类工程地质勘察。本教材以基本概念讲解为主，结合道桥工程实践，注重培养学生的实践应用能力，并且每章设“学习要点”和课后习题“思考与练习”，帮助学生把握理论知识重点，增强其思考能力。

本教材可供高等院校道路桥梁与渡河工程、隧道工程等相关专业的师生使用，也可供相关工程技术人员参考。

图书在版编目（CIP）数据

道路工程地质 / 于玲，孙宝芸主编. -- 北京 : 中国水利水电出版社，2018.9
普通高等教育土木与交通类“十三五”规划教材
ISBN 978-7-5170-6989-8

Ⅰ. ①道… Ⅱ. ①于… ②孙… Ⅲ. ①道路工程－工程地质－高等学校－教材 Ⅳ. ①U412.22

中国版本图书馆CIP数据核字(2018)第225160号

书 名	普通高等教育土木与交通类“十三五”规划教材 **道路工程地质** DAOLU GONGCHENG DIZHI
作 者	于玲 孙宝芸 主编
出版发行	中国水利水电出版社 （北京市海淀区玉渊潭南路1号D座 100038） 网址：www.waterpub.com.cn E-mail：sales@waterpub.com.cn 电话：（010）68367658（营销中心）
经 售	北京科水图书销售中心（零售） 电话：（010）88383994、63202643、68545874 全国各地新华书店和相关出版物销售网点
排 版	中国水利水电出版社微机排版中心
印 刷	北京瑞斯通印务发展有限公司
规 格	184mm×260mm 16开本 13.25印张 305千字
版 次	2018年9月第1版 2018年9月第1次印刷
印 数	0001—3000册
定 价	**35.00**元

《道 路 工 程 地 质》
编 委 会

主　　编　于　玲　孙宝芸

副主编　赵中华　隋伟宁　张　晏

参　　编　张春梅　曹　悦　刘　峰

前言

QIANYAN

本教材依据教育部实施的培养卓越工程师计划的教学基本要求编写而成。道路工程地质系道路桥梁与渡河工程专业一门重要的专业基础课，学习本课程的目的在于使学生了解道路工程建设中的工程地质现象和问题，以及这些现象和问题对道路、桥梁、隧道设计、施工和使用各阶段的影响；能够正确处理各种工程地质问题，合理利用自然地质条件；了解工程地质资料的获取方法，正确提出工程地质勘察任务及要求，并运用勘察资料进行工程设计及指导施工。本教材介绍工程地质基础知识、不良地质现象与工程地质问题及防治和工程地质勘察等方面的内容，共16章，包括绪论、地球概况、矿物与岩石、地质构造、土的形成及工程性质、地下水、地貌、岩体、风化作用、崩塌与滑坡及其治理、泥石流及防治、岩溶及工程地质问题、地震及工程防震、冻土及工程问题、工程地质勘察的主要方法和各类工程地质勘察等内容。第2～第16章均设有学习要点和思考与练习。

本教材有以下特色：

(1) 考虑当前本科生地质基础知识较为薄弱，教材增加了地貌知识，详细介绍地貌分类、平原地貌、山岭地貌和河谷地貌。

(2) 考虑到冻土问题在我国东北地区各类工程中较为突出，在教材第12章增加了冻土的基本知识以及冻土对道路工程的影响。

(3) 认真贯彻教育部实施的培养卓越工程师计划的基本要求，把地质现象和道路工程实践紧密结合。

本教材适合于高等学校道路桥梁与渡河工程及相关专业的本科教学，也可供相关工程技术人员参考使用。

本教材由具有多年教学经验的沈阳建筑大学教师于玲、孙宝芸担任主编，由于玲、孙宝芸和沈阳建筑大学城市建设学院教师赵中华、张春梅，沈阳建筑大学教师隋伟宁、曹悦，辽宁科技大学教师张晏，辽宁科技学院教师刘峰共同编写完成。其中，第1篇由于玲、赵中华、张晏、曹悦编写；第2篇由孙宝芸、隋伟宁、刘峰负责编写；第3篇由赵中华编写。沈阳建筑大学研究生刘杰、白中华、张攀在本教材统稿、修改和图片编辑方面做了大量工作。教材的编写得到了沈阳建筑大学张敏江教授、才华教授和杨大勇博士的大力帮助，在此表示衷心的感谢！对于书中所引用文献和研究成果的众多作者也表示诚挚的谢意！

由于编者水平有限，教材中难免存在不足之处，敬请读者指正，以便我们进一步修正完善。在此，特向给予本书支持的同仁致以衷心的感谢！

编者

2018年6月

目录

MULU

第1章 绪论

1.1 工程地质学的研究内容和任务

工程地质学是研究工程建设活动与地质环境相互作用的有关地质问题的学科，也就是说，是一门研究与工程建设活动有关的地质问题，为工程建设活动服务的地质学科。它是地质学的分支，属于应用地质学的范畴，也是工程学与地质学交叉形成的一门新的边缘学科。

工程地质学与不同的工程建设活动相结合或为不同的工程活动服务，就形成各种不同的专门工程地质学，比如与道路工程建设活动相结合，为道路工程建设活动服务，就形成道路工程地质学。

工程地质学包括工程岩土学、工程地质分析、工程地质勘察三个基本部分。工程岩土学的任务是研究岩土的工程地质性质以及这些性质的形成和它们在自然或人类活动影响下的变化。工程地质分析的任务是：研究工程活动中的工程地质问题，研究这些问题形成的地质条件、工程活动与地质条件之间的作用规律，进而正确评价和有效防治不良影响。工程地质勘察的任务是调查工程活动涉及的地质因素，并运用技术方法为工程提供详尽的地质资料。

为了生存和发展，人类在地球表面（即地壳上）从事着各种各样的工程建设活动。工程建设活动是在一定的地质环境中进行的，两者之间有着密切的关系，并且相互影响、相互制约。建设工程的地质环境称为工程地质条件，是土和岩石的工程性质、地质构造、地貌、水文地质、地质作用、自然地质现象和天然建筑材料等几个方面的总和。地质条件影响着工程建设活动的安全和建筑物的正常使用。例如，在开挖高边坡时，若忽略地质条件，可能引起大规模的崩塌和滑坡。工程建设活动也会以各种方式影响地质条件，甚至使自然地质环境发生恶化。例如，在地表进行工程建设，可能引起地基岩土体的压密沉降；桥梁可使局部河段冲刷淤积发生变化；在城市过量抽取地下水，可能导致大规模的地面沉降。

工程地质学的具体任务是把地质科学应用于工程实践，通过查明并评价工程活动地区的工程地质条件，阐明对工程活动有利的和不利的因素；论证建筑物可能遇到的主要工程地质问题，进行定性和定量评价，作出确切结论；选择工程地质条件良好的建筑场址，并根据场址的工程地质条件具体情况提出合理的建筑类型、结构形式、规模的建议；预测建筑物建成后对地质环境的影响及其发展演化趋势，提出对地质环境合理利用和保护的对策和措施；提供改善和防治不良地质作用的方案、措施所需的地质依据。

由此可见，工程地质学的任务是多方面的。研究人类工程活动与地质环境之间的相互制约关系，以便做到既能使工程活动安全、经济、稳定，又能合理开发和保护地质环境，这是工程地质学的基本任务。而在大规模地改造自然环境的工程中，如何按地质规律办事，有效地顺应和改造地质环境，则是工程地质学面临的主要任务。

1.2　工程地质学的研究方法

工程地质学的研究对象是复杂的地质体，所以其研究方法多种多样，主要包括定性分析法、定量分析法、试验分析法、模拟分析法等，这四种研究方法各有特点，应互为补充、综合应用。而自然历史分析法是最重要和最根本的研究方法，是其他研究方法的基础。将地质分析法与力学分析法、工程类比法与试验法等密切结合使用，即通常所说的定性分析与定量分析相结合的综合研究方法。常用方法叙述如下。

1. 自然历史分析法

自然历史分析法是地质学方法，是工程地质学最基本的一种研究方法。工程地质学所研究的对象——地质体和各种地质现象，是自然地质在历史过程中形成的，而且随着所处条件的变化，还在不断地发展演化。所以对一个动力地质作用或建筑场地进行工程地质研究时，首先就要做好基础地质工作，查明各项自然地质条件和各种地质现象以及它们之间的关系，预测其发展演化的趋势及结果。只有这样，才能真正查明研究地区的工程地质条件，并作为进一步研究工程地质问题的基础。例如，对斜坡变形与破坏问题进行研究时，要从研究形态入手，确定斜坡变形与破坏的类型、规模及边界条件，分析斜坡变形、破坏的机制及各项影响、控制因素，以展现其空间分布格局，进而分析其形成、发展演化过程和发育阶段。但是，仅有地质学的方法，是不能完全满足工程地质评价要求的，因为它终究属于定性研究的范畴，并没有数量的概念。所以要深入研究某一工程地质问题时，还必须采用定量研究的方法。

2. 数学力学分析法

数学力学分析属于定量研究的范畴，是在自然历史分析的基础上开展的，是对某工程地质问题或工程动力地质现象，经自然历史分析之后，根据所确定的边界条件和计算参数，运用理论公式或经验公式进行定量计算。例如在斜坡稳定性计算中通常采用的刚体极限平衡理论法，就是在假定斜坡岩土体为刚体的前提下，将各种作用力以滑动力和抗滑力的形式集中作用于可能的滑移破坏面上，求出该面上的边坡稳定系数，作为定量评价的依据。为了搞清边界条件以及合理地选用各项计算参数，就需要进行工程地质勘探、试验，有时则要耗费巨大的资金和人力。所以除大型或重要的建筑物外，一般建筑物往往采用经验数据类比进行计算。

数学力学分析法在计算空间问题、非均一、非线性的复杂课题时更显出它的优越性。随着计算机技术的发展，各种数学、力学计算模型越来越多地运用于工程地质领域，弹性力学和弹塑性力学理论的有限单元法也日益广泛地应用于斜坡稳定性、坝基抗滑稳定性、地面沉降及水库诱发地震危险性等的分析计算中。

3. 模型模拟试验法

在工程地质研究中，模型模拟试验法也常被采用。它也属于定量研究的范畴。它可以帮助人们探索自然地质作用的规律，揭示某一工程动力地质作用或工程地质问题产生的力学机制及发生发展演化的全过程，以便工程人员作出正确的工程地质评价。

模型试验与模拟试验的区别在于，试验所依据的基础规律是否与实际作用的基础规律一致。例如，用渗流槽进行坝基渗漏试验属于模型试验的方法，因为试验所依据的是达西定律，与实际控制坝基渗漏的基础规律相同。但若用电网络法进行这种试验，则属于模拟试验的方法，因为试验是以电学中的欧姆定律为依据的。欧姆定律与达西定律形式上虽然相似，但本质上则根本不同。

在工程地质中常见的模型试验有：地表流水和地下水渗流作用，斜坡稳定、地基稳定、水工建筑物抗滑稳定以及地下洞室围岩等工程岩土体稳定性的试验。常用的模拟试验有：光测弹性和光测塑性模拟试验，模拟地下水渗流的电网络模拟试验等。

4. 工程地质类比法

工程地质类比法在工程地质研究中也是一种常用的方法，可以用于定性评价，也可作半定量评价。它是将已建建筑物工程地质问题的评价经验运用到自然地质条件与其大致相同的拟建的同类建筑物中去。这种方法的基础是相似性，即自然地质条件、建筑物的工作方式、所预测的工程地质问题性质都应大致相同或近似。它往往受研究者的经验限制。由于自然地质条件等不可能完全相同，类比时又往往把条件加以简化，所以这种方法是较为粗略的，一般适用于小型工程或初步评价。

1.3 道路工程地质课程教学任务和学习目标

我国地域辽阔，自然条件复杂，公路工程常要穿越不同的地质地貌单元，公路沿线的地质环境和条件差异大且变化复杂，建设中常会遇到各种各样的自然条件和地质问题。因此，作为道路工程专业技术人员，必须具备一定的工程地质知识，才能正确处理道路建设与自然地质条件的相互关系，才能胜任工作。

道路工程地质研究人员应以严肃认真的科学态度，综合运用地质学理论及各种新技术、新方法、新理论，相互核对、相互验证，客观地反映各种地质现象，正确、全面地评价工程地质条件，为线路选择和各种建筑物的工程设计提供可靠的地质依据。

道路工程地质课程是公路与城市道路、桥梁工程和隧道工程等专业的一门专业基础课。课程结合我国自然地质条件和公路、桥梁与隧道工程的特点，为学习专业和开展有关问题的科学研究提供必要的工程地质学基础知识；同时，通过一些基本技能的训练，培养学生搜集、分析和运用有关地质资料，对一般的工程地质问题进行评价的能力。学习本课程最重要的是要学会具体问题具体分析。

本课程学习目标有以下三点：

（1）能读懂一般地质资料，并根据地质资料在野外辨认常见的岩石和松散沉积物，了解其主要的工程性质；辨认基本的地质构造及明显的不良地质现象，了解其对工程建筑的影响。

(2) 系统掌握工程地质的基本理论和方法，根据工程地质勘察数据和资料，进行一般的工程地质问题分析，并提出处理措施。

(3) 把学到的工程地质学知识与专业知识紧密结合起来，进行实际工程设计与施工。

第 2 章

地球概况

学习要点：地球的内、外圈层构造，地质作用的概念及内容。

2.1 地球构造

地球是由不同状态不同物质的同心圈层组成的球体，以地表为界，分为外部圈层和内部圈层。外部圈层包括大气圈、水圈和生物圈；内部圈层包括地壳、地幔和地核，如图 2.1 所示。

2.1.1 地球的外部圈层

1. 大气圈

大气圈是地球的最外层，其上界仍不清楚，但通过极光，人们认为上界至少在 1200km 以上，总质量达 5.1×10^{15}t，占地球总质量的 0.00009%。大气的主要成分氮占 78%；氧占 21%；其他是二氧化碳、水汽、惰性气体、尘埃等，占 1%。

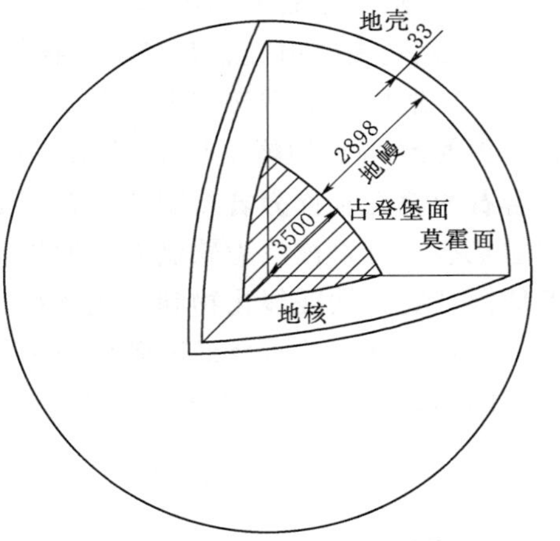

图 2.1 地球的内部构造（单位：km）

大气圈是地球的重要组成部分，为生物提供必要的生存条件，避免了宇宙射线的危害、温度的剧烈变化、水分的散失。风、雨、雪、冰雹等天气现象都发生在大气圈中，成为地质作用的重要因素。大气圈的污染会直接影响到人类的生存和发展。

2. 水圈

地球表面包括海洋、江河、湖泊、冰川和地下水等各种形态的水所形成的一个连续圈层称为水圈。水圈的质量为 1.41×10^{18}t，占地球总质量的 0.024%。水圈中，海水占 97.2%，陆地水占 2.8%，其中陆地水又以冰川为重要形式。

水孕育了生命，没有水也就没了生命。太阳的辐射使水产生不断的循环运动，成为地质作用的又一重要因素，是塑造地球面貌的重要动力。水是重要的资源，水的污染问题同样关系到人类的生存和发展。

3. 生物圈

生物圈是指动物、植物和微生物等存在及其活动影响的圈层。目前世界上已知的动物有200万种左右，植物有34万种左右，微生物大约3.7万种。生物圈总质量仅为大气圈的1/300。生物圈的分布包括大气圈下层、岩石圈上层和整个水圈，厚度可达几万米，但受生物生存条件的影响，主要集中在地表以上100m、水面以下100m的范围内。

生物圈是地球演化过程中形成的特殊圈层。尤其人类的出现，对地球产生了特殊的作用。地球的外部圈层相互渗透，相互影响，对地球产生了外动力的地质作用。

2.1.2　地球的内部圈层

地表以下的地球内部圈层主要是通过对地震波的传播规律进行划分的，第一个界面是由南斯拉夫地震学家莫霍·洛维奇首先发现的，称为莫霍面。第二个界面是由美国的古登堡发现的，称为古登堡面。两个界面将地球内部分为地壳、地幔和地核。

（1）地壳。地球由地表到莫霍面的部分称为地壳。地壳厚度大致为地球半径的1/400，大陆部分平均厚度为37km，海洋部分平均厚度为7km，总平均厚度为33km；体积只有地球总体积的0.8%；密度为2.7～2.9g/cm^3，占地球总质量的1.5%。地壳主要由硅、铝和氧化物等组成，呈固体岩石状态。

（2）地幔。莫霍面与古登堡面之间的部分称为地幔，厚2800km左右，占地球总体积的83%。地幔平均密度为4.5g/cm^3，占地球总质量的65%。地幔的上部固体岩石和地壳合称为岩石圈。岩石圈的下面一定厚度内，具有较大的塑性，表现为熔融状态，所以被称为软流圈。地幔上层是熔融状态物质，可能是岩浆的发源地；下地幔主要由铁镁氧化物和硫化物组成。

（3）地核。从古登堡面到球心部分称作地核，半径为3471km，体积占地球总体积的16.2%，平均密度超过10g/cm^3，主要化学成分是铁、镍，所以又称铁镍核心。

2.2　地质作用

作用于地球的自然力使地球的物质组成、内部构造和地表形态发生变化的作用，称为地质作用。引起地质作用的自然力称为地质营力。根据产生地质营力的能量的不同来源，地质作用分为内力地质作用和外力地质作用。内力地质作用是由地球内部的能量引起的，主要有地内热能、重力能、地球旋转能、化学能和结晶能等。外力地质作用是由地球以外的能量引起的，主要有太阳辐射能、潮汐能和生物能等。

2.2.1　外动力地质作用

主要由地球以外的能量（包括太阳辐射能、日月引力能、地球本身的重力能等）所引起的，并且作用在地壳表面的地质作用，称为外动力地质作用。按其作用方式，可分为以下 5 种类型：

（1）风化作用。在温度、水溶液、大气和生物等因素的作用下，使岩石在原地遭到破坏的作用。

（2）剥蚀作用。地面流水、地下水等各种外动力在运动过程中对地壳表层造成破坏并将风化物剥离原地的作用。

（3）搬运作用。剥蚀下来的物质被各种外动力迁移至他处的作用。

（4）沉积作用。被各种外动力搬运的物质在适当环境下发生沉积，形成松散沉积物的作用。

（5）硬结成岩作用。松散沉积物固结成岩石的作用。

外力地质作用一方面通过风化和剥蚀作用不断地破坏出露地表的岩石，另一方面又把地表高处剥蚀下来的风化产物通过流水等介质，搬运到低洼的地方使之沉积下来形成新的岩石。外力作用总的趋势是切削地壳表面隆起的部分，填平地壳表面低洼的部分，不断地使地壳的面貌发生变化。在地表主要形成戈壁、沙漠、泥石流、滑坡、冲积平原等。

2.2.2　内动力地质作用

主要由地球内部的能量（其中以旋转能、重力能、放射性元素衰变产生的热能为主）引起的，且作用在整个岩石圈的地质作用，称为内动力地质作用。根据动力和作用方式，内动力地质作用可分为以下 4 种：

（1）构造运动。构造运动分为水平运动和垂直运动。水平运动常常使岩石沿水平方向拉伸、挤压和位移，形成褶皱和断裂，在大的构造上形成山系、地堑和裂谷。所以，水平运动也被称作造山运动。垂直运动又称为升降运动，它可形成规模不等的隆起和凹陷，引起海侵、海退，导致海陆的变化。

（2）地震作用。是地壳快速的震动的现象，是地壳运动的一种特殊表现形式，地壳运动和岩浆作用都能引起地震。

（3）岩浆作用。岩浆的形成、迁移直至冷凝固结成岩石的全部作用过程。

（4）变质作用。原有岩石基本在固态下，受内力的作用而变成一种新岩石的过程。

内力地质作用总的趋势是形成地壳表层的基本构造和地壳表面大型的高低起伏。

按照地质作用的形式，地质作用可进一步划分，见表 2.1。

表 2.1　地质作用分类

地质作用的形式	地质作用的类型	举　例
外动力地质作用	风化作用	物理风化作用 化学风化作用 生物风化作用
	剥蚀作用	风的吹蚀作用 河流的侵蚀作用 地下水的侵蚀作用 湖泊、海洋的侵蚀作用 冰川的刨蚀作用

续表

地质作用的形式	地质作用的类型	举　例
外动力地质作用	搬运作用	风的搬运作用 河流的搬运作用 地下水的搬运作用 湖泊、海洋的搬运作用 冰川的搬运作用
	沉积作用	风的沉积作用 河流的沉积作用 地下水的沉积作用 湖泊、海洋的沉积作用 冰川的沉积作用
	硬结成岩作用	胶结作用 压实作用 结晶作用
内动力地质作用	构造运动	水平运动 垂直运动（升降运动）
	岩浆作用	喷出作用（火山作用） 侵入作用
	变质作用	碎裂变质作用 接触变质作用 气-液变质作用 区域变质作用
	地震作用	构造地震 火山地震 陷落地震

内、外力地质作用紧密关联、相互影响、互相制约，始终处于对立统一的发展之中，影响着地质、地貌的形态。

思考与练习

1. 试说明地球的圈层构造。
2. 什么是地质作用？地质作用的分类和作用形式有哪些？

第3章

矿物与岩石

学习要点： 掌握常见造岩矿物的物理性质；了解三大岩石形成的地质作用；掌握常见岩浆岩、沉积岩、变质岩的组成、结构和构造特征及鉴定方法；了解影响岩石工程地质的因素。

3.1 造岩矿物

组成地壳的岩石，都是在一定的地质条件下，由一种或几种矿物自然组合而成的矿物集合体。矿物的成分、性质及其在各种因素影响下的变化，都会对岩石的强度和稳定性发生影响。

自然界有各种各样的岩石，按成因可分为岩浆岩、沉积岩和变质岩三大类。由于岩石是由矿物组成的，所以要认识岩石，分析岩石在各种自然条件下的变化，进而对岩石的工程地质性质进行评价，就必须先从矿物讲起。

3.1.1 矿物的基本概念

地壳中的化学元素，除极少数呈单质存在外，绝大多数的元素都以化合物的形态存在于地壳中。这些存在于地壳中的具有一定化学成分和物理性质的自然元素和化合物，称为矿物。其中构成岩石的矿物，称为造岩矿物，如常见的石英（SiO_2）、正长石（$KAlSi_3O_8$）、方解石（$CaCO_3$）等。

造岩矿物绝大部分是结晶质。结晶质的基本特点是组成矿物的元素质点（离子、原子或分子）在矿物内部按一定的规律排列，形成稳定的结晶格构造（图3.1）在生长过程中如条件适宜，能生成具有一定几何外形的晶体（图3.2），如食盐的正立方晶体、石英的六方双锥晶体等。矿物的外形特征和许多物理性质，都是矿物的化学成分和内部构造的反映。

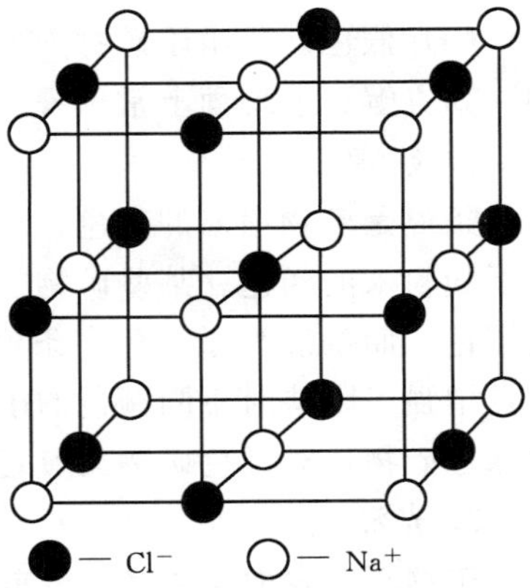

图3.1 食盐晶格构造

自然界的矿物不断地在各种地质过程中形成，同时又经受着各种地质作用而在不断地发生变化，只是在一定的物理和化学条件下才是相对稳定的。当外界条件改变到一定程度后，矿物原

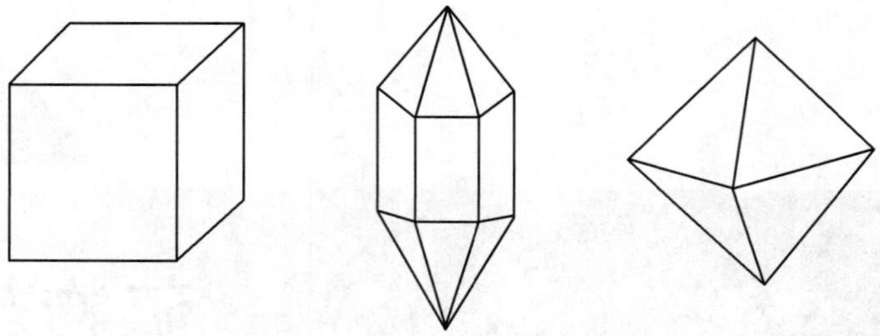

图 3.2　矿物晶质
(a) 食盐晶体；(b) 石英晶体；(c) 金刚石晶体

来的成分、内部构造和性质就会发生变化，形成新的次生矿物。

3.1.2　矿物的物理性质

矿物的物理性质决定于矿物的化学成分和内部构造。不同矿物的化学成分或内部构造不同，因而反映出不同的物理性质。因此，矿物的物理性质是鉴别矿物的重要依据。

矿物的物理性质是多种多样的。为便于用肉眼鉴别常见的造岩矿物，这里主要介绍矿物的颜色、条痕、光泽、硬度、解理和断口。

1. 颜色

矿物的颜色是由矿物对可见光波的吸收作用产生的，按成色原因，有自色、他色、假色之分。

(1) 自色。是矿物固有的颜色，颜色比较固定。对造岩矿物来说，由于成分复杂，颜色变化很大。一般来说，含铁、锰多的矿物，如黑云母、普通角闪石、普通辉石等，颜色较深，多呈灰绿、褐绿、黑绿甚至黑色；含硅、铝、钙等成分多的矿物，如石英、长石、方解石等，颜色较浅，多呈白、灰白、淡红、淡黄等各种浅色。

(2) 他色。是由于矿物混入了某些杂质所引起的，与矿物的本身性质无关。他色不固定，随杂质的不同而异。如纯净的石英晶体是无色透明的，混入杂质就呈紫色、玫瑰色、烟色。由于他色不固定，对鉴定矿物没有很大意义。

(3) 假色。是由于矿物内部的裂隙或表面的氧化薄膜对光的折射、散射所引起的。如方解石解理面上常出现的虹彩；斑铜矿表面常出现斑驳的蓝色和紫色。

2. 条痕

条痕是矿物粉末的颜色，一般是指矿物在白色无釉瓷板（条痕板）上划擦时所留下的粉末的颜色。某些矿物的条痕与矿物的颜色是不同的，如黄铁矿的颜色为浅黄铜色，而条痕为绿黑色。条痕色去掉了矿物因反射所造成的色差，增加了吸收率，增强了眼睛对不同颜色的敏感度，因而比矿物的颜色更为固定，但只适用于一些深色矿物，对浅色矿物无鉴定意义。

3. 光泽

矿物新鲜表面反射光线的能力称为光泽，按其强弱程度可分为金属光泽、半金属光泽和非金属光泽。金属光泽，反光很强，犹如电镀的金属表面那样光亮耀眼；

半金属光泽，比金属的亮光弱，似未磨光的铁器表面；非金属光泽表明矿物表面的反光能力较弱，是大多数非金属矿物（如石英、滑石等）所固有的特点。

由于矿物表面的性质或矿物集合体的集合方式不同，非金属光泽又会反映出以下不同特征的光泽：

（1）玻璃光泽。矿物表面与玻璃的反光相似，如长石、方解石解理面上呈现的光泽。

（2）油脂光泽。矿物表面好像涂了一层油脂一样，如石英断口上呈现的光泽。

（3）珍珠光泽。矿物表面像贝壳内珍珠层所呈现的光泽一样，如云母。

（4）丝绢光泽。矿物表面犹如丝绢反光，如石膏。

（5）土状光泽。矿物表面粗糙，无光泽，暗淡如土，如高岭石。

4. 硬度

矿物抵抗外力刻划、研磨的能力，称为硬度。由于矿物的化学成分或内部构造不同，所以不同的矿物常具有不同的硬度。硬度是矿物的一个重要鉴定特征。在鉴别矿物的硬度时，用两种矿物对刻的方法来确定矿物的相对硬度。硬度对比的标准由 10 种矿物组成，从软到硬依次为：滑石→石膏→方解石→萤石→磷灰石→正长石→石英→黄玉→刚玉→金刚石。它被称为摩氏硬度计。可以看出，摩氏硬度只反映矿物相对硬度的排序，它并不是矿物绝对硬度的等级。

矿物的摩氏硬度根据该种矿物与标准硬度矿物对刻时的刻伤情况而定。例如，把需要鉴定的某矿物分别与标准硬度矿物中的磷灰石和萤石对刻，结果它被磷灰石刻伤，并且它又刻伤了萤石，说明它的硬度大于萤石而小于磷灰石，在 4～5 之间，可以定为 4.5。常见的造岩矿物的硬度，大部分在 2～6.5 之间，大于 6.5 的只有石英、橄榄石、石榴子石等少数几种。野外工作中，常用指甲（2～2.5）、铁刀刃（3～5.5）、玻璃（5.5～6）、钢刀刃（6～7）鉴别矿物的硬度。

5. 解理

矿物受敲击后，能沿一定的方向裂开成光滑平面的性质，称为解理。裂开的光滑平面称为解理面。根据解理方向的多少，解理可以分为一组解理（如云母）、二组解理（如长石）和三组解理（如方解石，见图 3.3）等。根据解理的完全程度，可将解理分为以下 4 种：

（1）极完全解理。矿物的解理面光滑而完整，极易裂成薄片，如云母。

（2）完全解理。矿物易裂成片状或块状，解理面平整光滑，如方解石。

（3）中等解理。矿物的解理面较清晰，光滑程度较差，如正长石。

（4）不完全解理。矿物的解理面很难辨认，只有局部出现不大的光滑平面，如磷灰石。

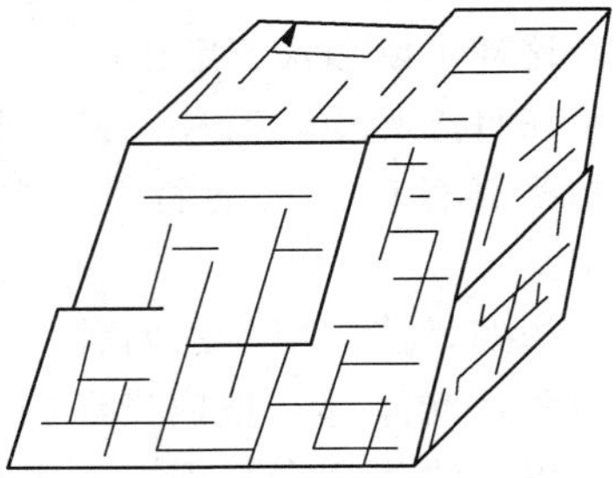

图 3.3 方解石的三组解理图

同一矿物的解理面方向和解理面的平滑程度总是相同的，其性质很固定，因此，解理是矿物的一个重要的鉴定特征。

6. 断口

矿物受敲击后，不按一定方向裂开，而形成凹凸不平的断开面，称为断口。矿物解理的完全程度和断口是相互消长的，解理完全时则不显断口，解理不完全时，则断口显著。常见的断口有贝壳状断口（图 3.4）、锯齿状断口、土状断口等。

7. 其他性质

矿物的相对密度、透明度、磁性、放射性等对鉴定某些矿物是很重要的，例如，磁铁矿和赤铁矿用磁铁极易区分；方解石和重晶石可以利用相对密度来区分；无色透明的冰洲石可以利用其特殊的重折射现象来鉴别（图 3.5）。

图 3.4　贝壳状断口

图 3.5　冰洲石的重折射现象

3.1.3　常见的主要造岩矿物

1. 鉴定方法

矿物主要通过形态以及物理性质等特征来鉴定。一般可以先从形态着手，然后再进行光学性质、力学性质及其他性质的鉴别。最基本的要求是用肉眼鉴别，即借助小刀、瓷板和放大镜等简单工具，对矿物外表特征进行观察和初步鉴定。鉴别时应注意以下几个要点：

（1）抓住其主要特征。

（2）综合考虑颜色、晶形、光泽、硬度、解理等特征。

（3）考虑矿物生成条件及其共生矿物。

对矿物的物理性质进行测定时，应找矿物的新鲜面，这样试验的结果才会正确。因为风化面上的物理性质已改变了原来矿物的性质，不能反映真实情况。

在使用矿物硬度计鉴定矿物硬度时，可以先用小刀（其硬度在 5 左右）鉴定，如果矿物的硬度大于小刀，再用硬度大于小刀的标准硬度矿物来刻划被测定的矿物，这样可以加快鉴定速度。

在自然界中，有些不同矿物，在形态、颜色、光泽等方面相同相近，但每种矿物都具有它自己的特点，鉴别时，如果利用这些特点，即可较正确地加以鉴别。

例如，鉴定甲、乙两种矿物，二者的形态都是结晶体规则几何形状，颜色都是白色，光泽都是玻璃光泽，但硬度不同（甲矿物为 3，乙矿物为 7），解理也不同（甲矿物为完全解理，乙矿物为不完全解理）。把稀盐酸滴在两种矿物上，甲矿物起泡，乙矿物无反应。根据以上情况，结论为：甲矿物为方解石，乙矿物为石英。

2. 常见造岩矿物的主要特征

常见造岩矿物的主要特征见表 3.1。

表 3.1　　常见造岩矿物的主要特征

矿物名称	化学成分	形　状	颜色	条痕	光泽	硬度	解理与断口	相对密度	其　他
黄铁矿	FeS_2	立方体或粒状等	铜黄色	黑绿	金属	6～6.5	参差状断口	4.9～5.2	晶面有条纹
赤铁矿	Fe_2O_3	块状、鲕状、肾状	赤红、钢灰	砖红	金属至半金属	5.5～6	无解理	4.9～5.3	—
石英	SiO_2	粒状、六方棱柱状或呈晶簇	乳白、无色及其他颜色	无	玻璃或油脂	7	贝壳状断口	2.6	晶体柱面有横条纹
方解石	$CaCO_3$	棱面体、粒状	无色	无	玻璃	3	三组完全解理	2.7	滴盐酸起泡
白云石	$CaCO_3 \cdot MgCO_3$	粒状、块状	白带灰色	白	玻璃	3～4	三组完全解理	2.8～2.9	滴热盐酸起泡
石膏	$CaSO_4 \cdot 2H_2O$	纤维状、板状	白色	白	丝绢	2	三组解理一组完全解理	2.3	具挠性
橄榄石	$(Mg \cdot Fe)_2SiO_4$	粒状	橄榄绿	无	玻璃	6～7	贝壳状断口	3.3～3.5	不与石英共生
辉石	$(Ca,Mg,Fe,Al)[(Si,Al)_2O_6]$	短柱状	黑绿色	灰绿	玻璃	5～6	两组中等解理（86°）平坦状断口	3.3～3.6	晶体横断面近八边形
角闪石	$(Ca,Na)_{2\sim3}(Mg,Fe,Al)_5[Si_6(Si,Al)_2O_{22}](OH,F)_2$	长柱状	绿黑色	淡绿	玻璃	6	两组中等解理（86°）锯齿状断口	3.1～3.6	晶体横断面近八边形
正长石	$KAlSi_3O_8$	板状、短柱状	肉红色	无	玻璃	6	两组中等解理正交	2.6	有时可见卡式双晶
斜长石	$(Na,Ca)[AlSi_3O_8]$	板状、柱状	（灰）白色	白	玻璃	6	两组中等解理（86°）	2.7～3.1	有聚片双晶
白云母	$KAl_2[AlSiO_{10}](OH,F)_2$	片状、鳞片状	无色	无	玻璃、珍珠	2～3	一组完全解理	3.0～3.2	其薄片有弹性
黑云母	$K(Mg,Fe)_3(AlSi_3O_{10})(OH,F)_2$	片状、鳞片状	黑或棕黑	无	玻璃、珍珠	2～3	一组完全解理	2.7～3.1	其薄片有弹性
石榴子石	$(Ca,Mg)(Al,Fe)[SiO_4]_3$	菱形十二面体、二十四面体、粒状	褐、棕红、绿黑色	无	玻璃、油脂	6.5～7.5	无解理	3.1～3.2	—
绿泥石	$(Mg,Al,Fe)_{12}[(Si,Al)_8O_{20}](OH)_{16}$	板状、鳞片状	绿色	无	油脂、丝绢	2～3	一组完全解理	2.8	其薄片有挠性
蛇纹石	$Mg_6[Si_4O_{10}](OH)_8$	板状、纤维状	浅绿至深绿	白	油脂	3～4	一组中等解理	2.5～2.7	具滑感
滑石	$Mg_3[Si_4O_{10}](OH)_2$	块状、叶片状	白、黄、绿	白或绿	油脂	1	一组中等解理	2.7～2.8	具滑感
高岭石	$Al_4[Si_4O_{10}](OH)_8$	土状、块状	白、黄色	白	土状	1	一组解理、土状断口	2.5～2.6	有吸水性、可塑性等
蒙脱石	$(Al_2Mg_3)[Si_4O_{10}](OH)_2$	土状、显微鳞片状	白、浅粉红	白	土状	1	无解理	2	吸水剧烈膨胀、有可塑性

3.2　三大类岩石

自然界有各种各样的岩石，按成因可分为岩浆岩、沉积岩和变质岩三大类。

3.2.1　岩浆岩

岩浆岩又称火成岩，是由地壳深处的岩浆沿地壳构造薄弱带上升侵入地壳或喷出地面冷却凝固后形成的岩石。

岩浆是地壳深处一种处于高温高压下的硅酸盐熔融体。它的主要成分是 SiO_2，还有其他元素、化合物和挥发性成分。岩浆经常处于活动状态，具有流动性。当地壳发生变动或受到其他内力作用时，承受巨大压力的岩浆就会沿着构造薄弱带上升，侵入地壳或喷出地面。岩浆在上升过程中，压力减小，热量散失，经复杂的物理化学过程，最后冷却凝结，就形成了岩浆岩。

1. 岩浆岩的产状

岩浆上升侵入围岩，在地壳深处（一般是在地表 3km 以下）结晶形成的岩石，称为深成岩；在地壳浅处（通常是在地表以下 3km 以内）形成的岩石，称为浅成岩。深成岩和浅成岩统称侵入岩。由喷出地面的岩浆冷凝形成的岩石，称为喷出岩。侵入岩和喷出岩由于冷凝空间的限制与否，其大小和形态差异很大。岩浆岩的空间位置、形态、岩体大小以及与周围岩石相接触的关系，称为岩浆岩的产状。侵入岩的产状主要有岩基、岩株、岩脉、岩盘和岩床等；喷出岩的产状主要有火山锥和熔岩流等，如图 3.6 所示。

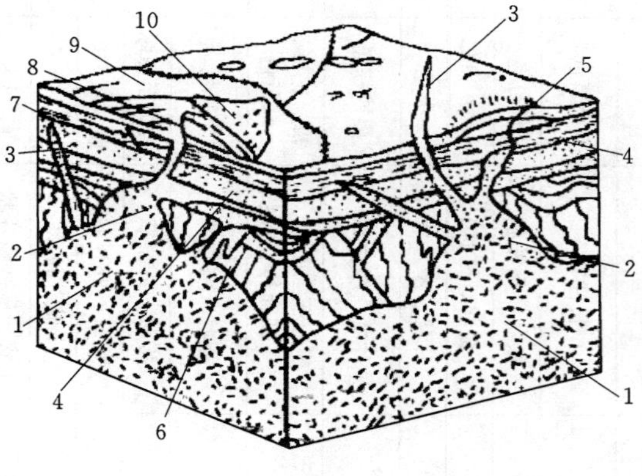

图 3.6　岩浆岩的产状

1—岩基；2—岩株；3—岩墙；4—岩盘；5—火山口；6—岩脉；7—岩床；8—火山颈；9—火山锥；10—熔岩流

2. 岩浆岩的矿物成分

组成岩浆岩的矿物大约有 30 多种，按颜色和化学成分的特点，可分为浅色矿物和深色矿物两类。

（1）浅色矿物。有石英、正长石、斜长石、白云母等。它们富含硅、铝成分，所以又称为含铝的硅酸盐矿物或硅铝矿物。

（2）深色矿物。有黑云母、辉石、角闪石、橄榄石等。它们富含铁、镁成分，所以又称为富含铁、镁的硅酸盐矿物。

但对某一具体岩石来讲，并不是这些矿物都同时存在，而通常是仅由两三种主要矿物组成。例如，辉长岩主要是由斜长石和辉石组成的；花岗岩则是由石英、正长石和黑云母组成的（图 3.7）。

岩浆岩的矿物成分既可以反映岩石的化学成分，又可以反映岩石的生成条件和成因。岩浆的化学成分相当复杂，但含量高、对岩石的矿物成分影响最大的是

SiO_2。因此，根据 SiO_2 含量多少，可将岩浆岩分为以下四大类：

（1）超基性岩。SiO_2 含量小于45％。

（2）基性岩。SiO_2 含量为45％～52％。

（3）中性岩。SiO_2 含量为52％～65％。

（4）酸性岩。SiO_2 含量大于65％。

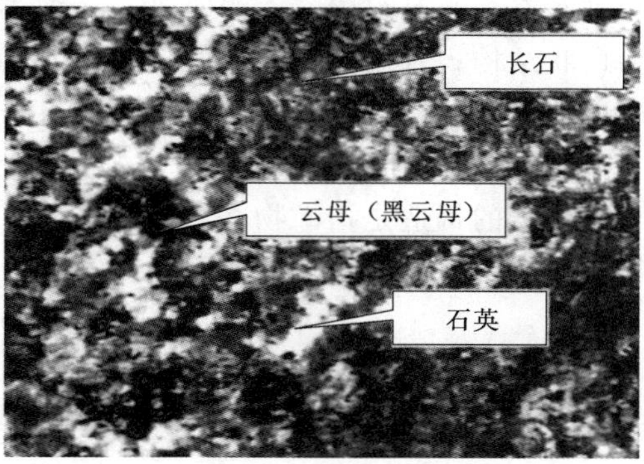

图3.7　花岗岩的矿物成分

从超基性岩至酸性岩，随着 SiO_2 含量增加，岩石的颜色、矿物成分等发生有规律的变化。

3. 岩浆岩的结构

岩浆岩的结构是指岩石中矿物的结晶程度、颗粒大小、形状，以及它们的相互组合关系。岩浆岩的结构特征，是岩浆成分和岩浆冷凝时的物理环境的综合反映。它是区分和鉴定岩浆岩的重要标志之一，同时也直接影响岩石的强度。岩浆岩的结构分类如下：

（1）按岩石中矿物结晶程度划分。

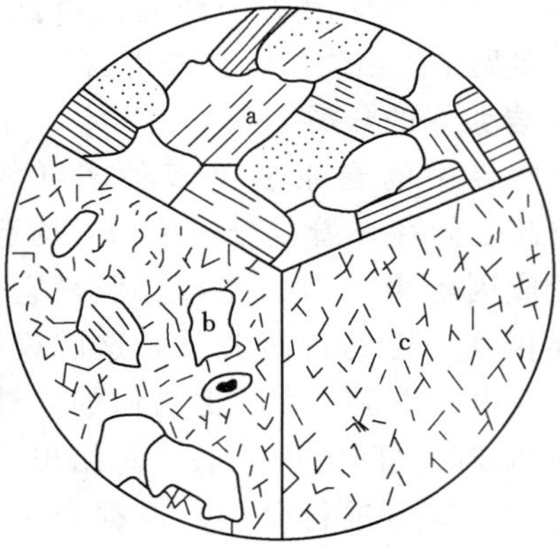

图3.8　按结晶程度划分三种结构
a—全晶质结构；b—半晶质结构；c—非晶质结构

1）全晶质结构。岩石全部由结晶质矿物组成（图3.8中a），多见于深成岩和浅成岩中，如花岗岩、闪长岩。

2）半晶质结构。岩石由结晶质矿物和非晶质矿物组成（图3.8中b），多见于浅成岩和喷出岩，如流纹岩。

3）非晶质结构。岩石全部由非晶质矿物组成，又称玻璃质结构（图3.8中c），为喷出岩所特有的结构，如黑曜岩。

（2）按岩石中矿物颗粒的绝对大小划分。

1）显晶质结构。岩石全部由结晶颗粒较大的矿物组成，用肉眼或放大镜可以辨认。

2）隐晶质结构。岩石全部由结晶微小的矿物组成，用肉眼和放大镜均看不见晶粒，只有在显微镜下方可识别。是浅成侵入岩和喷出岩中常有的一种结构。

3）玻璃质结构。岩石全部由非晶质组成，均匀致密似玻璃，是喷出岩的结构。

（3）按岩石中矿物颗粒的相对大小划分。

1）等粒结构。岩石中的矿物全部是显晶质粒状，同种主要矿物结晶颗粒大小大致相等。等粒结构是深成岩特有的结构。

2）不等粒结构。岩石中主要矿物的颗粒大小不等，且粒度大小成连续变化系列。

3）斑状结构和似斑状结构。岩石由两组直径相差甚大的矿物颗粒组成，其大晶粒散布在细小晶粒中，大的叫斑晶，细小的叫基质。基质为隐晶质及玻璃质的，称为斑状结构；基质为显晶质的，则称为似斑状结构。斑状结构为浅成岩及部分喷出岩所特有的结构。似斑状结构主要分布于浅成侵入岩和部分深成侵入岩中。

4. 岩浆岩的构造

岩浆岩的构造是指矿物在岩石中排列的顺序和填充的方式所反映出来岩石的外貌特征。岩浆岩的构造特征，主要决定于岩浆冷凝时的环境。常见的岩浆岩构造有以下四种：

（1）块状构造。岩石中矿物均匀分布，无定向排列现象，岩石呈均匀致密的块体。绝大多数岩浆岩为块状构造，侵入岩全部都是块状构造，部分喷出岩也是块状构造。

（2）流纹状构造。岩石中不同颜色的条纹、拉长的气孔和长条形矿物按一定方向排列形成的流动状构造。它反映岩浆喷出地表后流动的痕迹，多见于喷出岩中，如流纹岩。

（3）气孔状构造。岩浆喷出地面迅速冷凝过程中，岩浆中所含气体或挥发性物质从岩浆中逸出后，在岩石中形成的大小不一的气孔的构造，称气孔状构造（图 3.9），它是喷出岩的构造。

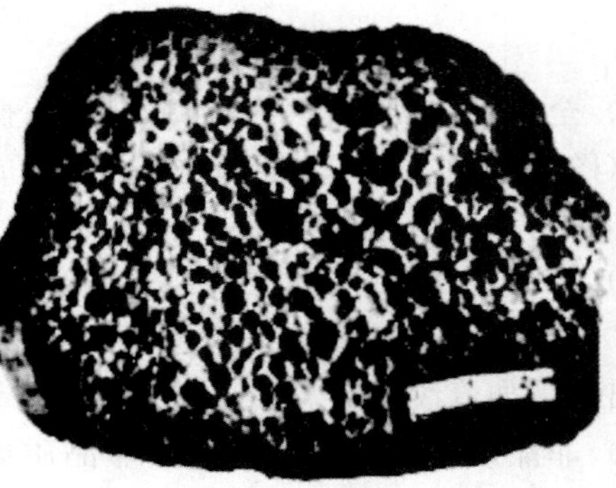

图 3.9　玄武岩的气孔状构造

（4）杏仁状构造。具有气孔状构造的岩石，气孔被次生矿物（如方解石、石英等）所充填形成的一种形似杏仁的构造，多见于喷出岩中，如安山岩。

5. 岩浆岩的分类

自然界中的岩浆岩是多种多样的，它们彼此之间存在着成分、结构、构造、产状及成因等多方面的差异。但是它们之间存在着一定的过渡关系，这就说明它们有着内在联系。为了把它们的共性、特殊性和彼此之间的内在联系总结出来，就必须对岩浆岩进行分类。根据岩浆岩的形成条件、产状、矿物成分和结构、构造等方面，将岩浆岩分为三大类，即深成岩、浅成岩、喷出岩。每类中，根据成分的不同，又可分出具体的各类，见表 3.2。

6. 常见的岩浆岩

（1）酸性岩类。主要有以下几种：

1）花岗岩。花岗岩是深成侵入岩，多呈肉红色、灰色或灰白色，矿物成分主要为石英和正长石，其次还有黑云母、角闪石和其他矿物。花岗岩为全晶质等粒结构（也有不等粒或似斑状结构），块状构造。根据所含深色矿物的不同，可进一步分为黑云母花岗岩、角闪石花岗岩等。花岗岩分布广泛，性质均匀坚固，是良好的建筑石料。

2）花岗斑岩。花岗斑岩是浅成侵入岩，成分与花岗岩相似，所不同的是具斑状结构，斑晶为长石或石英，石基多由细小的长石、石英及其他矿物组成。

表 3.2　　　　　　　　　　岩浆岩的分类表

<table>
<tr><td colspan="4">岩石类型</td><td>酸性岩</td><td colspan="2">中性岩</td><td>基性岩</td><td>超基性岩</td></tr>
<tr><td colspan="4">$w(SiO_2)/\%$</td><td>＞65</td><td colspan="2">65～52</td><td>52～45</td><td>＜45</td></tr>
<tr><td colspan="4">颜色</td><td colspan="5">浅（浅灰、黄、褐、红）→深（深灰、黑绿、黑）</td></tr>
<tr><td colspan="4">长石类型</td><td colspan="2">正长石</td><td colspan="2">斜长石</td><td>不含长石</td></tr>
<tr><td colspan="4">主要矿物 / 岩石名称 / 结构构造</td><td>石英、黑云母、角闪石</td><td>角闪石、黑云母</td><td>角闪石、辉石、黑云母</td><td>辉石、角闪石、橄榄石</td><td>橄榄石、辉石、角闪石</td></tr>
<tr><td rowspan="2">侵入岩</td><td>深成岩</td><td>等粒</td><td>块状</td><td>花岗岩</td><td>正长岩</td><td>闪长岩</td><td>辉长岩</td><td>橄榄岩、辉石岩</td></tr>
<tr><td>浅成岩</td><td>等粒、似斑状及斑状</td><td>块状、气孔</td><td>花岗斑岩</td><td>正长斑岩</td><td>闪长玢岩</td><td>辉绿岩</td><td>少见</td></tr>
<tr><td colspan="2" rowspan="2">喷出岩</td><td>隐晶质、玻璃质、斑状</td><td>块状、气孔、杏仁、流纹</td><td>流纹岩</td><td>粗面岩</td><td>安山岩</td><td>玄武岩</td><td>少见</td></tr>
<tr><td>玻璃质</td><td>块状、气孔</td><td colspan="3">浮石、黑曜岩</td><td colspan="2">少见</td></tr>
</table>

3）流纹岩。流纹岩是喷出岩，呈岩流产出，常呈灰白、紫灰或浅黄褐色，具典型的流纹构造，斑状结构，细小的斑晶常由石英或长石组成。在流纹岩中，很少出现黑云母和角闪石等深色矿物。

（2）中性岩类。主要有以下几种：

1）正长岩。正长岩是深成侵入岩，肉红色、浅灰或浅黄色，全晶质等粒结构，块状构造。主要矿物成分为正长石，其次为黑云母和角闪石，一般石英含量较少。其物理力学性质与花岗岩相似，但不如花岗岩坚硬，且易风化。

2）正长斑岩。正长斑岩是浅成侵入岩，与正长岩所不同的是具斑状结构，斑晶主要是正长石，石基比较致密。一般呈棕灰色或浅红褐色。

3）粗面岩。粗面岩是喷出岩，常呈浅灰、浅褐黄或淡红色，斑状结构，斑晶为正长石，石基多为隐晶质，具细小孔隙，表面粗糙。

4）闪长岩。闪长岩是深成侵入岩，灰白、深灰至黑灰色。主要矿物为斜长石和角闪石，其次有黑云母和辉石。全晶质等粒结构，块状构造。闪长岩结构致密，强度高，且具有较高的韧性和抗风化能力，是良好的建筑石料。

5）闪长玢岩。闪长玢岩是浅成侵入岩，灰色或灰绿色，成分与闪长岩相似，具斑状结构，斑晶主要为斜长石，有时为角闪石。岩石中常有绿泥石、高岭石和方解石等次生矿物。

6）安山岩。安山岩是喷出岩，灰色、紫色或灰紫色，斑状结构，斑晶常为斜长石，气孔状或杏仁状构造。

（3）基性岩类。主要有以下几种：

1）辉长岩。辉长岩是深成侵入岩，灰黑至黑色，全晶质等粒结构，块状构造。主要矿物为斜长石和辉石，其次有橄榄石、角闪石和黑云母。辉长岩强度高，抗风化能力强。

2）辉绿岩。辉绿岩是浅成侵入岩，灰绿或黑绿色，具特殊的辉绿结构（辉石充填于斜长石晶体格架的空隙中），成分与辉长岩相似，但常含有方解石、绿泥石等次生矿物，强度也高。

3）玄武岩。玄武岩是喷出岩，灰黑至黑色，成分与辉长岩相似。呈隐晶质细粒或斑状结构，气孔或杏仁状构造。玄武岩致密坚硬、性脆，强度很高。

3.2.2　沉积岩

沉积岩是在地壳表层常温常压条件下，由于风化产物、有机质和某些火山作用产生的物质，经搬运、沉积和成岩等一系列地质作用而形成的层状岩石。沉积岩广泛分布于地表，占陆地面积的 75%。因此，许多工程都在沉积岩地区建设。沉积岩也是被应用得最广的一种建筑材料。

沉积岩的形成是一个长期而复杂的地质作用过程。出露地表的各种岩石，经长期的日晒雨淋、风化破坏，逐渐地分解破碎，或成为岩石碎屑，或成为细粒黏土矿物，或成为其他溶解物质。这些先成岩石的风化产物，大部分被流水等运动介质搬运到河、湖、海洋等低洼的地方沉积下来，成为松散的堆积物。这些松散的堆积物经过压密、胶结、重结晶等作用，逐渐形成沉积岩。

1. 沉积岩的物质组成

（1）碎屑矿物。碎屑矿物主要是来自原岩的原生矿物碎屑，如石英、长石、白云母等一些耐磨损而抗风化较强和稳定的矿物。

（2）黏土矿物。黏土矿物是原岩经风化分解后而生成的次生矿物，如高岭石、蒙脱石、水云母等。

（3）化学沉积矿物。化学沉积矿物是经化学沉积或生物化学沉积作用而形成的矿物，如方解石、白云石、石膏、石盐、铁和锰的氧化物或氢氧化物等。

（4）有机质及生物残骸。有机质及生物残骸是由生物残骸或经有机化学变化而形成的矿物，如贝壳、泥炭及其他有机质等。

在沉积岩的矿物组成中，黏土矿物、方解石、白云石、有机质等，是沉积岩所特有的，是物质组成上区别于岩浆岩的一个重要特征。

2. 沉积岩的结构

沉积岩的结构，按组成物质、颗粒大小及形状等方面的特点，一般分为碎屑结构、泥质结构、化学结构和生物结构四种。

（1）碎屑结构。碎屑物质被胶结物胶结形成的一种结构，一般按碎屑粒径的大小可分为以下三种：

1）砾状结构。砾状结构的碎屑粒径大于 2mm。

2）砂质结构。砂质结构的碎屑粒径介于 0.05～2mm。其中 0.5～2mm 的为粗粒结构，如粗粒砂岩；0.25～0.5mm 的为中粒结构，如中粒砂岩；0.05～0.25mm 的为细粒结构，如细粒砂岩。

3）粉砂质结构。粉砂质结构的碎屑粒径介于 0.005～0.05mm，如粉砂岩。

（2）泥质结构。泥质结构由粒径小于 0.005mm 的黏土矿物颗粒组成，如泥岩、页岩。

(3) 化学结构。化学结构是由化学沉淀或胶体重结晶所形成的结构，又称结晶结构，如石灰岩、白云岩。

(4) 生物结构。生物结构是由生物遗体或碎片所形成的结构，如珊瑚结构、贝壳结构等。

3. 沉积岩的构造

沉积岩的构造是指其组成部分的空间分布及其互相间的排列关系。沉积岩最主要的构造是层理构造、层面构造。

(1) 层理构造。层理构造（stratification）是沉积岩在形成过程中，由于沉积环境的改变，使先后沉积的物质在颗粒大小、形状、颜色和成分上发生变化而显示出来的成层现象。

沉积物在一个基本稳定的地质环境条件下，连续不断沉积形成的单元岩层简称层。相邻两个层之间的界面称层面，它是由于上下层之间产生较短的沉积间断而造成的。一个单元岩层上下层面之间的垂直距离称岩层厚度。岩层按厚度可分为巨厚层（大于1m）、厚层（0.5～1m）、中厚层（0.1～0.5m）、薄层（小于0.1m）。

厚层中所夹的薄层称夹层。有些岩层一端较厚，另一端逐渐变薄以致消失，这种现象称为尖灭层，若在不大的距离内两端都尖灭，而中间较厚，则称为透镜体，根据层理的形态，可将层理分为下列几种类型：

1) 水平层理。水平层理是由平直且与层面平行的一系列细层组成的层理，如图3.10（a）所示，主要见于细粒岩石（黏土岩、粉细砂岩、泥晶灰岩等）中。它是在比较稳定的水动力条件下（如河流的堤岸带、闭塞海湾、海和湖的深水带），从悬浮物或溶液中缓慢沉积而成的。

2) 交错层理。交错层理是由多组不同方向的斜层理互相交错重叠而成的，如图3.10（b）所示。它是由于水流的运动方向频繁变化所造成的，多见于河流沉积层中。

3) 单斜层理。单斜层理是由一系列与层面斜交的细层组成的，细层的层理向同一方向倾斜且相互平行，如图3.10（c）所示。它与上下层面斜交，上下层面互相平行。它是由单向水流所造成的，多见于河床或滨海三角洲沉积物中。

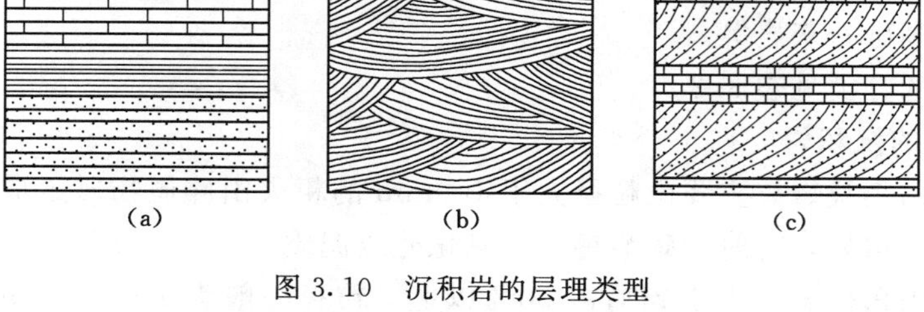
(a)　(b)　(c)

图3.10　沉积岩的层理类型

(a) 水平层理；(b) 交错层理；(c) 单斜层理

(2) 层面构造。层面构造（bedding plane）指岩层层面上由于水流、风、生物活动、阳光暴晒等作用留下的痕迹，如波痕、泥裂、雨痕等。

波痕是由于风力、流水或波浪的作用，在沉积层表面所形成的波状起伏现象。

泥裂主要是由于沉积物在尚未固结时即露出水面，经暴晒后由于失水收缩而形成的多边形网状裂缝，断面呈“V”形。刚形成时，泥裂是空的，以后常被砂、粉砂或其他物质填充。

（3）化石。经石化作用保存在沉积岩中的动植物遗骸和遗迹称为化石，如三叶虫、鳞木和蚌壳等。

沉积岩的层理、层面构造和含有化石，是沉积岩在构造上区别于岩浆岩的重要特征。

4. 沉积岩的分类

根据组成的物质成分和结构特征，沉积岩可以分为如下类型：

（1）碎屑岩。主要由碎屑物质被压紧胶结而成的岩石，称为碎屑岩。可分为火山碎屑岩和沉积碎屑岩。根据组成物质颗粒的大小和结构的差异，沉积碎屑岩类岩石又分为砾岩、砂岩和粉砂岩等不同类型。

由于碎屑岩是由各种砾石或砂粒经胶结而成的岩石，它的坚固性与胶结物的性质及胶结形式有密切的关系。碎屑岩的胶结物主要是指充填于碎屑颗粒空隙中的化学沉淀物质和黏土物质，常见的有硅质（SiO_2）、铁质、钙质和泥质。硅质（石英、石髓及蛋白石）胶结的岩石致密坚硬、强度高；铁质（赤铁矿、褐铁矿等）胶结的岩石常为红色或紫红色，强度也比较高；钙质（方解石、白云石及菱铁矿等）胶结的岩石遇冷稀盐酸起泡，强度中等且可溶；黏土（泥质）胶结的岩石质地松软、强度低、易湿软、易风化。

（2）黏土岩。主要成分由黏土质矿物组成的岩石称为黏土岩，可含有细小的石英、长石、云母等碎屑矿物，具泥质结构，质地较均匀，断口光滑，有细腻感。常见的岩石类型有页岩和泥岩。

（3）化学沉积岩。化学沉积岩是岩石风化产物中的溶解物质经过化学作用沉积而成的岩石，又称化学岩。按岩石中主要化学成分的不同，又可分为碳酸盐岩（如石灰岩、白云岩、泥灰岩等）、硅质岩（如硅藻土、蛋白石等）、铁质岩（如氧化铁岩、硫化铁岩等）、磷质岩（如磷块岩等）、铝质岩（如铝土矿等）、锰质岩（如硬锰矿等）、盐岩及可燃有机岩（如煤）等。它们大多在湖海盆地内生成，成分较为单一且具有结晶粒状结构或隐晶质结构、鲕状结构和豆状结构等。

（4）生物化学岩。生物化学岩是岩石风化产物中的溶解物质经过生物化学作用或由生物生理活动使某种物质聚集而成的岩石。常见的生物化学岩有硅藻土、介壳石灰岩、珊瑚礁石灰岩等。

沉积岩的分类见表 3.3。

5. 常见的沉积岩

（1）火山集块岩。主要由粒径大于 100mm 的粗火山碎屑物质组成，胶结物主要为火山灰或熔岩，有时为碳酸钙、二氧化硅或泥质。

（2）火山角砾岩。火山碎屑占 90%以上，粒径一般为 2～100mm，多呈棱角状，常为火山灰或硅质胶结，颜色常呈暗灰、蓝灰或褐灰色。

（3）凝灰岩。一般由粒径小于 2mm 的火山灰及细碎屑组成，碎屑主要是晶屑、岩屑及玻屑，胶结物为火山灰等。凝灰岩孔隙性高，重度小，易风化。

（4）砾岩及角砾岩。砾状结构，由 50%以上粒径大于 2mm 的粗大碎屑胶结而成，黏土含量小于 25%。由浑圆状砾石胶结而成的称为砾岩；由棱角状的角砾胶结而成的称为角砾岩。角砾岩的岩性成分比较单一。砾岩的岩性成分一般比较复

表 3.3　**沉积岩分类简表**

岩类		结构		岩石分类名称	主要亚类及其组成物质
碎屑岩类	火山碎屑岩	碎屑结构	粒径大于 100mm	火山集块岩	主要由粒径大于 100mm 的熔岩碎块、火山灰尘等经压密胶结而成
			粒径为 2～100mm	火山角砾岩	主要由粒径为 2～100mm 的熔岩碎屑、晶屑、玻屑及其他碎屑混入物组成
			粒径小于 2mm	凝灰岩	由 50%以上粒径小于 2mm 的火山灰组成，其中有岩屑、晶屑、玻屑等细粒碎屑物质
	沉积碎屑岩		砾状结构（粒径大于 2mm）	砾岩	角砾岩：由带棱角的角砾经胶结而成； 砾岩：由浑圆的砾石经胶结而成
			砂质结构（粒径为 0.05～2mm）	砂岩	石英砂岩：石英（含量大于 90%）、长石和岩屑（含量小于 10%）； 长石砂岩：石英（含量小于 75%）、长石（含量大于 25%）和岩屑（含量小于 10%）； 岩屑砂岩：石英（含量大于 75%）、长石（含量小于 10%）、岩屑（含量大于 25%）
			粉砂质结构（粒径为 0.005～0.05mm）	粉砂岩	主要由石英、长石和黏土矿物组成
黏土岩类		泥质结构（粒径小于 0.005mm）		泥岩	主要由黏土矿物组成
				页岩	黏土质页岩：由黏土矿物组成； 灰质页岩：由黏土矿物及有机质组成
化学岩及生物化学岩类		结晶结构及生物结构		石灰岩	石灰岩：方解石（含量大于 90%）、黏土矿物（含量小于 10%）； 泥灰岩：方解石（含量为 50%～75%）、黏土矿物（含量为 25%～50%）
				白云岩	白云岩：白云石（含量为 90%～100%），方解石（含量小于 10%）； 灰质白云岩：白云石（含量为 50%～75%）、方解石（含量为 25%～50%）

杂，由多种岩石的碎屑和矿物颗粒组成。胶结物的成分有钙质、泥质、铁质及硅质等。

(5) 砂岩。砂质结构，由 50%以上粒径介于 0.05～2mm 的砂粒胶结而成，黏土含量低于 25%。按砂粒的矿物组成，可分为石英砂岩、长石砂岩和岩屑砂岩。按砂粒粒径的大小，可分为粗粒砂岩、中粒砂岩和细粒砂岩。胶结物的成分对砂岩的物理力学性质有重要影响。根据胶结物的成分，又可将砂岩分为硅质砂岩、铁质砂岩、钙质砂岩及泥质砂岩几个亚类。硅质砂岩的颜色浅，强度高，抵抗风化的能力强。泥质砂岩一般呈黄褐色，吸水性大，易软化，强度和稳定性差。铁质砂岩常呈紫红色或棕红色，钙质砂岩呈白色或灰白色，强度和稳定性介于硅质与泥质砂岩之间。砂岩分布很广，易于开采加工，是工程上广泛采用的建筑石料。

(6) 粉砂岩。粉砂质结构，常有清晰的水平层理。由 50%以上粒径介于 0.005～0.05mm 的粉砂胶结而成，黏土含量低于 25%。结构较疏松，强度和稳定性不高。

(7) 页岩。是由黏土脱水胶结而成，以黏土矿物为主，大部分有明显的薄层理，呈页片状，可分为硅质页岩、土质页岩、砂质页岩、钙质页岩及炭质页岩。除硅质页岩强度稍高外，其余岩性较弱，易风化成碎片，强度低，与水作用易于软化而丧失稳定性。

（8）泥岩。成分与页岩相似，常呈厚层状。以高岭石为主要成分的泥岩，常呈灰白色或黄白色，吸水性强，遇水后易软化。以微晶高岭石为主要成分的泥岩，常呈白色、玫瑰色或浅绿色，表面有滑感，可塑性小，吸水性高，吸水后体积急剧膨胀。页岩和泥岩可夹于坚硬岩层之间，形成软弱夹层，浸水后易于软化滑动。

（9）石灰岩。简称灰岩，矿物成分以方解石为主，其次含有少量的白云石和黏土矿物，常呈深灰、浅灰色，纯质灰岩呈白色。由纯化学作用生成的具有结晶结构，但晶粒极细，经重结晶作用即可形成晶粒比较明显的结晶灰岩。由生物化学作用生成的灰岩，常含有丰富的有机物残骸。石灰岩中一般都含有一些白云石和黏土矿物，当黏土矿物含量达25％～50％时，称为泥灰岩；白云岩含量达25％～50％时，称为白云质灰岩。石灰岩分布相当广泛，岩性均一，易于开采加工，是烧制石灰和水泥的重要原材料，也是一种用途很广的建筑材料。但由于石灰岩溶于水，易形成裂隙和溶洞，对基础工程影响很大。

（10）白云岩。主要矿物成分为白云石，也含有方解石和黏土矿物，结晶结构。纯质白云岩为白色，随所含杂质的不同，可出现不同的颜色，性质与石灰岩相似，但强度和稳定性比石灰岩要高，是一种良好的建筑石料。白云岩的外观特征与石灰岩近似，在野外难于区别，可根据盐酸起泡程度辨认。

3.2.3 变质岩

地壳中已存在的岩石，由于地壳运动和岩浆活动等造成物理化学环境的改变，处在高温、高压及其他化学因素作用下，使原来岩石的成分、结构和构造发生一系列变化，所形成的新的岩石称为变质岩。这种促使岩石发生变化的作用，称为变质作用。

变质作用基本上是原岩在保持固体状态下，在原位置处进行的。由岩浆岩形成的变质岩称为正变质岩；由沉积岩形成的变质岩称副变质岩。正变质岩产状保留原岩浆岩产状；副变质岩产状则保留沉积岩的产状。

1. 变质岩的矿物成分

变质岩的矿物成分可分为两大类：一类是与岩浆岩或沉积岩所共有的，如石英、长石、云母、角闪石、辉石、方解石等，它们大多是原岩残留下来的，可称为继承矿物；另一类是在变质作用中产生的变质岩所特有的矿物，如石墨、滑石、蛇纹石、石榴子石、绿泥石、绢云母、硅灰石、蓝晶石、红柱石等，称为变质矿物。根据这些变质矿物，可以把变质岩与其他岩石区别开来。

2. 变质岩的结构

变质岩的结构是指构成岩石的各矿物颗粒的大小、形状以及它们之间的互相关系。

（1）变余结构（残余结构）。原岩在变质作用过程中，由于重结晶、变质结晶作用不完全，原岩的矿物成分和结构特征被部分保留下来，即称为变余结构。如泥质砂岩变质以后，泥质胶结物变质成绢云母和绿泥石，而其中碎屑矿物如石英不发生变化，被保留下来，形成变余砂状结构。其他的变余结构还有变余斑状结构、变余花岗结构、变余砾状结构、变余泥质结构等。

（2）变晶结构。岩石在固体状态下发生重结晶、变质结晶或重组合所形成的结构称为变晶结构。这是变质岩中最常见的结构。该类结构中矿物多呈定向排列。

（3）碎裂结构。这是由于岩石在低温下受定向压力作用，当压力超过其强度极限时发生破裂、错动，形成碎块甚至粉末状后又被胶结在一起的结构。它是动力变质岩中常见的结构，根据破碎程度可分为碎裂结构、碎斑结构、糜棱结构等。

3. 变质岩的构造

变质岩的构造是指岩石中各种矿物的空间分布特点和排列状态。岩石经变质作用后常形成一些新的构造特征，它们是变质岩区别于其他两类岩石的特有标志，是变质岩的最重要特征之一。变质岩的构造可分为：

（1）板状构造。岩石具有平行、较密集而平坦的破裂面称之为劈理面，沿此面，岩石易于破裂呈板状体。这种岩石常具变余泥质结构。原岩基本未重结晶，岩石中矿物颗粒细小，肉眼不能分辨，仅有少量绢云母或绿泥石。板状构造是岩石受较轻的定向压力作用而形成的。

（2）千枚状构造。岩石常呈薄板状，其中各组分基本已重结晶并呈定向排列，但结晶程度较低而使得肉眼尚不能分辨矿物，在岩石的自然破裂面上有强烈的丝绢光泽，是由绢云母、绿泥石小鳞片造成。岩石沿片理面易破裂成薄片状，岩石片理面常具小皱纹。

（3）片状构造。在定向挤压应力的长期作用下，岩石中所含大量片状、柱状矿物（如云母、角闪石、绿泥石等），都呈平行定向排列。岩石中各组分全部重结晶，而且肉眼可以看出矿物颗粒。有此种构造的岩石，各向异性显著，沿片理面易于裂开，其强度、透水性、抗风化能力等也随方向而改变。

（4）片麻状构造。以石英、长石等粒状矿物为主，其间夹以鳞片状、柱状变晶矿物，并呈大致平行的断续带状分布而成。它们的结晶程度都比较高，是片麻岩中常见的构造。

千枚状构造、片状构造和片麻状构造都属于定向构造，它们使变质岩具有裂开成不十分规则的薄板或扁豆体的趋势，此种性质统称为片理。

（5）块状构造。岩石中的矿物均匀分布，结构均一，无定向排列，岩石呈致密坚硬的块状体。这是大理岩和石英岩等常有的构造。

4. 变质岩的分类

变质岩的分类与命名，首先是根据其构造特征，其次是结构和矿物成分。其分类见表3.4。

5. 常见的变质岩

（1）片麻岩。片麻岩主要由长石和石英组成，此外尚有少量的黑云母、角闪石及石榴子石等一些变质矿物，矿物晶体粗大并呈条带状分布，晶体结构或变余结构，具典型的片麻状构造。片麻岩强度较高，可用作各种建筑材料。

（2）片岩。片岩矿物成分主要是云母、绿泥石、滑石等片状矿物，变晶结构，片状构造，沿片理面极易裂成薄片。片岩强度低，抗风化能力差，不宜用作建筑材料。

表 3.4 变质岩分类简表

岩类	构造	岩石名称	主要亚类及其矿物成分	原岩
片理状岩类	片麻状结构	片麻岩	花岗片麻岩长石、石英、云母为主，其次为角闪石，有时含石榴子石； 角闪石片麻岩长石、石英、角闪石为主，其次为云母，有时含石榴子石	中酸性岩浆岩，黏土岩、粉砂岩、砂岩
	片状结构	片岩	云母片岩：以云母、石英为主，其次有角闪石等； 滑石片岩：以滑石、绢云母为主，其次有绿泥石、方解石等； 绿泥石片岩：以绿泥石、石英为主，其次有滑石、方解石等	黏土岩、砂岩、中酸性火山岩； 超基性岩，白云质泥灰岩； 中基性火山岩，白云质泥灰岩
	千枚状结构	千枚岩	以绢云母为主，其次有石英、绿泥石等	黏土岩、黏土质粉砂岩、凝灰岩
	板状结构	板岩	黏土矿物、绢云母、石英、绿泥石、黑云母、白云母等	黏土岩、黏土质粉砂岩，凝灰岩
块状岩类	块状构造	大理岩	以方解石为主，其次有白云石等	石灰岩、白云岩
		石英岩	以石英为主，有时含有绢云母、白云母等	砂岩、硅质岩
		蛇纹岩	以蛇纹石、滑石为主，其次有绿泥石、方解石等	超基性岩

（3）千枚岩。千枚岩为灰色、绿色至黑色，主要由隐晶质的绢云母、绿泥石等组成，变余结构或变晶结构，千枚状构造，岩石表面有较强的丝绢光泽。千枚岩多由黏土岩变质而成，质地松软，强度低，抗风化能力差。

（4）板岩。板岩为深灰色至黑色，矿物颗粒极细小，以绢云母、黏土矿物和绿泥石等为主，变余结构或隐晶质变晶结构，板状构造，岩石十分致密，易裂成厚度均一的薄板，锤击有脆声，可与页岩区别。板岩在水的长期作用下易泥化形成软弱夹层。但透水性弱，可作隔水层。

（5）大理岩。大理岩为白色、灰色等，主要矿物成分为方解石、白云石，变晶结构，块状构造。大理岩是由石灰岩或白云岩重结晶而成。大理岩以我国云南大理市盛产优质的此种石料而得名。洁白的纫粒大理岩（汉白玉）和带有各种花纹的大理岩常用作建筑材料和各种装饰石料等。大理岩与盐酸作用起泡，具有可溶性。

（6）石英岩。石英岩为白色、浅红色，矿物成分以石英为主，变晶结构，块状构造，一般由石英砂岩变质而成。石英岩强度高，抗风化能力强，是良好的建筑材料。

3.2.4 三大岩石的特征对比

归纳起来，三大类岩石的主要区别见表 3.5。

表 3.5 三大类岩石的地质特征对比

岩石类别	成因	物质组成	结构	构造	代表性岩石
岩浆岩	高温高压 岩浆冷凝	硅酸盐 金属硫化物	结晶结构 斑状结构	块状构造 流纹状构造 气孔状等 杏仁状构造	花岗岩 流纹岩 玄武岩
沉积岩	常温常压 岩石风化 压密胶结	碎屑物质 黏土矿物 化学物质 有机物	碎屑结构 泥质结构 结晶结构 生物结构	层理构造 层面构造	砂岩 泥岩 石灰岩
变质岩	岩石变质	变质矿物	变晶结构 变余结构 压碎结构	片状构造 片麻构造 千枚构造 块状构造	片岩 片麻岩 千枚岩 大理岩

3.3 影响岩石工程性质的因素

岩石的工程地质性质包括物理性质、水理性质和力学性质三个主要方面。就大多数工程地质问题来看，岩体的工程地质性质，主要取决于岩体内部裂隙系统的性质及其分布情况，但岩石本身的性质也起着主要的作用。

岩石的物理性质包括岩石的密度、相对密度、孔隙率、吸水率。岩石的水理性质包括岩石的透水性、溶解性、软化性、和抗冻性。岩石的力学性质包括抗压强度、抗拉强度、抗剪强度以及抗变形能力。

影响岩石工程地质性质的因素归纳起来，主要有两个方面：一是岩石的地质特征，如岩石的矿物成分、结构、构造及成因等；二是岩石形成后所受外部因素的影响，如水的作用及风化作用等。现就上述因素对岩石工程地质性质的影响作简要说明。

3.3.1 矿物成分

岩石是由矿物组成的，岩石的矿物成分会对岩石的物理力学性质产生直接的影响。例如，石英岩的抗压强度比大理岩要高得多，这是因为石英的强度比方解石高。这说明，尽管岩类相同，结构和构造也相同，如果矿物成分不同，岩石的物理力学性质会有明显的差别。但也不能简单地认为含有高强度矿物的岩石，其强度一定就高。因为岩石受力后，内部应力是通过矿物颗粒的直接接触来传递的，如果强度较高的矿物在岩石中互不接触，则应力的传递必然会受中间低强度矿物的影响，岩石不一定就能显示出高的强度。

从工程要求来看，大多数岩石的强度相对来说都是比较高的。所以，在对岩石的工程地质性质进行分析和评价时，更应该注意那些可能降低岩石强度的因素，如花岗岩中的黑云母含量是否过高，石灰岩、砂岩中黏土类矿物的含量是否过高等。黑云母是硅酸盐类矿物中硬度低、解理最发育的矿物之一，它容易遭受风化而剥落，也易于发生次生变化，最后成为强度较低的铁的氧化物和黏土类矿物。石灰岩和砂岩中，当黏土类矿物的含量大于 20%时，就会直接降低岩石的强度和稳定性。

3.3.2　结构

岩石的结构特征是影响岩石物理力学性质的一个重要因素。根据岩石的结构特征，可将岩石分为两类：一类是结晶联结岩石，如大部分的岩浆岩、变质岩和一部分沉积岩；另一类是由胶结物联结的岩石，如沉积岩中的碎屑岩等。

结晶联结是由岩浆或溶液结晶或重结晶形成的。矿物的结晶颗粒靠直接接触产生的力牢固地联结在一起，结合力强，孔隙度小，比胶结联结的岩石具有更高的强度和稳定性。结晶联结的岩石，结晶颗粒的大小对岩石的强度有明显影响。如粗粒花岗岩的抗压强度一般为 120～140MPa，而细粒花岗岩有的则可达 200～250MPa。这说明，矿物成分和结构类型相同的岩石，其矿物结晶颗粒的大小对强度的影响是显著的。

胶结联结是指矿物碎屑由胶结物联结在一起。胶结联结的岩石，其强度和稳定性主要决定于胶结物的成分和胶结的形式，同时也受碎屑成分的影响，变化很大。就胶结物的成分来说，硅质胶结的强度和稳定性高，泥质胶结的强度和稳定性低，铁质和钙质胶结的介于两者之间。如泥质胶结的砂岩，其抗压强度一般只有 60～80MPa，钙质胶结的可达 120MPa，而硅质胶结的则可高达 170MPa。

3.3.3　构造

构造对岩石物理力学性质的影响，主要是由矿物成分在岩石中分布的不均匀性和岩石结构的不连续性所决定的。

某些岩石所具有的片状构造、板状构造、千枚状构造、片麻构造以及流纹构造等，往往使矿物成分在岩石中的分布极不均匀。一些强度低、易风化的矿物，多沿一定方向富集，或呈条带状分布，或成局部的聚集体，从而使岩石的物理力学性质在局部发生很大变化。观察和试验证明，岩石受力破坏和岩石遭受风化，都是从岩石的这些缺陷中开始发生的。

岩石结构的不连续性是指不同的矿物成分虽然在岩石中的分布是均匀的，但由于存在着层理、裂隙和各种成因的孔隙，致使岩石结构的连续性与整体性受到一定程度的影响，从而使岩石的强度和透水性在不同的方向上发生明显的差异。

3.3.4　水

岩石饱水后强度降低，已为大量的试验资料所证实。当岩石受到水的作用时，水就沿着岩石中可见和不可见的孔隙、裂隙侵入，浸湿岩石自由表面上的矿物颗粒，并继续沿着矿物颗粒间的接触面向深部浸入，削弱矿物颗粒间的联结，使岩石的强度受到影响。例如，石灰岩和砂岩被水饱和后，其极限抗压强度会降低 25%～45%。降低程度在很大程度上取决于岩石的孔隙度。当其他条件相同时，孔隙度大的岩石，被水饱和后强度降低的幅度也大。

与上述几种影响因素相比，水对岩石强度的影响在一定程度上是可逆的：当岩石干燥后，其强度仍然可以得到恢复。但是，如果伴随干湿变化，出现化学溶解、结晶膨胀等作用，使岩石的结构状态发生了改变，则岩石强度的降低就转化成为不可逆的过程了。

3.3.5 风化

风化是指在温度、水、气体及生物等综合因素影响下，岩石状态和性质改变的物理化学过程。它是自然界中最普遍的一种地质现象。

风化作用促使岩石的原有裂隙进一步扩大，并产生新的风化裂隙，使岩石矿物颗粒间的联结松散，矿物颗粒沿解理面崩解。风化作用的这种物理过程，能促使岩石的结构、构造和整体性遭到破坏，孔隙度增大，重度减小，吸水性和透水性显著增高，强度和稳定性大为降低。随着物理过程的加强，则会引起岩石中的某些矿物发生次生变化，从根本上改变岩石原有的工程地质性质。

思考与练习

1. 常见的造岩矿物有哪些?
2. 矿物的主要性质有哪些?
3. 岩浆岩常见的矿物成分、结构、构造有哪些?
4. 组成沉积岩的主要矿物成分有哪几种? 沉积岩的结构、构造特征是什么?
5. 说明沉积岩的分类方法和常见沉积岩代表性岩石。
6. 变质岩的主要矿物组成、结构、构造特征是什么?
7. 列表比较说明三大类岩石成因、结构、构造上的异同以及代表性岩石。
8. 影响岩石工程性质的因素有哪些?

第4章

地质构造

学习要点： 了解地质年代及其特征；了解水平构造、单斜构造的形状特征；掌握岩层产状要素；掌握褶皱构造形态特征、分类。掌握断裂构造概念，裂隙的分类、调查和统计方法；掌握断层的特征及类型、断层的工程地质评价；了解不整合的概念及类型。

4.1 地质年代

地球形成到现在已有46亿年的历史，在这漫长的岁月里，地球经历了一连串的变化，这些变化在整个地球历史中可分为若干发展阶段。地球发展的时间段落称为地质年代。地质年代在工程实践中常被用到，当需要了解一个地区的地质构造、岩层的相互关系以及阅读地质资料或地质图时，都必须具备地质年代的知识。

岩层的地层年代有两种：一种是绝对地质年代；另一种是相对地质年代。绝对地质年代是指组成地壳的岩层从形成到现在有多少“年”。它能说明岩层形成的确切时间，但不能反映岩层形成的地质过程。相对地质年代能说明岩层形成的先后顺序及相对的新老关系，如哪些岩层是先形成的，是老的；哪些岩层是后形成的，是新的。它并不包含用“年”表示的时间概念。可以看出，相对地质年代虽然不能说明岩层形成的确切时间，但能反映岩层形成的自然阶段，从而说明地壳发展的历史过程。所以在工程地质工作中，一般以应用相对地质年代为主。

4.1.1 岩层相对地质年代的确定方法

1. 沉积岩相对地质年代的确定方法

（1）地层对比法。以地层的沉积顺序为对比的基础。沉积地层在形成过程中，先沉积的岩层在下面，后沉积的岩层在上面，形成沉积岩的自然顺序。根据这种上新下老的正常层位关系，就可以确定岩层的相对地质年代（图4.1）。但在构造变动复杂的地区，由于岩层的正常层位发生了变化，运用地层对比的方法来确定岩层的相对地质年代，就比较困难（图4.2）。

（2）地层接触关系法。沉积地层在形成过程中，如地壳发生升降运动，产生沉积间断，在岩层的沉积顺序中，缺失沉积间断期的岩层，上下岩层之间的这种接触关系，称为不整合接触。不整合接触面上下的岩层，由于在时间上发生了阶段性的变化，岩性及古生物等都有显著不同。因此，不整合接触就成为划分地层相对地质年代的一个重要的依据。不整合接触面以下的岩层先沉积，年代比较老；不整合接触面以上的岩层后沉积，年代比较新。地层的不整合接触，下一节还要做进一步的阐述。

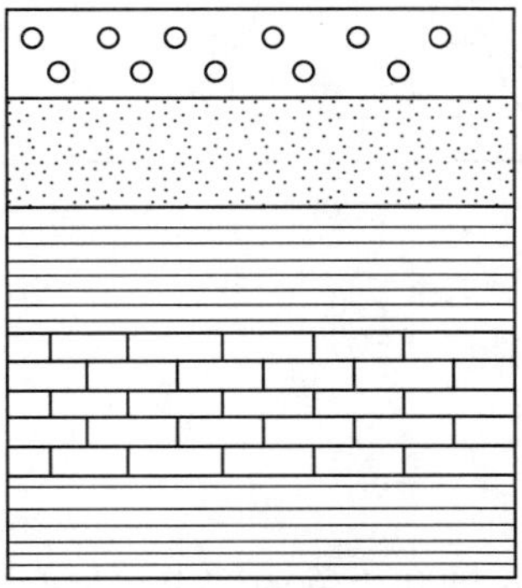

图 4.1　正常层位
1～5—代表岩层由老至新

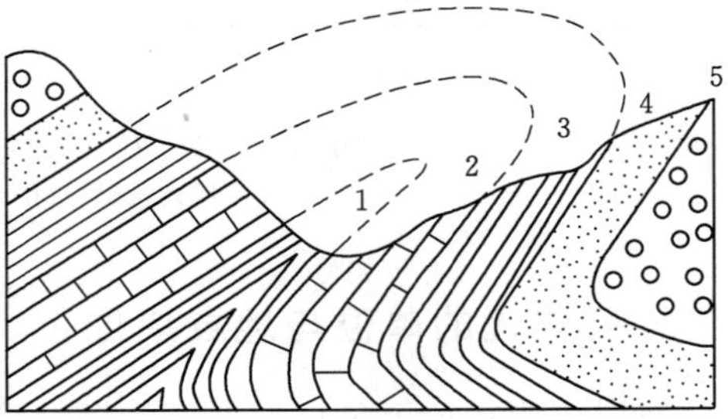

图 4.2　变动层位
1～5—代表岩层由老至新

（3）岩性对比法。岩性对比法以岩石的组成、结构、构造等岩性方面的特点为对比基础，认为在一定区域内同一时期形成的岩层，其岩性特点基本上是一致的或近似的。此法同样具有一定的局限性，因为同一地质年代的不同地区，其沉积物的组成、性质并不一定都是相同的；而同一地区在不同的地质年代，也可能形成某些性质类似的岩层。所以岩性对比的方法也只能适用于一定的地区。

（4）古生物化石法。按照生物演化的规律，从古至今，生物总是由低级到高级，由简单向复杂逐渐发展的。所以在地质年代的每一个阶段中，都发育有适应当时自然环境的特有生物群。因此，在不同地质年代沉积的岩层中，会含有不同特征的古生物化石。含有相同化石的岩层，无论相距多远，都是在同一地质年代中形成的。所以，只要确定出岩层中所含标准化石的地质年代，那么这些岩层的地质年代，自然也就跟着确定了。

上面所讲的几种方法，各有优点，但也有不足。实践中应结合具体情况综合分析，才能正确地划分地层的地质年代。

2. 岩浆岩相对地质年代的确定方法

岩浆岩不含古生物化石，也没有层理构造，但它总是侵入或喷出于周围的沉积岩层之中。因此，可以根据岩浆岩与周围已知地质年代的沉积岩层的接触关系，来确定岩浆岩的相对地质年代。

（1）侵入接触。岩浆侵入体侵入于沉积岩层之中［图 4.3（a）］，使围岩发生变质现象，说明岩浆侵入体的形成年代，晚于发生变质的沉积岩层的地质年代。

（2）沉积接触。岩浆岩形成之后，经长期风化剥蚀，后来在剥蚀面上又产生新的沉积，剥蚀面上部的沉积岩层无变质现象，而在沉积岩的底部往往存有由岩浆岩组成的砾岩或风化剥蚀的痕迹［图 4.3（b）］。这说明岩浆岩的形成年代，早于沉积岩的地质年代。

对于喷出岩，可根据其中夹杂的沉积岩，或上覆下伏的沉积岩层的年代，确定其相对的地质年代。

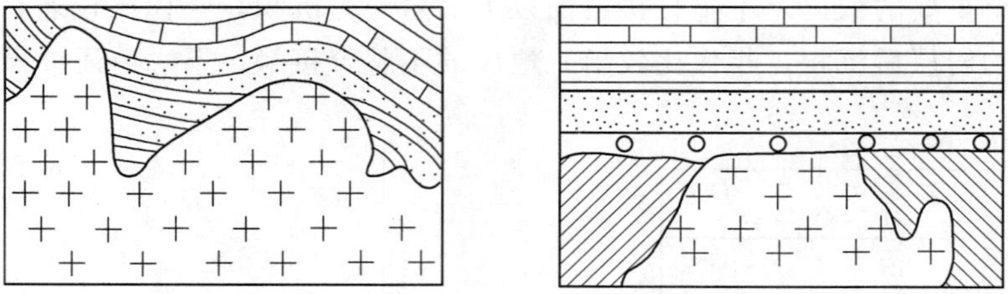

(a)　　　　　　(b)

图 4.3　岩浆岩与沉积岩的接触关系

(a) 侵入接触；(b) 沉积接触

4.1.2　地层年代的单位与地层单位

划分地层年代和地层单位的主要依据，是地壳运动和生物的演变。地壳发生大的构造变动之后，自然地理条件将发生显著变化，各种生物也随之演变，以适应新的生存环境，这样就形成了地壳发展历史的阶段性。人们根据几次大的地壳运动和生物界大的演变，把地壳发展的历史过程分为五个称为“代”的大阶段，每个代又分为若干“纪”，纪内因生物发展及地质情况不同，又进一步细分为若干“世”及“期”，以及一些更细的段落，这些统称为地质年代。在每一个地质年代中，都划分有相应的地层。地质年代和地层的单位、顺序和名称见表 4.1。

表 4.1　　　　**地质年代单位与相应的地层单位**

使用范围	地质年代单位	地层单位
国际性	代 纪 世	界 系 统
全国性或 大区域性	（世） 期	（统） 阶 带
地方性	时（时代，时期）	群 组 段 （带）

地壳运动和生物演化在代、纪、世期间世界各地有普遍性的显著变化，所以代、纪、世是国际通用的地质年代单位。次一级的单位只具有区域性或地区性的意义。地质年代表见表 4.2。

地球自形成以来，处于不断的地壳运动之中，而地壳则受到各种内外力的影响，在不断地改变着地球的面貌。地壳运动控制着海陆分布，影响着各种地质作用的产生和发展，如岩浆运动、火山作用、地震以及岩层褶曲与断裂等。这些运动统称地质构造运动。

地壳分裂为板块的活动以及宇宙间引力的活动，使地壳产生水平运动和垂直运动。水平运动使地壳产生拉张、挤压，引起各种断裂和褶皱构造，使地表起伏，故又称造山运动。垂直运动是长期交替的升降运动，引起大范围的隆起或凹陷，产生

表 4.2 **地质年代表**

宙(宇)	代(界)	纪(系)	世(统)	距今年代(百万年)	主要地壳运动	主要现象
显生宙(宇)PH	新生代(界)Cz	第四纪(系)Q	全新世(统)Q_h	0.01		冰川广布,黄土形成,地壳发育成现代形式,人类出现、发展
			更新世(统)Q_p	2.60		
		新近纪(系)N	上新世(统)N_2	5.3	喜马拉雅运动	地壳初具现代轮廓,哺乳类动物、鸟类急速发展,并开始分化
			中新世(统)N_1	23.3		
		古近纪(系)E	渐新世(统)E_3	32	燕山运动	
			始新世(统)E_2	56.5		
			古新世(统)E_1	65		
	中生代(界)Mz	白垩纪(系)K	晚(上)白垩世(统)K_2	96		地壳运动强烈,岩浆活动
			早(下)白垩世(统)K_1	137		
		侏罗纪(系)J	晚(上)侏罗世(统)J_3			除西藏等地区外,中国广大地区已上升为陆,恐龙极盛,出现鸟类
			中侏罗世(统)J_2			
			早(下)侏罗世(统)J_1	205	印支运动	
		三叠纪(系)T	晚(上)三叠世(统)T_3	227	海西运动	华北为陆,华南为浅海,恐龙、哺乳类动物发育
			中三叠世(统)T_2	241		
			早(下)三叠世(统)T_1			

续表

宙（宇）	代（界）	纪（系）	世（统）	距今年代（百万年）	主要地壳运动	主要现象
显生宙（宇）PH	古生代（界）Pz	二叠纪（系）P	晚（上）二叠世（统）P_3	250		华北至此为陆，华南浅海。冰川广布，地壳运动剧烈，间有火山爆发
			中二叠世（统）P_2	257		
			早（下）二叠世（统）P_1	277		
		石炭纪（系）C	晚（上）石炭世（统）C_2	295		华北时陆时海，华南浅海，陆生植物繁盛，珊瑚、腕足类、两栖类动物繁盛
			早（下）石炭世（统）C_1	320		
		泥盆纪（系）D	晚（上）泥盆世（统）D_3	354		华北为陆，华南浅海，火山活动，陆生植物发育，两栖类动物发育，鱼类极盛
			中泥盆世（统）D_2	372		
			早（下）泥盆世（统）D_1	386	加里东运动	
		志留纪（系）S	末（顶）志留世（统）S_4	410		华北为陆，华南浅海，局部地区火山爆发，珊瑚、笔石发育
			晚（上）志留世（统）S_3			
			中志留世（统）S_2			
			早（下）志留世（统）S_1			
		奥陶纪（系）O	晚奥陶世（统）O_3	438		海水广布，三叶虫，腕足类、笔石极盛
			中奥陶世（统）O_2			
			早（下）奥陶世（统）O_1			
		寒武纪（系）Є	晚（上）寒武世（统）$Є_3$	490		浅海广布，生物开始大量发展，三叶虫极盛
			中寒武世（统）$Є_2$	500		
			早（下）寒武世（统）$Є_1$	513	蓟县运动	

续表

宙（宇）	代（界）	纪（系）	世（统）	距今年代（百万年）	主要地壳运动	主要现象
元古宙（宇）PT	新元古代（界）Pt_3	震旦纪（系）Z	晚（上）震旦世（统）Z_2	543		浅海与陆地相同出露，有沉积岩形成，藻类繁盛
			早（下）震旦世（统）Z_1	630		
		南华纪（系）Nh	晚（上）南华世（统）Nh_2	680		
			早（下）南华世（统）Nh_1			
		青白口纪（系）Qb	晚（上）青白世（统）Qb_2	800		
			早（下）青白世（统）Qb_1	900		
	中元古代（界）Pt_2	蓟县纪（系）Jx	晚（上）蓟县世（统）Jx_2	1000		海水广布，构造运动及岩浆活动剧烈，开始出现原始生命现象
			早（下）蓟县世（统）Jx_1	1200		
		长城纪（系）Ch	晚（上）长城世（统）Ch_2	1400		
			早（下）长城世（统）Ch_1	1600		
	古元古代（界）Pt_1	滹沱纪（系）Ht		1800		
				2300		
太古宙（宇）AR	新太古代（界）Ar_3			2500		
	中太古代（界）Ar_2			2800		
	古太古代（界）Ar_1			3200		
	始太古代（界）Ar_0			3600 4600		

海陆变迁，亦称造陆运动。地壳运动的产生和发展不均衡，对各地区的影响也不同，可以从各地质时期的岩层褶皱、断裂以及岩浆活动、火山作用等反映出来。

4.2　岩层产状

4.2.1　岩层产状要素

岩层在空间的位置，称为岩层产状。倾斜岩层的产状，是用岩层层面的走向、倾向和倾角三个要素（图 4.4）来表示的。

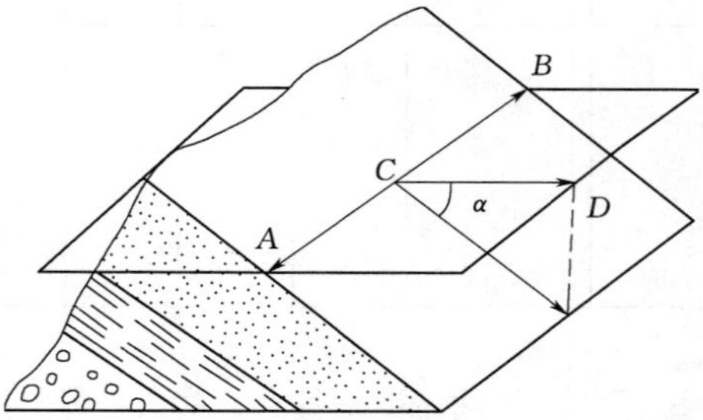

图 4.4　岩层产状
AB—走向；CD—倾向；α—倾角

（1）走向。岩层层面与水平面交线的方位角，称为岩层的走向（如图 4.4 中的 AB）。岩层的走向表示岩层在空间延伸的方向。

（2）倾向。垂直走向顺倾斜向下引出一条直线，此直线在水平面的投影，称为岩层的倾向（如图 4.4 中的 CD）。岩层的倾向表示岩层在空间的倾斜方向。

（3）倾角。岩层层面与水平面所夹的锐角，称为岩层的倾角（如图 4.4 中的 α 角）。岩层的倾角表示岩层在空间倾斜角度的大小。

可以看出，用岩层产状的三个要素，能表达经过构造变动后的构造形态在空间的位置。

4.2.2　岩层产状的测定及表示方法

岩层产状测量是地质调查中的一项重要工作，在野外是用地质罗盘直接在岩层的层面上测量的。

测量走向时，使罗盘的长边紧贴层面，将罗盘放平，水准泡居中，读指北针所示的方位角，就是岩层的走向。测量倾向时，将罗盘的短边紧贴层面，水准泡居中，读指北针所示的方位角，就是岩层的倾向。因为岩层的倾向只有一个，所以在测量岩层的倾向时，要注意将罗盘的北端朝向岩层的倾斜方向。测量倾角时，需将罗盘横着竖起来，使长边与岩层的走向垂直，紧贴层面，等倾斜器上的水准泡居中后，读悬锤所示的角度，就是岩层的倾角。

在表达一组走向为北西 320°，倾向南西 230°，倾角 35°的岩层产状时，一般写成“N320°W，S230°W，∠35°”的形式，在地质图上，岩层的产状用符号“35°”表示，长线表示岩层走向，与长线垂直的短线表示岩层的倾向（长短线所示的均为实测方位），数字表示岩层的倾角。由于岩层的走向与倾向相差 90°，所以在野外测量岩层的产状时，往往只记录倾向和倾角。如上述岩层的产状，可记录为“SW230°，∠35°”的形式。如需知道岩层的走向时，只需将倾向加减 90°即可，后面将要讲到的褶曲的轴面、裂隙面和断层面等，其产状意义、测量方法和表达形式与岩层相同。

4.3 水平构造和单斜构造

4.3.1 水平构造

未经构造变动的沉积岩层，其形成时的原始产状是水平的，先沉积的老岩层在下，后沉积的新岩层在上，称为水平构造。但是地壳在发展的过程中，经历了长期复杂的运动过程，岩层的原始产状都发生了不同程度的变化。这里所说的水平构造，只是相对而言，就其分布来说，也只是局限于受地壳运动影响轻微的地区。

4.3.2 单斜构造

原来水平的岩层，在受到地壳运动的影响后，产状发生变动。其中最简单的一种形式，就是岩层向同一个方向倾斜，形成单斜构造（图 4.5）。单斜构造往往由褶曲的一翼、断层的一盘或者是局部地层不均匀的上升或下降所引起。

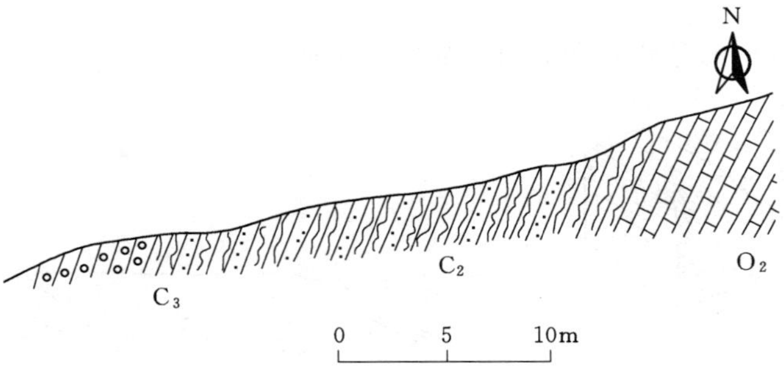

图 4.5 单斜构造（北京西山野溪南剖面）

O_2—中奥陶纪石灰岩；C_2—中石炭纪砂页岩；C_3—上石炭纪砾岩

4.4 褶皱构造

组成地壳的岩层，受构造应力的强烈作用，使岩层形成一系列波状弯曲而未丧失其连续性的构造，称为褶皱构造。褶皱构造是岩层产生的塑性变形，是地壳表层广泛发育的基本构造之一。

4.4.1 褶曲要素

褶皱构造中的一个弯曲，称为褶曲。褶曲是褶皱构造的组成单位。每一个褶曲，都有核部、翼、轴面、轴及枢纽等几个组成部分，一般称为褶曲要素（图 4.6）。

（1）核部。褶曲的中心部分。通常把位于褶曲中央最内部的一个岩层称为褶曲的核。

（2）翼。位于核部两侧，向不同方向倾斜的部分，称为褶曲的翼。

（3）轴面。从褶曲顶平分两翼的面，称为褶曲的轴面。轴面在客观上并不存在，而是为了标定褶曲方位及产状而划定的一个假象面。褶曲的轴面可以是一个简单的平面，也可以是一个复杂的曲面。轴面可以是直立的、倾斜的或是平卧的。

（4）轴。轴面与水平面的交线，称为褶曲的轴。轴的方位表示褶曲的方位。轴的长度表示褶曲延伸的规模。

（5）枢纽。轴面与褶曲同一岩层层面的交线，称为褶曲的枢纽。褶曲的枢纽有水平的，有倾斜的，也有波状起伏的。枢纽可以反映褶曲在延伸方向产状的变化情况。

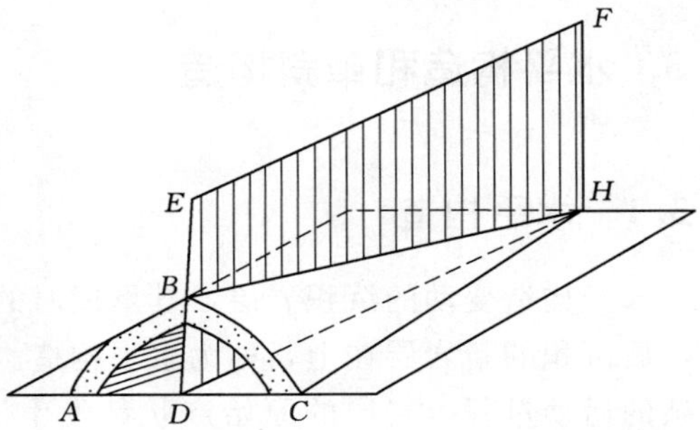

图 4.6　褶曲要素

ABC 所包含的内部岩层—核部

ABH、CBH—翼；DEFH—轴面；

DH—轴；BH—枢纽

4.4.2　褶曲的基本形态

褶曲的基本形态是背斜和向斜，如图 4.7 所示。

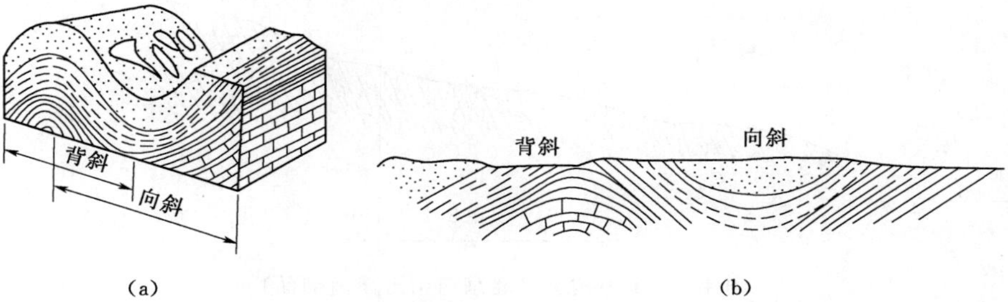

图 4.7　背斜与向斜

(a) 未剥蚀；(b) 经剥蚀

（1）背斜。是岩层向上拱起的弯曲。背斜褶曲的岩层，以褶曲轴为中心向两翼倾斜。当地面受到剥蚀而出露有不同地质年代的岩层时，较老的岩层出现在褶曲的轴部，从轴部向两翼，依次出现的是较新的岩层。

（2）向斜。是岩层向下凹的弯曲。在向斜褶曲中，岩层的倾向与背斜相反，两翼的岩层都向褶曲的轴部倾斜。如地面遭受剥蚀，在褶曲轴部出露的是较新的岩层，向两翼依次出露的是较老的岩层。

4.4.3　褶曲的形态分类

1. 按褶曲的轴面和两翼的产状分类

（1）直立褶曲。轴面直立，两翼岩层向不同方向倾斜，两翼岩层的倾角基本相同［图 4.8（a）］，在横剖面上两翼对称，所以也称为对称褶曲。

（2）倾斜褶曲。轴面倾斜，两翼岩层向不同方向倾斜，但两翼岩层的倾角不等［图 4.8（b）］，在横剖面上两翼不对称，所以又称为不对称褶曲。

（3）倒转褶曲。轴面倾斜程度更大，两翼岩层大致向同一方向倾斜，一翼岩层层位正常，另一翼老岩层覆盖于新岩层之上，层位发生倒转［图 4.8（c）］。

（4）平卧褶曲。轴面水平或近于水平，两翼岩层也近于水平，一翼岩层层位正常，另一翼发生倒转［图 4.8（d）］。

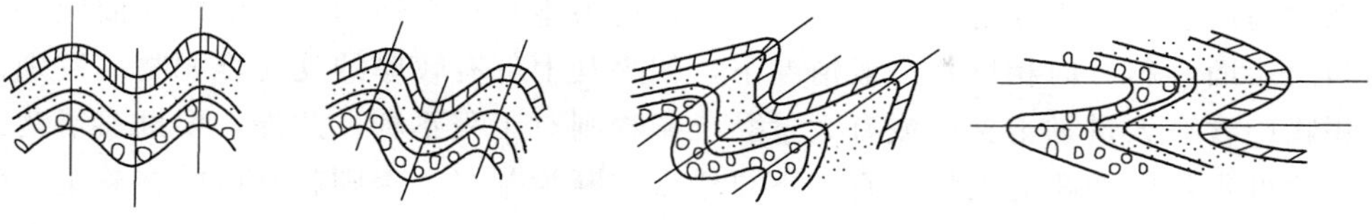

（a）　（b）　（c）　（d）

图 4.8　根据轴面和两翼产状分类的褶曲形态类型

（a）直立褶曲；（b）倾斜褶曲；（c）倒转褶曲；（d）平卧褶曲

2. 按纵剖面上枢纽产状分类

（1）水平褶曲。褶曲的枢纽水平展布，两翼岩层平行延伸（图 4.9）。

（2）倾伏褶曲。褶曲的枢纽向一端倾伏，两翼岩层在转折端闭合（图 4.10）。

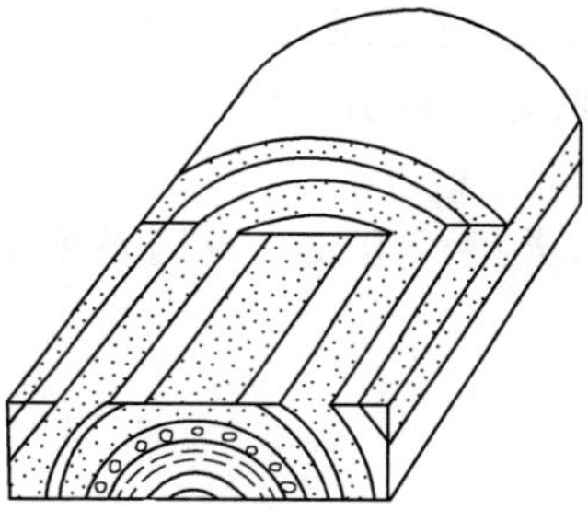

图 4.9　水平褶曲

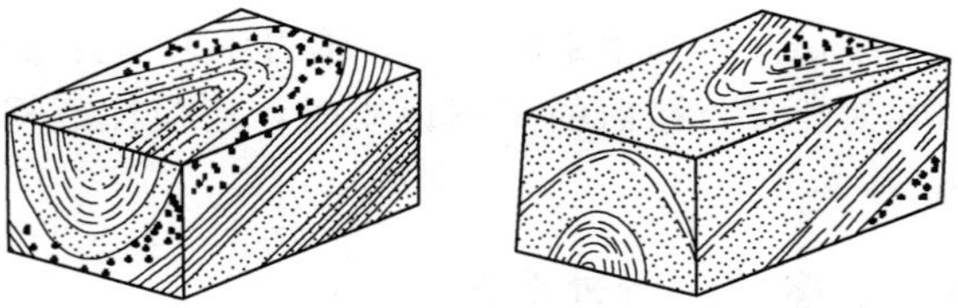

（a）　（b）

图 4.10　倾伏褶曲

（a）倾伏向斜；（b）倾伏背斜

当褶曲的枢纽倾伏时，在平面上会看到，褶曲的一翼逐渐转向另一翼，形成一条圆滑的曲线。在平面上，褶曲从一翼弯向另一翼的曲线部分，称为褶曲的转折端，在倾伏背斜的转折端，岩层向褶曲的外方倾斜（外倾转折）。在倾伏向斜的转折端，岩层向褶曲的内方倾斜（内倾转折）。在平面上，倾伏褶曲的两翼岩层在转折端闭合，这是倾状褶曲区别于水平褶曲的一个显著标志。

3. 按褶曲长短轴的比例分配

褶曲构造延伸的规模，长的可以达到几十千米甚至数百千米以上，但也有比较短的。按褶曲的长度和宽度比例，长宽比大于 10：1，延伸的长度大而分布宽度小的，称为线形褶曲。褶曲向两端倾伏，长宽比介于 10：1～3：1 之间，呈长圆形的，如是背斜，称为短背斜；如是向斜，称为短向斜。长宽比小于 3：1 的圆形背斜称为穹隆；向斜称为构造盆地。两者均为构造形态，不能与地形上的隆起和盆地相混淆。

4.4.4　褶皱的工程地质评价

由坚硬厚层岩石（如石英岩、硅质砂岩、硅质砾岩等）组成的褶曲山地，由于岩性坚硬，抗风化力强，一般强度很高，但裂隙很发育的地段或断层地段除外。

褶曲山区存在以下情况时对工程不利：在顺向坡，即山坡面倾斜方向与岩层面倾斜方向一致，上部有较厚的现代堆积物（如残积物、坡积物、洪积物等），特别是在堆积物中有大量黏土矿物时，如果下卧基岩层面倾角大于山坡天然坡度或由不透水的薄层岩石组成或有软弱夹层则对工程更为不利；在逆向坡，即山坡面倾斜方向与岩层面倾斜方向相反，一般情况下，如果其上部有较厚的现代堆积物，特别是堆积物中含有大量黏土夹层或有大量黏土矿物则对工程不利。此外，要勘察清楚山区坡地堆积物中埋藏的大块孤石，不要错误判断为基岩，否则就有可能在施工中引起滑坡。

一般来说，褶曲构造对工程活动有以下方面的影响：

(1) 褶皱核部或转折端岩层由于受水平张拉应力作用，产生许多张裂隙，直接影响岩体的完整性和强度，在石灰岩地区还往往使岩溶较为发育，所以在该部位布置各种构造物，如路桥、隧道等时，必须注意岩层的塌落、漏水、涌水问题。

(2) 在褶曲翼部布置构造物，重点注意岩层的倾向及倾角的大小，特别是岩层产状与工程的组合关系，因为它对岩体的滑动有一定影响。

(3) 地下工程一般宜设计在褶曲翼部，这是因为：①隧道通过性质均一岩层，有利于稳定；②褶曲核部岩层处在张力带中，岩层较破碎，易引起塌陷；③向斜核部一般是储水较为丰富的地段，围岩压力也会较大。

在对比评价褶曲的工程地质时，还应注意褶曲的类型、组成、成因及变形程度等。

4.4.5　褶皱的野外观察

通常，人们认为背斜为山，向斜为谷。但实际情况则要复杂得多。因为背斜长期遭受剥蚀，可能逐渐被夷为平地，并且背斜轴部的岩层如果遭到构造作用的强烈破坏，在一定的外力条件下，甚至可以发展成为谷地，所以向斜山与背斜谷（图 4.11）的情况在野外也是比较常见的。因此，不能完全以地形的起伏情况作为识别褶曲构造的主要标志。

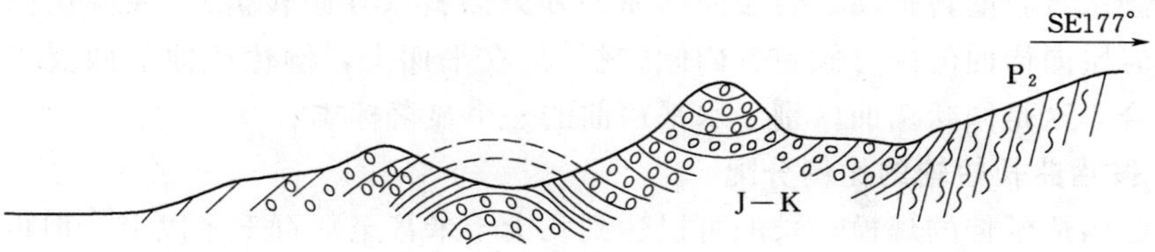

图 4.11　褶曲构造与地形

褶曲的规模，有较小的，但也有很大的。小的褶曲，可以在小的范围内，通过几个出露在地面的基岩露头进行观察。规模大的褶曲，一则分布的范围大，二则常受地形高低起伏的影响，既难一览无余，也不可能通过少数几个露头就窥其全貌。对于这样的大型褶曲构造，在野外就需要采用穿越的方法和追索的方法进行观察。

1. 穿越法

穿越法就是沿着选定的调查路线，垂直岩层走向进行观察。用穿越的方法，便于了解岩层的产状、层序及其新老关系。如果在路线通过地带的岩层呈有规律的重复出现，则必为褶曲构造。再根据岩层出露的层序及其新老关系，判断是背斜还是向斜。然后进一步分析两翼岩层的产状和两翼与轴面之间的关系，这样就可以判断褶曲的形态类型。

2. 追索法

追索法就是平行岩层走向进行观察的方法。平行岩层走向进行追索观察，便于查明褶曲延伸的方向及其构造变化的情况，当两翼岩层在平面上彼此平行展布时为水平褶曲，如果两翼岩层在转折端闭合或呈“S”形弯曲时，则为倾伏褶曲。

穿越法和追索法，不仅是野外观察褶曲的主要方法，同时也是野外观察和研究其他地质构造现象的一种基本方法。在实践中一般以穿越法为主，追索法为辅，根据不同情况，穿插运用。

4.5 断裂构造

构成地壳的岩层受力作用后发生变形，当变形达到一定程度时，岩层的连续性和完整性遭到破坏，产生各种大小不一样的断裂称为断裂构造。断裂构造是地壳上层常见的地质构造，包括裂隙和断层。

4.5.1 裂隙

裂隙是指岩层受力断开后，裂面两侧岩层沿断裂面没有发生明显的相对位移时的小型断裂构造。裂隙在野外常见。自然界的岩层中几乎都有裂隙存在，而且一般成群出现。

1. 裂隙的类型

（1）按成因分类。裂隙按成因可分为原生裂隙、构造裂隙和次生裂隙。

1）原生裂隙。岩石形成的过程中形成的裂隙为原生裂隙。如玄武岩在冷却凝固时形成的柱状裂隙。

2）构造裂隙。由构造运动产生的构造应力形成的裂隙为构造裂隙。构造裂隙常常成组出现，可将其中沿一个方向的一组平行裂隙称为一组裂隙。同一期构造应力形成的各组裂隙有成因上的联系，并按一定规律组合。不同时期的裂隙对应错开。

3）次生裂隙。由负荷、风化、爆破等作用形成的裂隙为次生裂隙，又可分为卸荷裂隙、风化裂隙、爆破裂隙等。次生裂隙一般分布在地表浅层，大多无一定方向性。

（2）按照张开程度分类

1）宽张裂隙。裂隙缝宽度大于 5mm。

2）张开裂隙。裂隙宽度为 3～5mm。

3）微张裂隙。裂隙宽度为 1～3mm。

4）闭合裂隙。裂隙缝宽度小于 1mm，通常也称之为密闭裂隙。

2. 裂隙发育程度分级

按裂隙的组数、密度、长度、张开度及充填情况，对裂隙发育情况分级，见表 4.3。

表 4.3　　裂隙发育程度分级表

发育程度等级	基本特征	附注
裂隙不发育	裂隙 1～2 组，规则，构造型，间距在 1m 以上，多为密闭裂隙。岩体被切割成巨块状	对基础工程无影响，在不含水且无其他不良因素时，对岩体稳定性影响不大
裂隙较发育	裂隙 2～3 组，呈 X 形，较规则，以构造型为主，多数间距大于 0.4m，多为密闭裂隙，少有填充物，岩体被切割成大块状	对基础工程影响不大，对其他工程可能产生一定的影响
裂隙发育	裂隙 3 组以上，不规则，以构造型和风化型为主，多数间距小于 0.4m，大部分为张开裂隙，部分有填充物，岩体被切割成小块状	对工程建筑物可能产生很大的影响
裂隙很发育	裂隙 3 组以上，杂乱，易风化型和构造型为主，多数间距小于 0.2m，以张开裂隙为主，一般均有填充物。岩体被切割成碎石状	对工程建筑物产生严重影响

3. 裂隙的调查、统计和表示方法

为了反映裂隙分布规律及对岩体稳定性的影响，需要进行裂隙的野外调查和室内资料整理工作，并利用统计图把岩体裂隙的分布情况表示出来。

调查时应先在工作地点选择一具代表性的基岩露头，对一定面积内的裂隙进行调查，调查应包括以下内容：

（1）裂隙的成因类型、力学性质。

（2）裂隙的组数、密度和产状。裂隙的密度一般采用线密度或体积裂隙数表示。线密度以“条/m”为单位计算，体积裂隙数用单位体积内的裂隙数表示。

（3）裂隙的张开度、长度和裂隙面壁的粗糙度。

（4）裂隙的填充物质及厚度、含水情况。

（5）裂隙发育程度分级。

调查时的裂隙野外测量记录表见表 4.4。

表 4.4　　裂隙野外测量记录表

编号	裂隙产状			长度	宽度	条数	填充情况	裂隙成因类型
	走向	倾向	倾角					
1	NW370°	NE37°	18°			22	裂隙面夹泥	扭性裂隙
2	NE332°	NE62°	10°			15	裂隙面夹泥	扭性裂隙
3	NE7°	NW277°	80°			2	裂隙面夹泥	张性裂隙
4	NW15°	NW285°	60°			4	裂隙面夹泥	张性裂隙

统计裂隙有多种图式，裂隙玫瑰图就是常用的一种，它可用来表示裂隙发育程度的大小，其资料编辑方法如下：

（1）裂隙走向玫瑰图。在一任意半径的圆上，画上刻度网。把所得的裂隙按走向，以每 5°或每 10°分组，统计每一组内的裂隙条数并算出平均走向。自圆心沿半径引射线，射线的方位代表每组裂隙平均走向的方位，射线的长度代表每组裂隙的条数。然后用折线把射线的端点连接起来，即得到裂隙玫瑰图，如图 4.12（a）所示。图中的“玫瑰花瓣”越长，反映沿这个方向分布的裂隙越多。从图中可以看出，比较发育的裂隙有走向 330°、30°、60°、300°及走向东西的共五组。

(2) 裂隙倾向玫瑰图。裂隙倾向玫瑰图，是先将测得的裂隙，按倾向以每 5°或每 10°为一组，统计每组裂隙的条数，并算出其平均倾向。用绘制走向玫瑰图的方法，在注有方位的圆周上，根据平均倾向和裂隙条数，定出各组相应的端点。用折线将这些点联系起来，即为裂隙倾向玫瑰图，如图 4.12 (b) 所示。

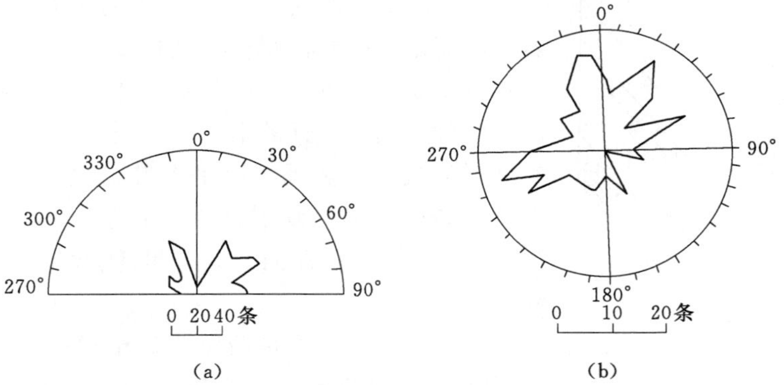

图 4.12 裂隙玫瑰图

(a) 裂隙走向玫瑰图；(b) 裂隙倾向玫瑰图

如果以半径方向表示平均倾角，用同样方法可以编制裂隙倾角玫瑰图。裂隙玫瑰图编制方法的优点是简单，但缺点是不能在同一张图纸上把裂隙的走向、倾向和倾角同时表示出来。

4. 裂隙的工程地质评价

岩石中的裂隙，有利于岩石的开采，但对岩体的强度和稳定性均有不利的影响。

岩层中存在裂隙，破坏了岩体的整体性，促使风化速度加快；增强了岩石的透水性，使岩体强度和稳定性降低。若裂隙的主要发育方向和路线走向平行，倾向与边坡一致，不论岩体的产状如何，路堑边坡都容易发生崩塌或碎落。在路基施工时，还会影响爆破作业的效果。所以当裂隙有可能成为影响工程设计的重要因素时，应当进行深入的调查研究，详细论证裂隙对岩体工程建筑条件的影响，并采取相应的措施，以保证建筑物的稳定和正常使用。

4.5.2 断层

岩体受力的作用断裂后，两侧岩块沿断裂面发生了显著位移的断裂构造称为断层。断层广泛发育，规模相差很大。大的断层延伸数百千米甚至上千千米，小的断层在手标本上就能见到。有的断层切穿了地壳岩石圈，有的则发育在地表浅层。断层是一种重要的地质构造，地震与活动性断层有关，隧道中大多数的塌方、涌水均与断层有关。

1. 断层要素

断层的基本组成部分称为断层要素，主要有断层面、断层线、断盘、断距等，如图 4.13 所示。

(1) 断层面。岩层发生位移的错动面称为断层面，它可以是平面或曲面。断层面的产状可以用走向、倾向及倾角来表示。有时断层两侧的运动并非沿一个面发

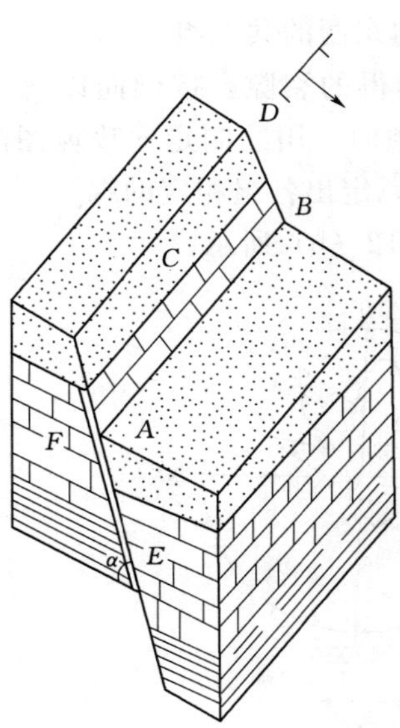

图 4.13　断层要素图
AB—断层线；C—断层面；
α—断层倾角；E—上盘；
F—下盘；DB—总断距

生，而是沿着有许多破裂面组成的破裂带发生，这个带称为断层破碎带或断层带。

(2) 断层线。断层面与地面的交线称为断层线，反映断层在地表的延伸方向。它可以是直线，也可以是曲线。

(3) 断盘。断盘是断层面两侧相对移动的岩块。若断层面是倾斜的，则位于断层面上部的断盘称为上盘；位于断层面下部的断盘称为下盘。按两盘相对运动方向分，相对上升的盘叫做上升盘，相对下降的盘叫做下降盘，上盘既可以是上升盘也可以是下降盘，下盘亦如此。如果断层面直立，就分不出上、下盘。如果岩块沿水平方向移动，也就没有上升盘和下降盘。

(4) 断距。断距是断层两盘相对错开的距离。岩层原来相连的两点，沿断层面断开的距离称为总断距，总断距的水平分量称为水平断距，铅直分量称为铅直断距。

2. 断层的基本类型

断层的分类方法很多，所以有各种不同的类型。根据断层两盘相对位移的情况，可以分为下面三种：

(1) 正断层［图 4.14 (a)］。上盘沿断层面相对下降，下盘相对上升的断层为正断层。正断层一般是由于岩体受到水平张应力及重力作用，使上盘沿断层面向下错动而形成。一般规模不大，断层线比较平直，断层面倾角较陡，常大于 45°。

(2) 逆断层［图 4.14 (b)］。上盘沿断层面相对上升，下盘相对下降的断层为逆断层。逆断层一般是由于岩体受到水平方向强烈挤压力的作用，使上盘沿断层面向上错动而成。断层线的方向常和岩层走向或褶皱轴的方向近于一致，和压应力作用的方向垂直。断层面从陡倾角至缓倾角都有。其中断层面倾角大于 45°的称为逆冲断层；断层面倾角介于 25°～45°之间的称为逆掩断层［图 4.14 (c)］；断层面倾角小于 25°的称为碾掩断层。逆掩断层和碾掩断层常是规模很大的区域性断层。

(3) 平推断层［图 4.14 (d)］。由于岩体受水平扭应力作用，使两盘沿断层面产生相对水平位移的断层为平推断层。平推断层的倾角很大，断层面近于直立，断层线比较平直。

上面介绍的，主要是一些受单向应力作用而产生的断裂变形，是断裂构造的三个基本类型。由于岩体的受力性质和所处的边界条件十分复杂，所以实际情况还要复杂得多。

3. 断层的组合类型

断层的形成和分布受着区域性或地区性地应力场的控制，所以常常是成群出现，并呈有规律地排列组合。常见的断层组合类型有下列几种：

(1) 阶梯状断层。阶梯状断层是由若干条产状大致相同的正断层平行排列组合而成，在剖面上各个断层的上盘呈阶梯状相继向同一方向下滑，如图 4.15 所示。

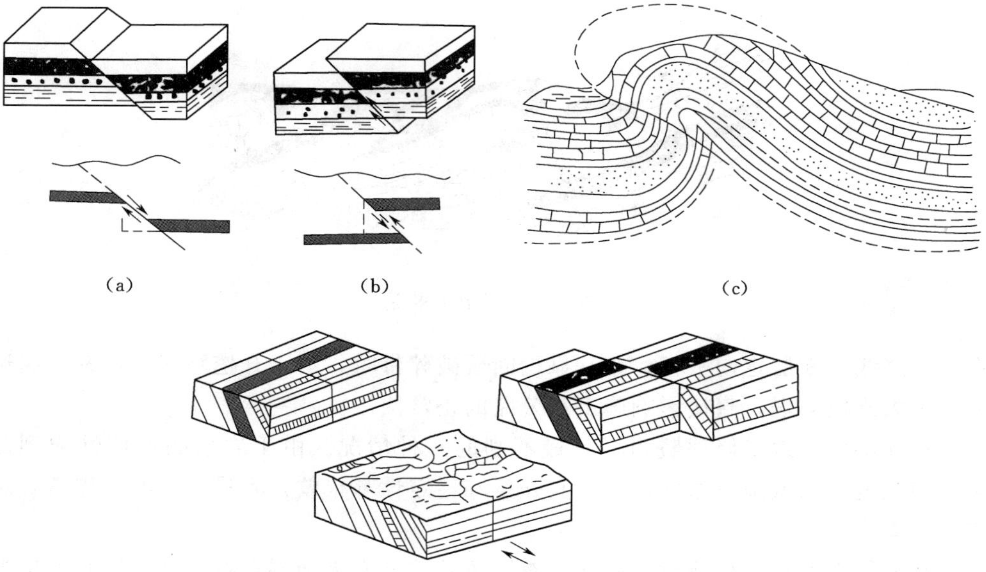

(a) (b) (c)

(d)

图 4.14 断层的类型

(a) 正断层；(b) 逆断层；(c) 逆掩断层；(d) 平推断层

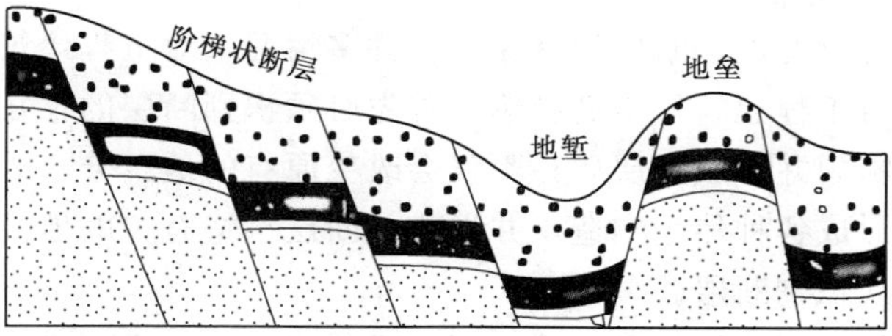

图 4.15 阶梯状断层、地堑及地垒

(2) 地堑和地垒。地堑和地垒是由走向大致平行、倾向相反、性质相同的两条或两条以上断层组成的，如图 4.15 所示。如果两个或两组断层之间岩块相对下降，两边岩块相对上升，则称为地堑；反之，中间上升，两侧下降，则称为地垒。两侧断层一般是正断层，有时也可以是逆断层。地堑比地垒发育更广泛，地质意义更重要。地堑在地貌上是狭长的谷地或成串展布的长条形盆地与湖泊，我国规模较大的有汾渭地堑等。

(3) 叠瓦状构造。指一系列产状大致相同呈平行排列的逆断层的组合形式，各断层的上盘岩块依次上冲，在剖面上呈屋顶瓦片样依次叠覆（图 4.16）。

4. 断层的工程地质评价

由于断层处岩层发生强烈的断裂变动，致使岩体裂隙增多、岩层破碎、风化严重、地下水发育，从而降低了岩石的强度和稳定性，对工程建筑造成了种种不利的影响。因此在公路建设中，在确定路线布局、选择桥位和隧道位置时，要尽量避开大的破碎带。

在研究路线布局，特别是安排河谷路线时，应当注意河谷地貌与断层构造的关

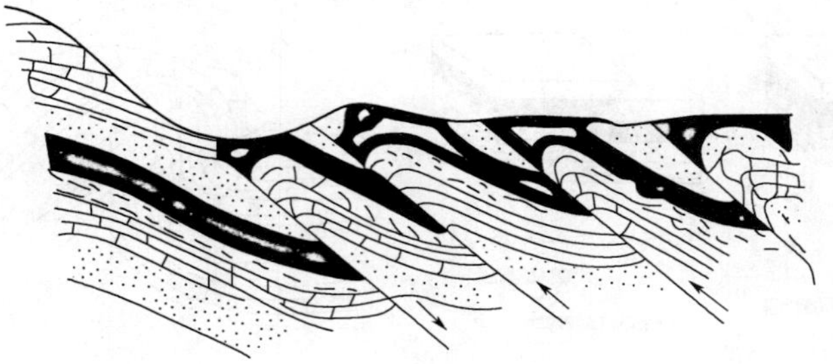

图 4.16　叠瓦状构造

系。当路线与断层走向平行，路基靠近断层破碎带时，由于开挖路基，容易引起边坡发生大规模坍塌，直接影响施工和公路的正常使用。

在断层发育地带修建隧道，是最不利的一种情况。由于岩层的整体性遭到破坏，加之地面水或地下水的侵入，其强度和稳定性都很差，容易产生洞顶塌落，影响施工安全。

在进行大桥桥位勘测时，要注意查明桥基部分有无断层存在，及其影响程度如何，以便根据不同的情况，在设计基础工程时采取相应的处理措施。

此外，评价断层的工程地质还应该考虑断层的类型、规模、组成和断盘效应等方面。

5. 断层的野外识别

从上述情况可以看出，断层的存在，在许多情况下对工程建筑是不利。为了采取措施，防止其对工程建筑的不良影响，首先必须识别断层的存在。

当岩层发生断裂并形成断层后，不仅会改变原有的地层分布规律，还常在断层面及其相关部分形成各种伴生构造，并形成与断层构造有关的地貌现象。在野外可以根据这些标志来识别断层。

(1) 地貌特征。当断层的断距较大时，上升盘的前缘可能形成陡峭的断层崖，如经剥蚀，则会形成断层三角面地形（图 4.17）；断层破碎带岩石破碎，易于侵蚀下切，可能形成沟谷或峡谷地形。此外，如山脊错断、错开，河谷跌水瀑布，河谷方向发生突然转折等，很可能都是断裂在地貌上的反映。在这些地方应该特别注意观察，分析有无断层的存在。

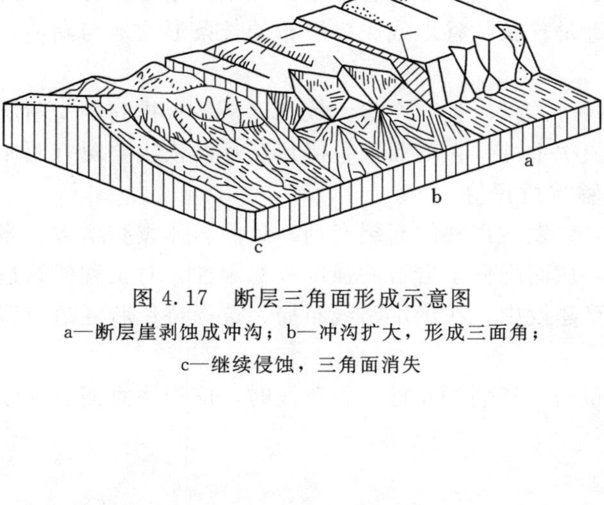

图 4.17　断层三角面形成示意图

a—断层崖剥蚀成冲沟；b—冲沟扩大，形成三面角；

c—继续侵蚀，三角面消失

(2) 地层特征。如岩层发生重复［图 4.18（a）］或缺失［图 4.18（b）］，岩脉被错断［图 4.18（c）］，或者岩层沿走向突然发生中断，与不同性质的岩层突然接触等地层方面的特征，则进一步说明断层存在的可能性很大。

(3) 断层的伴生构造现象。断层的伴生构造是断层在发生、发展过程中遗留下来的形迹。

常见的有岩层牵引弯曲、断层角砾、糜棱岩、断层泥和断层擦痕等。

岩层的牵引弯曲是岩层因断层两盘发生相对错动，因受牵引而形成的弯曲［图 4.18（d）］，多形成于页岩、片岩等柔性岩层和薄层岩层中。当断层发生相对位移时，其两侧岩石因受强烈的挤压力，有时沿断层面被研磨成细泥，称为断层泥；如被研碎成角砾，则称为断层角砾［图 4.18（e）］。断层两盘相互错动时，因强烈摩擦而在断层面上产生的一条条彼此平行密集的细刻槽，称为断层擦痕［图 4.18（f）］。顺擦痕方向抚摸，感到光滑的方向即为对盘错动的方向。

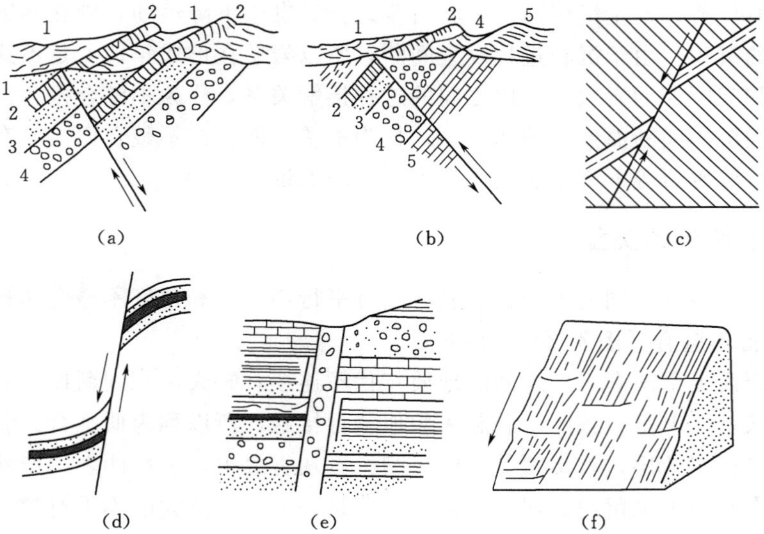

图 4.18 断层现象

(a) 岩层重复；(b) 岩层缺失；(c) 岩脉错断；(d) 岩层牵引弯曲；(e) 断层角砾；(f) 断层擦痕

可以看出，断层伴生构造现象，是野外识别断层存在的可靠标志。此外，如泉水、温泉成线状出露的地方，也要注意观察是否有断层存在。

4.6 不整合

在野外，我们有时可以发现形成年代不相连续的两套岩层重叠在一起的现象，这种构造形迹称为不整合（图 4.19）。不整合不同于褶皱和断层，它是一种主要由地壳的升降运动产生的构造形态。

4.6.1 整合与不整合

众所周知，在地壳上升的隆起区域发生剥蚀，在地壳下降的凹陷区域产生沉

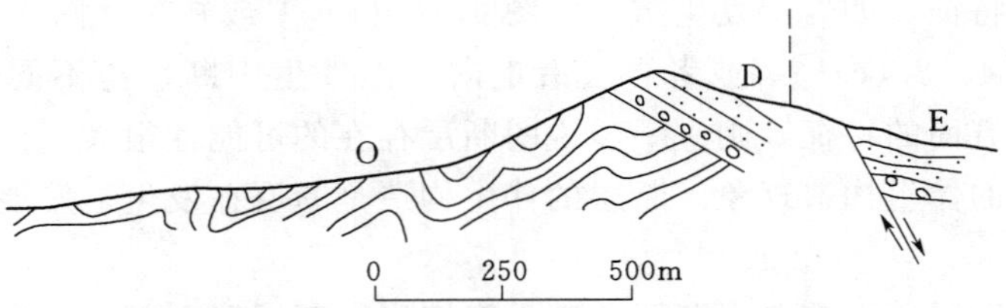

图 4.19　南岭五里亭地质剖面
O—奥陶纪泥板岩；D—泥盆纪砾岩、砂岩；E—早第三纪红色砂岩

积。当沉积区处于相对稳定的阶段时，沉积区连续不断地进行着堆积，这样，堆积物的沉积次序是衔接的，产状是彼此平行的，在形成年代上也是顺次连续的。岩层之间这种接触关系，称为整合接触［图 4.20（a）］。

在沉积的过程中，如果地壳发生上升运动，沉积区发生隆起，则沉积作用即为剥蚀作用所代替，发生沉积间断。其后若地壳又发生下降运动，则在剥蚀的基础上又接受新的沉积。由于沉积过程发生间断，所以岩层在形成年代上是不连续的，中间缺失沉积间断期的岩层。岩层之间的这种接触关系，称为不整合接触。存在于接触面之间因沉积间断而产生的剥蚀面，称为不整合面。在不整合面上，有时可以发现砾石层或底砾岩等下部岩层遭受外力剥蚀的痕迹。

4.6.2　不整合的类型

不整合有各种不同的类型，但基本上有平行不整合和角度不整合两种。

1. 平行不整合［图 4.20（b）］

不整合面上下两套岩层之间的地质年代不连续，缺失沉积间断期的岩层，但彼此间的产状基本上是一致的，看起来貌似整合接触，所以称为假整合。我国华北地区的石炭二叠纪地层，直接覆盖在中奥陶纪石灰岩之上，虽然两者的产状是彼此平行的，但中间缺失志留纪到泥盆纪的岩层，是一个规模巨大的不平行整合。

2. 角度不整合［图 4.20（c）］

角度不整合又称为斜交不整合，简称不整合。角度不整合不仅不整合面上下两套岩层间的地质年代不连续，而且两者的产状也不一致。下伏岩层与不整合面相交有一定的角度。这是由于不整合面下部的岩层，在接受新的沉积之前发生过褶皱变动的缘故。角度不整合是野外常见的一种不整合。在我国华北，震旦亚界与前震旦亚界之间的岩层普遍存在有角度的不整合的现象，这说明在震旦亚代之前，华北地

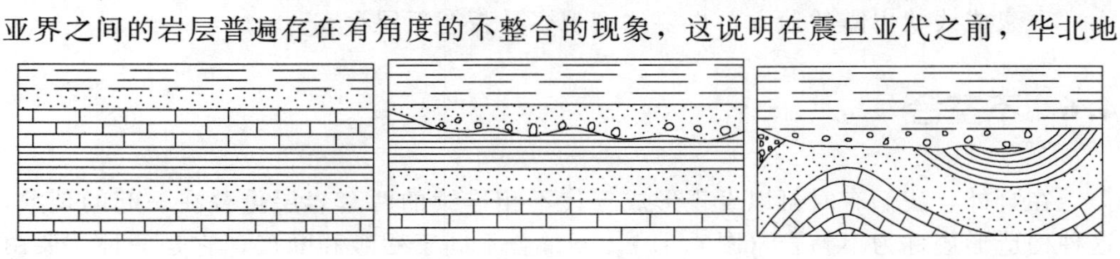

(a)　　(b)　　(c)

图 4.20　沉积岩的接触关系
（a）整合；（b）平行不整合；（c）角度不整合

区的构造运动是比较频繁而强烈的。

4.6.3 不整合的工程地质评价

不整合接触中的不整合面，是下伏古地貌的剥蚀面，它一则常有比较大的起伏，二则常有风化层或底砾存在，层间结合差，地下水发育，当不整合面与斜坡倾向一致时，如开挖路基，经常会成为斜坡滑移的边界条件，对工程建筑不利。

思考与练习

1. 什么是相对地质年代？什么是绝对地质年代？地层相对地质年代是怎样确定的？
2. 什么是岩层的产状？产状三要素是什么？岩层产状是如何测定和表示的？
3. 什么是褶皱构造？什么叫褶曲？褶曲基本要素及基本形态有哪些？
4. 如何识别褶曲并判断其类型？
5. 什么是裂隙，调查中怎么表示其走向和倾向？
6. 什么是断层？断层由哪几部分组成？断层的基本类型有哪些？
7. 试分析褶皱对道路的地质评价。
8. 试分析断层对道路的地质评价。

第5章

土的形成及工程性质

学习要点： 了解土的形成过程，掌握土的成因类型及在工程中不同规范的分类方法，掌握特殊土的基本类型及工程性质。

自然界的土，由于形成的年代、成因和环境不同及形成以后经历的变化过程不同，各具有不同的物质组成和结构特征，形成各种不同类型的土，具有不同的工程地质性质。

5.1 土按成因分类及工程地质性质

5.1.1 土的形成

土的形成与外力地质作用密切相关，地壳表层的岩石在大气中经过长期风化、剥蚀等外力作用，破碎成形状不同、大小不一的岩石碎块或矿物颗粒，这些岩石碎屑物质受各种自然力（重力、流水、冰川和风尘等）的挟带搬运，在各种不同的自然环境下沉积下来，就形成了土。沉积下来的土，在漫长的地质年代中发生复杂的物理化学变化，逐渐压密、固结，最终又形成沉积岩。因此，土的形成过程是十分复杂的，通常说土是岩石物理化学风化的产物。

5.1.2 土的成因分类及工程地质性质

根据土的地质成因，土可分为残积土、坡积土、洪积土、冲积土、湖积土、海积土、冰积及冰水沉积土和风积土等类型。一定成因类型的土具有一定的沉积环境，具有一定的土层空间分布规律和一定的土类组合、物质组成及结构特征。但同一成因类型的土，在沉积形成后，可能遭到不同的自然地质条件和人为因素的变化，而有不同的工程特性。

1. 残积土（Q^{el}）

（1）形成原因。残积土是岩石经风化后未被搬运的那一部分原岩风化剥蚀后的产物。它的分布主要受地形的控制。在宽广的分水岭地带，由雨水产生的地表径流速度很小，风化产物易于保留，残积土就比较厚，在平缓的山坡上也常有残积土覆盖，如图5.1所示。

（2）主要特征。

1）由于未经搬运，岩石块棱角显著，结构松散，颗粒大小不均匀，无层理构造。

2）其分布主要受到地形控制，在分水岭、山坡和低洼地方常有分布，残积土与原岩之间往往有一个过渡带，一般顶面平坦而地底界起伏不平。

3）细颗粒往往被水冲刷带走，故孔隙比较大，厚度差异比较大。

4）在垂直方向上一般具有三个不同风化程度的风化区，即与原岩接触的底部风化微弱，中部风化显著，接触水、空气的上部风化强烈。

（3）工程地质问题。

1）由于残积土分布区域的土层厚度、组成成分、结构及物理力学性质的变化大，均匀性差，孔隙度较大，因此建筑物地基常存在不均匀沉降问题。

2）由于原始地形变化大，岩层风化程度不同，建筑物沿基岩面或软弱面的滑动存在边坡是否稳定的问题。

2. 坡积土（Q^{dl}）

（1）形成原因。坡积土是经雨雪水的细水片流缓慢洗刷、剥蚀，及土粒在重力作用下顺着山坡逐渐移动形成的堆积物。它一般分布在坡腰上或坡脚下，其上部与残积土相接，是山区公路勘测设计中经常遇到的第四纪陆相沉积物中的一个成因类型，如图 5.2 所示。

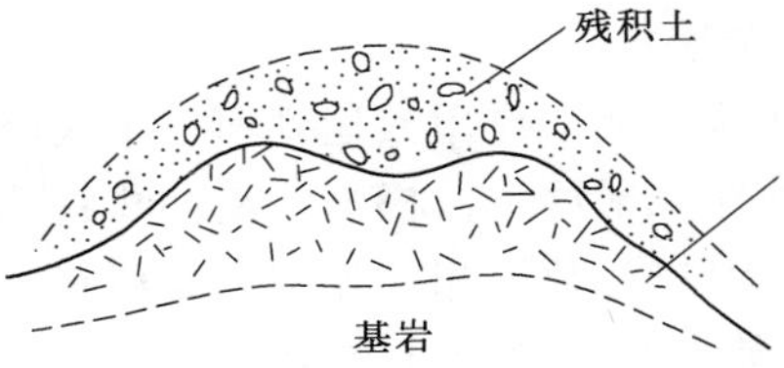

图 5.1 残积土剖面图

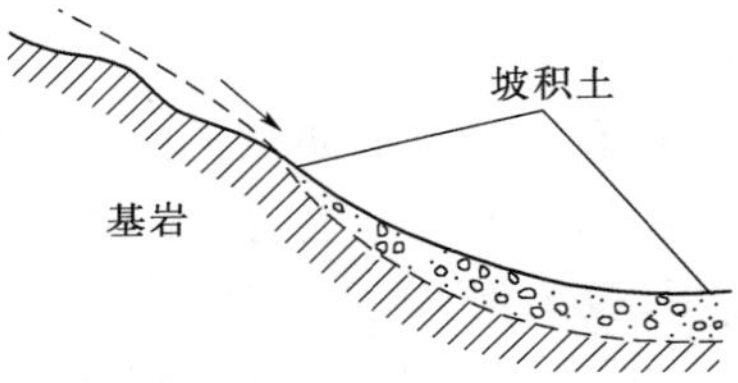

图 5.2 坡积土层剖面

（2）主要特征。

1）坡积层可分为山地坡积层和山麓平原坡积层两个亚组。其厚度变化较大，一般是中下部较厚，向山坡上部及远离山脚方向均逐渐变薄尖灭。

2）坡积层多由碎石和黏性土组成，其成分与下伏基岩无关，而与山坡上部基岩成分有关。山坡坡积层一般以粉质黏土夹碎石为主，而山麓平原坡积层则以粉质黏土为主，夹有少量的碎石。

3）由于从山坡上部到坡脚搬运距离较短，故坡积层层理不明显，颗粒磨圆差，碎石棱角较清楚；组成物分选差，大小基本混杂在一起。

4）坡积层一般松散、富水、厚度不均匀，作为建筑物地基时承载力较差且易产生不均匀变形。另外，坡积层稳定性很差，很容易发生滑动。

（3）工程地质问题。

1）由于坡积土的厚度分布不均匀，土质类型不同，故建筑物存在不均匀沉降问题。

2）坡积土下的基岩不透水或为若透水层，入渗水会聚积并沿坡面向下运动，不利于边坡稳定。此外，由于坡积土黏土粒含量多，吸水后会增加重量，有时土体变为流动状态，降低边坡的稳定性。

3. 洪积土（Q^{pl}）

（1）形成原因。洪积土是碎屑物质经暴雨或大量融雪骤然集聚而成的暂时性山洪急流挟带在山沟的出口处或山前倾斜平原堆积形成的洪积土体。山洪携带的大量碎屑物质流出沟谷口后，因水流流速骤减而呈扇形沉积体，称洪积扇。

（2）主要特征。

1）组成物质较复杂，取决于沟谷上游汇水区内的岩石种类；分类不良，粗细混杂，碎屑物质多带棱角，磨圆度不佳。

2）厚度变化大，常发育有不规则的交错层理、透镜体、尖灭及夹层等。

3）山前洪积层由于周期性的干燥，常含有可溶盐类物质，在土粒和细碎屑间，往往形成局部的软弱结晶联结，但遇水作用后，联结就会破坏。

（3）工程地质问题。

1）洪积土一般可作为良好的建筑地基，尤其是离山前较近的洪积土颗粒较粗，地下水位埋藏较深，具有较高的承载力，压缩性低，是建筑物的良好地基。

2）在离山区较远的地带，洪积物的颗粒较细、成分较均匀、厚度较大，一般也是良好的天然地基。但应注意中间过渡地带由于粗碎屑土与细粒黏性土的透水性不同而使地下水溢出地表形成沼泽地带，因此土质较差，承载力较低，工程建设中应注意这一地区的复杂地质条件。

4. 冲积土（Q^{al}）

（1）形成原因。冲积土是由碎屑物质经河流的流水作用搬运到河谷中坡降平缓的地段堆积而形成，发育于河谷内及山区外的冲积平原中。根据河流冲积物的形成条件，可分为河床相、河漫滩相、牛轭湖相及河口三角洲相，如图 5.3 所示。

1）河床相冲积土主要分布在河床地带，其次是阶地上。在山区河流或河流上游大多数粗大的石块、砾石和粗砂，中下游或平原地区沉积物逐渐变细。冲积层中的砂、卵石、砾石层常被选用为建筑材料。山区河床冲积土厚度不大，平原地区河床冲积土厚度很大，一般超过几十米至上百米，甚至上千米。

2）河漫滩相冲积土是在洪水期河水漫溢河床两侧，携带碎屑物质堆积而成的，土粒较细，可以是粉土、粉质黏土或黏土，并常夹有淤泥或泥炭等软弱土层，覆盖于河床相冲积土之上，形成常见的上细下粗的冲积土的“二元结构”。

3）牛轭湖相冲积土是在废河道形成的牛轭湖中沉积成的松软土，颗粒很细，常含大量有机质，有时形成泥炭。

4）在河流入海或入湖口，所搬运的大量细小颗粒沉积下来，形成面积宽广而厚度极大的三角洲沉积物，这类沉积物通常含有淤泥质土或淤泥层。

（2）工程地质问题。

1）古河床相土的压缩性低，强度较高，是工业与民用建筑的良好地基，而现代河床堆积物的密实度较差，透水性强，若作为水工建筑物的地基则引起坝下渗漏。饱和的砂土还可能由于振动而引起液化。

2）河漫滩相冲积物具有双层结构，强度较好，常被作为建筑物的地基，但应注意其中的软弱土层夹层。

3）牛轭湖相冲积土压缩性很高，承载力很低，不宜作为建筑物的天然地基。

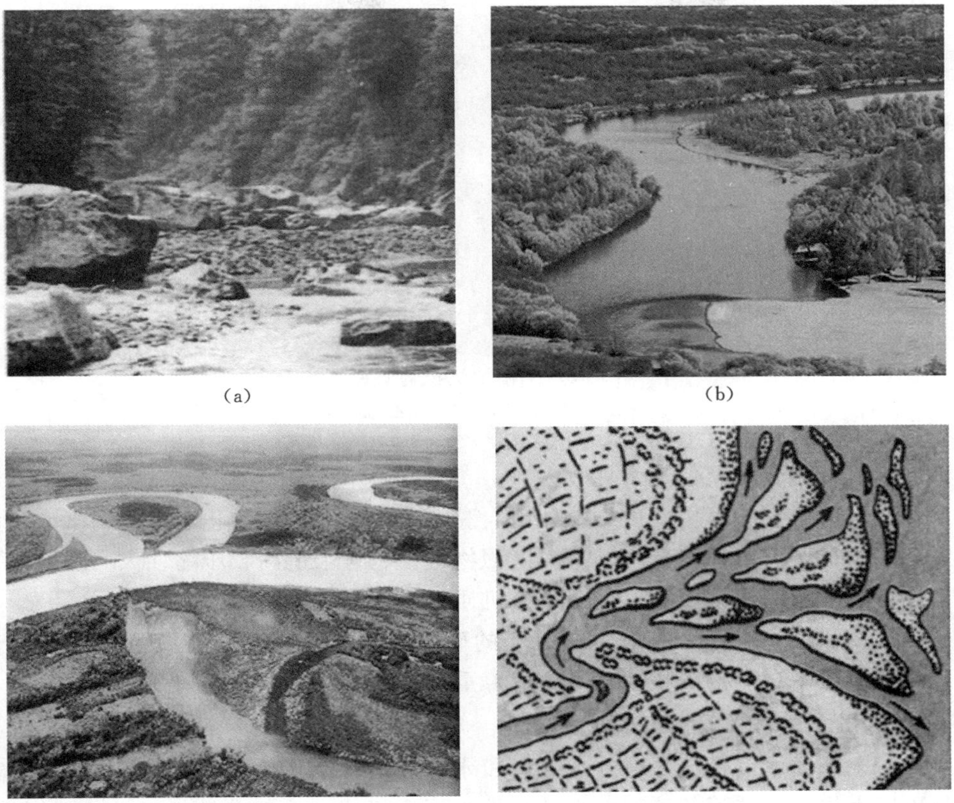

(a)　(b)　(c)　(d)

图 5.3　冲积土照片

(a) 河床相冲积土；(b) 河漫滩相冲积土；(c) 牛轭湖相冲积土；(d) 河口三角洲相冲积土

4）三角洲沉积物常常是饱和的软黏土，承载力低，压缩性高，若作为建筑物的地基，则应慎重对待。但三角洲冲积物的最上层常形成硬壳层，一般可作低层或多层建筑物的地基。

5. 湖积土（Q^l）

（1）形成原因。湖积土分为湖边沉积物和湖心沉积物两类，湖边沉积物由湖浪冲蚀湖岸形成的碎屑物质在湖边沉积而形成的，近岸带沉积的多为粗颗粒的卵石、圆砾和砂土，远岸带沉积的则是细颗粒的砂土和黏性土，如图 5.4（a）所示；湖心沉积物由河流和湖流挟带的细小悬浮颗粒到达湖心后沉积形成的，主要是黏土和淤泥，常夹有细砂、粉砂薄层，如图 5.4（b）所示。

（2）工程特征。湖边沉积物具有明显的斜层理构造，近岸带土的承载力高，远岸带则差些；湖心沉积物压缩性高，强度很低；若湖泊逐渐淤塞，则可演变为沼泽，形成沼泽土，主要由半腐烂的植物残体和泥炭组成的，含水量极高，承载力极低，一般不宜作天然地基。

6. 海积土（Q^m）

按海水深度及海底地形，海洋可分为滨海带、浅海区、陆坡区和深海区、海洋区，相应的四种海积土性质也各不相同。

（1）滨海沉积物。主要由卵石、圆砾和砂等组成，具有基本水平或缓倾的层理

(a)　　　　　　　　　　　　(b)

图 5.4　湖泊沉积物照片

(a) 湖边沉积物；(b) 湖心沉积物

构造，其承载力较高，但透水性较大。

(2) 浅海沉积物。主要由细粒砂土、黏性土、淤泥和生物化学沉积物（硅质和石灰质）组成，有层理构造，较滨海沉积物疏松、含水量高、压缩性大而强度低。

(3) 陆坡和深海沉积物。主要是有机质软泥，成分均匀。

(4) 海洋沉积物。在海底表层沉积的砂砾层很不稳定，随着海浪不断移动变化，选择海洋平台等构筑物地基时，应慎重对待。

7. 冰积土和冰水沉积土（Q^{gl}）

冰积土和冰水沉积土是分别由冰川和冰川融化的冰下水进行搬运堆积而成，其颗粒以巨大块石、碎石、砂、粉土及黏性土混合组成。一般分选性极差，无层理，但冰水沉积常具斜层理。颗粒呈棱角状，巨大块石上常有冰川擦痕。

8. 风积土（Q^{eol}）

风积土是指在干旱的气候条件下，岩石的风化碎屑物被风吹扬，搬运一段距离后，在有利的条件下堆积起来的一类土。颗粒主要由粉粒或砂粒组成，土质均匀，质纯，孔隙大，结构松散。最常见的是风成砂及风成黄土，风成黄土具有强湿陷性。

5.2　土的工程分类

5.2.1　土的分类原则和标准

土的工程分类是岩土工程勘测与设计的前提，一个正确的设计必须建立在对的正确评价的基础上，而土的工程分类正是岩土工程勘察评价的基本内容。

1. 土的工程分类目的

(1) 根据土类，可以大致判断土的基本工程特性，并可结合其他因素评价地基土的承载力、抗渗性与抗冲刷稳定性，在振动作用下的可液化性以及作为建筑材料的适宜性等。

(2) 根据土类，可以合理确定不同土的研究内容与方法。

(3) 当土的性质不能满足工程要求时，可以根据土类（结合工程特点）确定相应的改良与处理方法。

2. 土的分类原则

应遵循同类土的工程性质最大程度相似和异类土的工程性质显著差异的原则，来选择分类指标和确定分类界限。离开了工程性质变化规律这一前提，就不可能得出正确的工程分类结果。

土的工程分类只能提供一些最基本的信息，指导工程师选择合适的勘察方法与试验方法，明确评价的重点，建议必要的施工措施，分类不能代替试验和评价。

3. 土的分类标准

世界各国、各地区、各部门，根据自己的传统和经验，都有自己的分类标准。目前我国各行业的标准中关于土的分类存在着不同的体系，主要有《公路土工试验规程》（JTG E40—2007）、《公路桥涵地基与基础设计规范》（JTG D63—2007）等，以下主要介绍两个规范体系中土的分类标准。

5.2.2 公路路基土的分类

《公路土工试验规程》（JTG E40—2007）根据土分类的一般原则，吸收国内外分类体系的优点，结合本系统在工程实践中所取得的试验研究成果，提出了土质统一分类的体系，将土分为巨粒土、粗粒土、细粒土和特殊土，分类总体系如图 5.5 所示。该分类适用于公路工程用土的鉴别、定名和描述，以便对土的性能作定性评价。

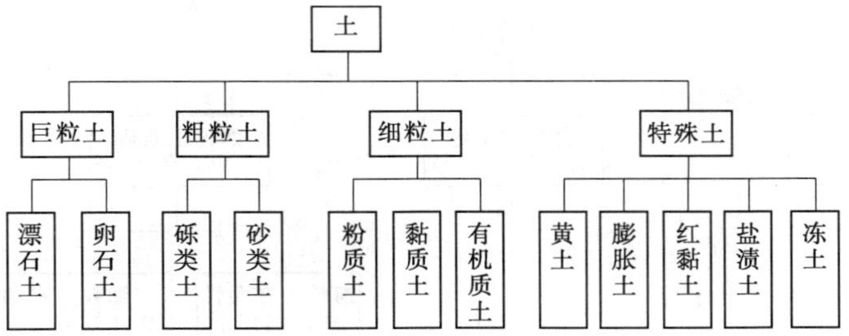

图 5.5 土的分类总体系图

1. 巨粒土分类

巨粒土分类体系如图 5.6 所示。巨粒组质量大于总质量 75％的土称漂（卵）石；巨粒组质量为总质量 50％～75％（含 75％）的土称漂（卵）石夹土；巨粒组质量为总质量 15％～50％（含 50％）的土称漂（卵）石质土；巨粒组质量小于或等于总质量 15％的土，可扣除巨粒，按粗粒土或细粒土的相应规定分类定名。

（1）漂（卵）石按下列规定定名：漂石粒组质量大于卵石粒组质量的土称为漂石，记为 B；漂石粒组质量小于或等于卵石粒组质量的土称为卵石，记为 Cb。

（2）漂（卵）石夹土按下列规定定名：漂石粒组质量大于卵石粒组质量的土称漂石夹土，记为 BSI；漂石粒组质量小于或等于卵石粒组质量的土称为卵石夹土，记为 CbSI。

（3）漂（卵）石质土按下列规定定名：漂石粒组质量大于卵石粒组质量的土称漂石质土，记为 SIB；漂石粒组质量小于或等于卵石粒组质量的土称卵石质土，记

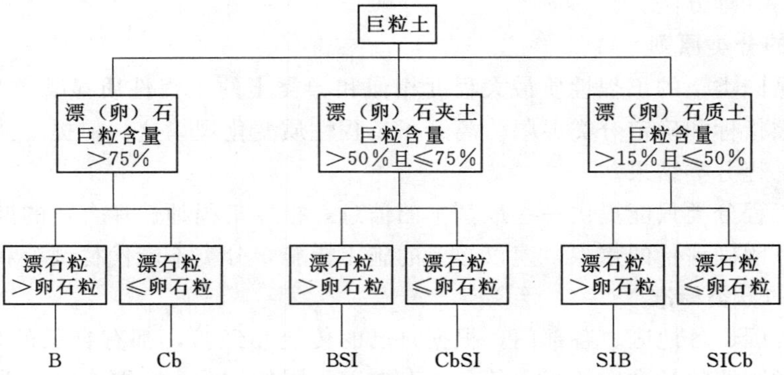

图 5.6 巨粒土分类体系

注：1. 巨粒土分类体系中的漂石换成块石，B换成 B_a，即构成相应的块石分类体系。

2. 巨粒土分类体系中的卵石换成小块石，Cb换成 Cb_a，即构成相应的小块石分类体系。

为 SICb；如有必要，可按漂（卵）石质土中的砾、砂、细粒土含量定名。

2. 粗粒土分类

试样中巨粒组土粒质量小于或等于总质量15%，且巨粒组土粒与粗粒组土粒质量之和大于总土质量50%的土称粗粒土。

（1）砾类土。粗粒土中砾粒组质量大于砂粒组质量的土称为砾类土。砾类土应根据其中细粒含量和类别以及粗粒组的级配进行分类，分类体系如图5.7所示。

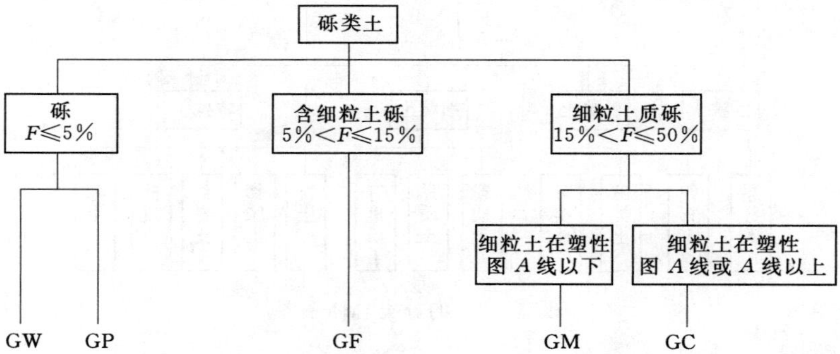

图 5.7 砾类土分类体系

注：砾类土分类体系中的砾石换成角砾，G换成Ga，即构成相应的角砾土分类体系。

1）砾类土中细粒组质量小于或等于总质量5%的土称为砾，按下列级配指标定名：当 $C_u \geqslant 5$，且 C_c 为1～3时，称为级配良好砾，记为GW；不满足上述条件时，称级配不良砾，记为GP。

2）砾类土中细粒组质量为总质量的5%～15%（含15%）的土称含细粒土砾，记为GF。

3）砾类土中细粒组质量大于总质量的15%，并小于或等于总质量的50%的土称为细粒土质砾，按细粒土在塑性图中的位置定名：当细粒土位于塑性图A线以下时，称粉土质砾，记为GM；当细粒土位于塑性图A线或A线以上时，称黏土质砾，记为GC。

（2）砂类土。粗粒土中砾组质量小于或等于砂粒组质量的土称为砂类土。砂类土应根据其中细粒含量和类别以及粗粒组的级配进行分类。分类体系如图 5.8 所示。根据粒径分组由大到小，以首先符合者命名。

1）砂类土中细粒组质量小于或等于总质量 5%的土称为砂，按下列级配指标定名：当 $C_u \geqslant 5$，且 C_c 为 1～3 时，称为级配良好砂，记为 SW；不满足上述条件时，称级配不良砂，记为 SP。

2）砂类土中细粒组质量为总质量的 5%～15%（含 15%）的土称含细粒土砂，记为 SF。

3）砂类土中细粒组质量大于总质量的 15%，并小于或等于总质量的 50%的土称为细粒土质砂，按细粒土在塑性图中的位置定名：当细粒土位于塑性图 A 线或 A 线以上时，称黏土质砂，记为 SC。

需要时，砂可进一步细分为粗砂、中砂、细砂。当粒径大于 0.5mm 的颗粒大于总质量 50%时，为粗砂；当粒径大于 0.25mm 的颗粒大于总质量 50%时，为中砂；当粒径大于 0.075mm 的颗粒多于总质量 75%时，为细砂。

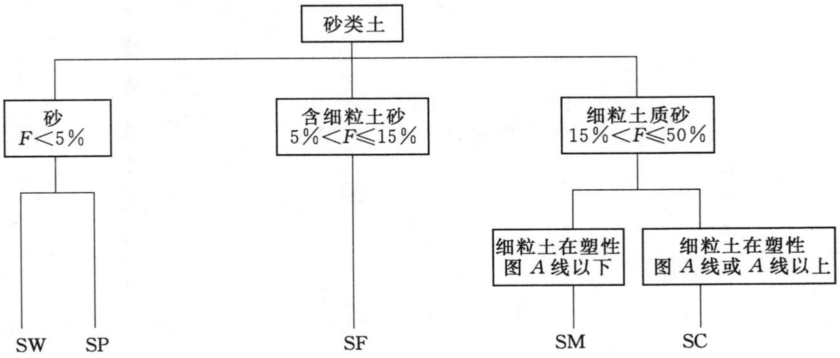

图 5.8　砂类土分类体系

3. 细粒土分类

试样中细粒组土粒质量大于或等于总质量 50%的土称为细粒土。

（1）细粒土应按下列规定划分：细粒土中粗粒质量小于或等于总质量的 25%的土称为粉质土或黏质土；细粒土中粗粒组质量为总质量 25%～50%（含 50%）的土称为含粗粒的粉质土或含粗粒的黏质土；试样中有机质含量大于或等于总质量的 5%，且小于总质量的 10%的土称为有机质土。试样中有机质含量大于或等于 10%的土称为有机土。细粒土分类体系如图 5.9 所示。

（2）细粒土按塑性图分类，如图 5.10 所示，采用下列液限分区：低液限 $W_L <$ 50%，高液限 $W_L \geqslant 50\%$。

1）当细粒土位于塑性图 A 线或 A 线以上时，按下列规定命名：在 B 线或 B 线以右，称高液限黏土，记为 CH；在 B 线以左，$I_P=7$ 线以上，称低液限黏土，记为 CL。

2）当细粒土位于 A 线以下时，按下列规定命名：在 B 线或 B 线以右，称高液限粉土，记为 MH；在 B 线以左，$I_P=4$ 线以下，称低液限粉土，记为 ML。

3）黏土-粉土过渡区（CL～ML）的土可以按相邻土层的类别考虑细分。

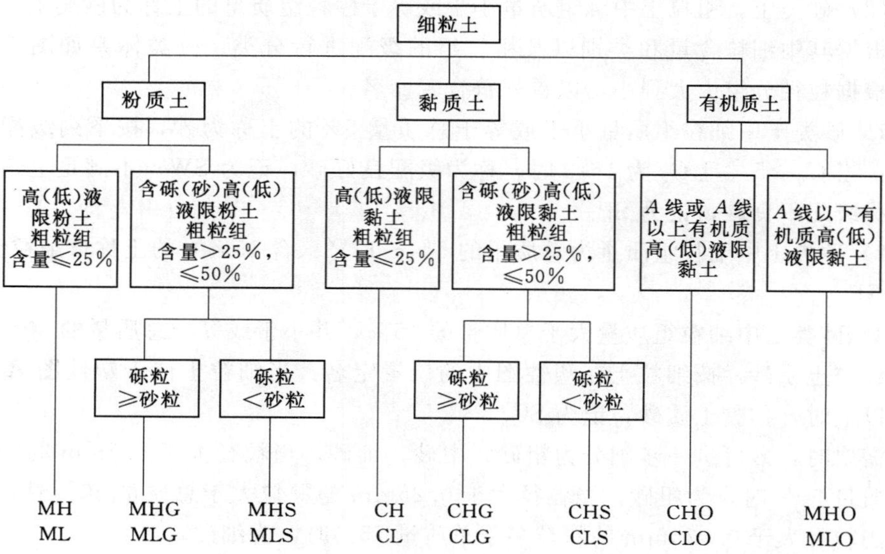

图 5.9 细粒土分类体系

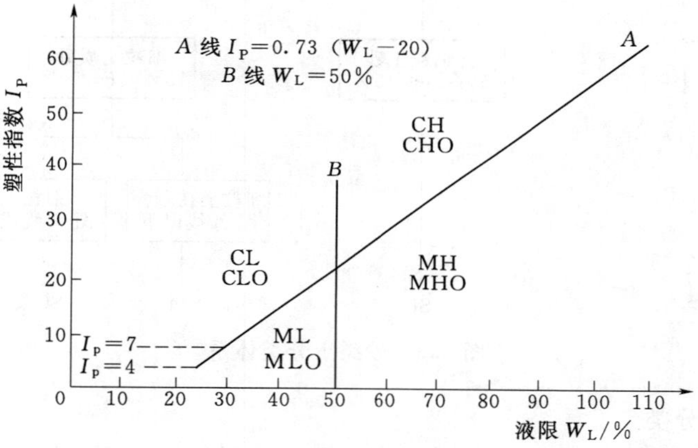

图 5.10 塑性图

(3) 含粗粒的细粒土应先按上述规定确定细粒土部分的名称，再按以下规定最终定名：当粗粒组中砾粒组质量大于砂粒组质量时，称含砾细粒土，应在细粒土代号后缀以代号“G”；当粗粒组中砂粒组质量大于或等于砾粒组质量时，称含砂细粒土，应在细粒土代号后缀以代号“S”。

(4) 土中有机质包括未完全分解的动植物残骸和完全分解的无定形物质。后者多呈黑色、青黑色或暗色；有臭味；有弹性和海绵感。借目测、手摸及嗅感判别。有机质土应根据图 5.10 按下列规定定名：

1) 位于塑性图 *A* 线或 *A* 线以上时：在 *B* 线或 *B* 线以右，称有机质高液限黏土，记为 CHO；在 *B* 线以左，$I_P=7$ 线以上，称有机质低液限黏土，记为 CLO。

2) 位于塑性图 *A* 线以下：在 *B* 线或 *B* 线以右，称有机质高液限粉土，记为 MHO；在 *B* 线以左，$I_P=4$ 线以下，称为有机质低液限粉土，记为 MLO。

3）黏土-粉土过渡区（CL～ML）的土可以按相邻土层的类别考虑细分。

4. 特殊土分类

《公路土工试验规程》（JTG E40—2007）给出了黄土、膨胀土和红黏土在塑性图中的位置及其学名，以及盐渍土的含盐量标准和冻土的分类标准。

（1）黄土、膨胀土和红黏土按图 5.11 定名。

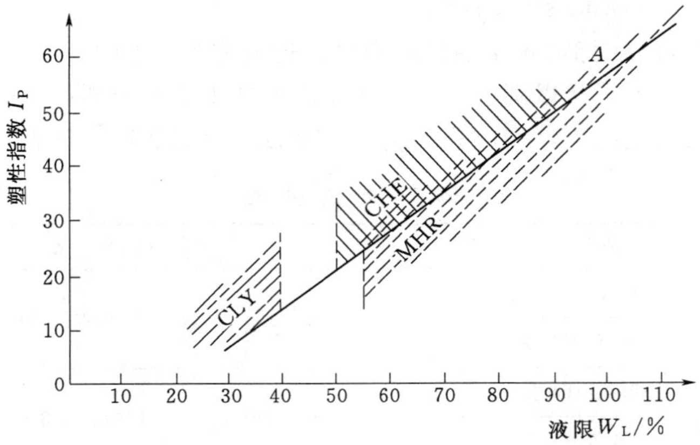

图 5.11 特殊土塑性图

1）黄土。低液限黏土（CLY），分布范围：大部分在 A 线以上，$W_L<40\%$。

2）膨胀土。高液限黏土（CHE），分布范围：大部分在 A 线以上，$W_L>50\%$。

3）红黏土。高液限粉土（MHR），分布范围：大部分在 A 以下，$W_L>55\%$。

（2）盐渍土按表 5.1 分类。

表 5.1 盐渍土按含盐量分类

盐渍土名称	细粒土土层的平均含盐量（以质量的百分数计）		粗粒土通过 10mm 筛孔土的平均含盐量（以质量的百分数计）	
	氯盐渍土、亚氯盐渍土	硫酸盐渍土、亚硫酸盐渍土	氯盐渍土、亚氯盐渍土	硫酸盐渍土、亚硫酸盐渍土
弱盐渍土	0.3～1.0	0.3～0.5	2.0～5.0	0.5～1.5
中盐渍土	1.0～5.0	0.5～2.0	5.0～8.0	1.5～3.0
强盐渍土	5.0～8.0	2.0～5.0	8.0～10.0	3.0～6.0
过盐渍土	＞8.0	＞5.0	＞10.0	＞6.0

注 离子含量以 100g 干土内的含盐总量计。

（3）根据冻土冻结状态持续时间的长短，我国冻土可分为多年冻土、隔年冻土和季节性冻土三种类型，见表 5.2。

表 5.2 冻土按冻结状态持续时间分类

类型	持续时间 t/a	地面温度特征/℃	冻融特征
多年冻土	$t\geqslant 2$	年平均地面温度小于或等于 0	季节融化
隔年冻土	$2>t\geqslant 1$	最低月平均地面温度小于或等于 0	季节冻结
季节冻土	$t<1$	最低月平均地面温度小于或等于 0	季节冻结

5.2.3　公路桥涵地基土的分类

公路桥涵地基土的分类采用《公路桥涵地基与基础设计规范》（JTG D63—2007)，在这个分类体系中，把土作为场地和地基进行分类。土按颗粒级配或塑性指数分为碎石土、砂土、黏性土、粉土和特殊性岩土。

1. 碎石类土（crushe stone soil）

（1）定义。粒径大于 2mm 的颗粒含量超过全重 50%的土。

（2）定名。颗粒形状以圆形为主的土，由大到小依次为漂石、卵石、圆砾；颗粒形状以棱角状为主的土，相应分为块石、碎石、角砾 3 种。见表 5.3。

表 5.3　碎石土的分类

土的名称	颗粒形状	颗粒级配
漂石	圆形及亚圆形为主	粒径大于 200mm 的颗粒含量超过全重 50%
块石	棱角形为主	
卵石	圆形及亚圆形为主	粒径大于 20mm 的颗粒含量超过全重 50%
碎石	棱角形为主	
圆砾	圆形及亚圆形为主	粒径大于 2mm 的颗粒含量超过全重 50%
角砾	棱角形为主	

注　分类时应根据粒组含量栏从上到下以最先符合者确定。

（3）工程性质。碎石土的工程性质与其密实度紧密相关，碎石土的密实度，可根据重型动力触探锤击数 $N_{63.5}$，按表 5.4 划分为松散、稍密、中密、密实 4 种。

表 5.4　碎石土的密实度

重型圆锤动力触探锤击数 $N_{63.5}$	密实度	重型圆锤动力触探锤击数 $N_{63.5}$	密实度
$N_{63.5} \leqslant 5$	松散	$10 < N_{63.5} \leqslant 20$	中密
$5 < N_{63.5} \leqslant 10$	稍密	$N_{63.5} > 20$	密实

密实碎石土为优等地基，中密碎石土为优良地基，稍密碎石土为良好地基，松散碎石土不宜直接用做地基，经密实处理后，可成为良好地基。

2. 砂土（sandy soil）

（1）定义。粒径大于 2mm 的颗粒含量不超过全重 50%、粒径大于 0.075mm 的颗粒超过全重 50%的土。

（2）定名。砂土可以分为砾砂、粗砂、中砂、细砂和粉砂，见表 5.5。

表 5.5　砂土的分类

土的名称	粒组含量
砾砂	粒径大于 2mm 的颗粒含量占全重 25%～50%
粗砂	粒径大于 0.5mm 的颗粒含量超过全重 50%
中砂	粒径大于 0.25mm 的颗粒含量超过全重 50%
细砂	粒径大于 0.075mm 颗粒含量超过全重 85%
粉砂	粒径大于 0.075mm 的颗粒含量超过全重 50%

注　分类时应根据栏组含量栏从上到下以最先符合者确定。

(3) 工程性质。砂土的密实度，可按表 5.6 分为松散、稍密、中密、密实 4 种。

表 5.6 砂土的密实度

标准贯入试验击数 N	密实度	标准贯入试验击数 N	密实度
$N \leqslant 10$	松散	$15 < N \leqslant 30$	中密
$10 < N \leqslant 15$	稍密	$N > 30$	密实

密实与中密状态的砾砂、粗砂、中砂为优良地基；稍密状态的砾砂、粗砂、中砂为良好的天然地基；粉砂和细砂要具体分析，密实状态时为良好地基，饱和疏松时为不良地基。

3. 黏性土 (cohesive soil)

(1) 定义。塑性指数 $I_P > 10$ 且粒径大于 0.075mm 的颗粒含量不超过总质量 50%的土。

(2) 定名。可分为黏土和粉质黏土，见表 5.7。

表 5.7 黏性土的分类

塑性指数 I_P	土的名称	塑性指数 I_P	土的名称
$I_P > 17$	黏土	$10 < I_P \leqslant 17$	粉质黏土

黏性土根据沉积年代分为老黏性土、一般黏性土和新近沉积黏性土，见表 5.8。

表 5.8 黏性土的沉积年代分类

沉积年代	土的分类	沉积年代	土的分类
第四纪晚更新世 (Q_3) 及以前	老黏性土	第四纪全新世 (Q_4) 以后	新近沉积黏性土
第四纪全新世 (Q_4)	一般黏性土		

(3) 工程性质。黏性土的工程性质与其含水量的大小密切相关。密实硬塑的黏性土为优良地基；疏松流塑状态的黏性土为软弱地基。黏性土状态可分为坚硬、硬塑、可塑、软塑和流塑 5 种。

4. 粉土 (silt)

(1) 定义。塑性指数 $I_P \leqslant 10$ 且粒径大于 0.075mm 的颗粒含量不超过全重 50%的土。

(2) 分类。粉土根据孔隙比划分为密实、中密和稍密，见表 5.9；其湿度根据天然含水量分为稍湿、湿、很湿，见表 5.10。

表 5.9 粉土密实度的分类

密实度	密实	中密	稍密
孔隙比 e	$e < 0.75$	$0.75 \leqslant e \leqslant 0.90$	$e > 0.90$

表 5.10 粉土湿度的分类

湿度	稍湿	湿	很湿
含水量 ω/%	$\omega < 20$	$20 \leqslant \omega \leqslant 30$	$\omega > 30$

(3) 工程性质。密实的粉土为良好地基；饱和稍密的粉土，地震时易产生液化，为不良地基。

5. 特殊性土

具有一些特殊成分、结构和性质的区域性地基土，包括软土、红黏土、人工填土、膨胀土、湿陷性土、冻土等。其中在我国分布较广泛的特殊性土的工程特性见5.3节。

5.3 特殊土的主要工程性质

我国地质条件复杂，土类繁多，工程性质各异，某些具有特殊物质成分和结构、工程性质也较特殊的土称为特殊土。特殊土具有常见的一般土不具备的特性，如黄土具有湿陷性，膨胀土具有胀缩性等，这些特殊性质和它们的生成条件和经受变化的历史有密切关系。

特殊土分布有明显的区域性特征，种类主要有：沿海及内陆静水沉积的软土；南方和中南地区的膨胀土；西南亚热带湿热气候条件下的红黏土；西北、华北干旱气候区的黄土；西北、华北干旱气候区的盐渍土；高纬度、高海拔寒冷气候区的冻土（详见第14章）；各地人类工程活动的人工填土等。以特殊土作为地基时，应注意其特有性质，采取必要的措施，以防止发生工程事故。

5.3.1 软土

软土泛指淤泥和淤泥质土，是在静水或缓慢流水环境中沉积，并经生物化学作用形成的，天然含水量大于液限、孔隙比大于或等于1的细粒土。孔隙比大于或等于1.5的称为淤泥，天然孔隙比小于1.5但大于或等于1.0的称为淤泥质土。

1. 软土的成因及分布

按成因和分布情况，我国淤泥类土基本上可以分为两大类：一类是沿海沉积的淤泥类土；一类是内陆和山区湖盆地以及山前谷地沉积的淤泥类土。我国沿海沉积的淤泥类土，分布广，厚度大，土质疏松软弱，其成因类型有滨海相、潟湖相、溺谷相、三角洲及其混合类型。我国内陆和山区湖盆地沉积的淤泥类土，分布零星，厚度较小，性质变化大，其成因类型主要有湖相、河漫滩相及牛轭湖相。我国广大山区沉积有“山地型”淤泥类土，其主要是由当地的泥灰岩，各种页岩、泥岩的风化产物和地面的有机质，经水流搬运沉积在地形低洼处，经长期水泡软化及微生物作用而形成，以坡洪相、湖积和冲积三种成因类型为主。

2. 软土的组成和结构特征

软土的组成成分和状态特征由其生成环境决定，主要由黏粒和粉粒等细小颗粒组成。淤泥的黏粒含量较高，黏土矿物成分以水云母和蒙脱石为主。有机质含量一般为5%～15%，最大达17%～25%。这些黏土矿物和有机质颗粒表面带有大量负电荷，与水分子作用非常强烈，因而在其颗粒外围形成很厚的结合水膜，且在沉积过程中由于粒间静电引力和分子引力作用，形成絮状和蜂窝状结构。所以，软土含大量的结合水，并由于存在一定强度的粒间联结而具有显著的结构性。

3. 软土工程特性

(1) 天然含水量高，孔隙比大。软土的孔隙比 $e>1.0$，天然含水量一般都大于 30%，有的达 70%，甚至高达 200%，多呈流塑状态，山区软土的含水量变化幅度更大。

(2) 压缩性高。软土的压缩系数 $a_{1\text{-}2}=0.7\sim1.5\text{MPa}^{-1}$，属于高压缩性土。压缩性随天然含水量及液限的增加而增高。软土多属于近代沉积，为欠固结土，它的矿物成分、粒度成分及结构决定了它具有高亲水性及低透水性，水不易排出，也不易压密。因此，软土在建筑物荷载作用下，土体沉降变形量大，而且沉降也不均匀。

(3) 抗剪强度低。软土的内摩擦角小于或等于 10°，最大也不超过 20°，有的甚至接近于 0，黏聚力值一般在 5～15kPa，很少超过 20kPa，有的趋近于 0，故其抗剪强度很低。为使软土地基的强度稳定性满足要求，常需要有针对性地采用加固措施，提高其抗剪强度。

(4) 透水性低。由于大部分软土地层中存在着带状砂层，所以在垂直和水平方向的渗透系数 K 值不一样，一般垂直方向的要小，渗透系数大约在 $10^{-6}\sim10^{-8}$cm/s，几乎是不透水的。因此，软土的排水固结需要相当长的时间，同时，在加载初期，地基中常出现较高的孔隙水压力，影响地基土的强度。

(5) 较显著的触变性。软土是“海绵状”结构性沉积物，当原状土的结构未受到破坏时，常具有一定的结构强度，但一经扰动，结构强度便被破坏。如果在含水量不变的条件下，静置不动又可恢复原来的强度，这种因受扰动而强度减弱，再静置而又增强的特性，称为软土的触变性。软土的结构性在其强度的形成中占据相当重要的地位，触变性也是它的一个突出的性质。

(6) 具有流变性。软土在长期荷载作用下，虽荷载保持不变，因土骨架黏滞蠕变而发生随时间而变化的变形，土内黏土颗粒含量越多，这种特性越明显。软土是一种具有典型流变性的土，在软土地基中除应充分创造排水固结条件外，考虑蠕变影响，剪应力应适当控制在临界抗剪强度内。

在软土较厚处，表层软土长期经受气候影响，含水量降低，发生收缩固结，形成较下面软土强度高、压缩性低的非饱和土层，厚度不大，一般为 0.5～3m，有时可考虑作为小桥涵等浅基础的持力层。

5.3.2 黄土

1. 黄土的成因及分布

(1) 黄土成因。黄土的成因目前较为普遍的看法是黄土高原主体的黄土是风成的，而坡积、残积等黄土主要是由风积黄土经过再搬运、再沉积形成的。所以有的学者把风成黄土称为原生黄土，而其他各种成因的称为次生黄土。近代数十年新沉积的黄土工程性质很差，在这类黄土分布地区修建工程，常常因对其工程性质认识不清而导致工程失败。

(2) 黄土的分布。黄土在全世界均有分布，主要分布在亚洲、欧洲和北美，总面积达 1300 万 km^2，相当于地球面积的 2.5%以上。我国是世界上黄土分布面积最大的国家，西北、华北、山东、内蒙古及东北等地区均有分布，面积达 64 万 km^2，占国土面积的 6.7%。黄河中上游的陕西、甘肃、宁夏及山西、河南一带黄土面积大、厚度广，地理上有黄土高原之称。

2. 黄土的特征及分类

(1) 黄土的特征。黄土是一种特殊的第四纪陆相松散堆积物。标准的或典型的黄土具有以下 5 项特征：

1) 黄土颜色为淡黄、褐色或灰黄色颗粒，组成以粉土颗粒（0.074～0.002mm）为主，约占 60%～70%。

2) 黄土中含有多种可溶盐，特别富含碳酸盐，主要是碳酸钙，含量可达 10%～30%，局部密集形成钙质结核，又称姜结石。

3) 黄土结构疏松，孔隙多，有肉眼可见的大孔隙或虫穴、植物根孔等各种孔洞，孔隙度一般为 33%～64%。

4) 黄土质地均一无层理，但具有柱状节理和垂直节理，天然条件下能保持近于垂直的边坡。

5) 黄土的湿陷性是引起黄土地区工程建筑破坏的重要原因。外因主要为建筑物本身的上下水道漏水、大量降雨渗入地下，以及附近修建水库、渠道蓄水渗漏等，引起黄土的湿陷。内因为黄土在干燥时具有较高的强度，而遇水后表现出明显的湿陷性，这是由黄土本身的成分结构决定的。

(2) 黄土的分类。凡天然黄土在一定压力作用下，受水浸湿后，土的结构迅速破坏，发生显著的湿陷变形，强度也随之降低的，称为湿陷性黄土，不具有这种特性的称为非湿陷性黄土。

湿陷性黄土分为自重湿陷性和非自重湿陷性两种。自重湿陷性黄土在上覆土层自重应力下受水浸湿后，即发生湿陷；在自重应力下受水浸湿后不发生湿陷，需要在自重应力和由外荷引起的附加应力共同作用下，受水浸湿才发生湿陷的称为非自重湿陷性黄土。在公路工程中，对自重湿陷性黄土尤应加以注意。

3. 黄土湿陷性判定和地基评价

黄土在一定压力作用下，受水浸湿后结构迅速破坏而产生显著附加沉陷性能，称为湿陷性。

(1) 黄土湿陷性判定。黄土湿陷性在国内外都采用湿陷系数 δ_s 来判定，δ_s 可以通过室内浸水压缩试验测定。湿陷系数 δ_s 为单位厚度的土层，由于浸水在规定压力下产生的湿陷量，表示了土样所代表黄土层的湿陷程度。

我国《湿陷性黄土地区建筑规范》（GB 50025—2004）按照国内各地经验采用 $\delta_s=0.015$ 作为湿陷性黄土的界限值。$\delta_s \geqslant 0.015$ 定为湿陷性黄土，否则为非湿陷性黄土。

(2) 湿陷性黄土地基湿陷类型的划分。自重湿陷性黄土浸水后，在其上覆土自重压力作用下，迅速发生比较强烈的湿陷，要求采取较非自重湿陷性黄土地基更有效的措施，保证桥涵等建筑物的安全和正常使用。

《湿陷性黄土地区建筑规范》（GB 50025—2004）用自重湿陷量的实测值 Δ'_{zs} 或计算值 Δ_{zs} 来划分这两种湿陷类型的地基。当自重湿陷量的实测值 Δ'_{zs} 或计算值 Δ_{zs} 小于或等于 7cm 时，为非自重湿陷性黄土地基；当自重湿陷量的实测值 Δ'_{zs} 或计算值 Δ_{zs} 大于 7cm 时，为自重湿陷性黄土地基；当自重湿陷量的实测值 Δ'_{zs} 和计算值

Δ_{zs}出现矛盾时，应按自重湿陷量的实测值Δ'_{zs}判定。

（3）湿陷性黄土地基湿陷等级的判定

湿陷性黄土地基的湿陷等级，即地基土受水浸湿发生湿陷的程度，可以用地基内各土层湿陷下沉稳定后所发生湿陷量的总和（总湿陷量）来衡量，总湿陷量越大，对桥涵等建筑物的危害性越大，其设计、施工和处理措施要求也越高。

湿陷性黄土地基的湿陷等级，可根据总湿陷量Δ_s和计算自重湿陷量Δ_{zs}综合，按表5.11确定。

表5.11　湿陷性黄土地基的湿陷等级

Δ_s/cm	湿陷等级		
	非自重湿陷性地基	自重湿陷性地基	
	$\Delta_{zs}\leqslant$7cm	7cm$<\Delta_{zs}\leqslant$35cm	$\Delta_{zs}>$35cm
$\Delta_s\leqslant$30	Ⅰ（轻微）	Ⅱ（中等）	—
30$<\Delta_s\leqslant$70	Ⅱ（中等）	Ⅱ（中等）或Ⅲ（严重）	Ⅲ（严重）
$\Delta_s>$70	Ⅲ（中等）	Ⅲ（严重）	Ⅳ（很严重）

注　当湿陷量的计算值$\Delta_s>$60cm，自重湿陷量的计算值$\Delta_{zs}>$30cm时，可判定为Ⅲ级，其他情况可判定Ⅱ级。

5.3.3　膨胀土

膨胀土也是一种地区性特殊土，是土中黏粒成分主要由亲水性矿物组成，同时具有显著的吸水膨胀和失水收缩两种变形特性的黏性土。

1. 膨胀土的成因和分布

我国各地的膨胀土成因不同，大致有洪积、冲积、湖积、残积、坡积等多种因素，形成年代自第三纪末期的上新世N_2开始到更新世晚期的Q_3，各地不一。

膨胀土在地球上分布很广。美国80%的州有膨胀土分布，我国是世界上膨胀土分布广、面积大的国家之一，以云南、广西、湖北、安徽、河北、河南等省区的山前丘陵和盆地边缘最严重。

2. 膨胀土的特征及危害

（1）膨胀土的特征。

1）膨胀土颜色多为灰白、棕黄、棕红、褐色等，粒度成分以黏粒为主，含量在35%～50%之间，其次是粉粒，砂粒最少。

2）黏土矿物以蒙脱石、伊利石为主，高岭石含量很少。具有强烈的膨胀、收缩特性，吸水时膨胀，产生膨胀压力，失水收缩时产生收缩裂隙，干燥时强度较高，多次反复胀缩强度降低。

3）膨胀土中各种成因的裂隙十分发育，早期生成的膨胀土具有超固结性。

（2）膨胀土的危害。膨胀土的膨胀—收缩—再膨胀的周期性变形特性非常显著，并常给工程带来危害，因而工程上将其从一般黏性土中区别出来，作为特殊土对待。膨胀土通常强度较高、压缩性低，易被误认为是良好的地基。

3. 膨胀土的判别及地基评价

根据我国多年的实践经验，判别膨胀土的主要依据是工程地质特征与自由膨胀率。因此规范规定：凡具有下列工程性质特征的场地，且自由膨胀率 $\delta_{ef} \geqslant 40\%$ 的土应判定为膨胀土。

（1）裂隙发育，常有光滑面和擦痕，有的裂隙中充填着灰白、灰绿色黏土，在自然条件下呈坚硬或硬塑状态。

（2）多出露于二级或二级以上阶地、山前和盆地边缘丘陵地带，地下平缓，无明显自然陡坎。

（3）常见浅层塑性滑坡、地裂、新开挖坑（槽）壁易发生坍塌等。

（4）建筑物裂缝随气候变化而张开和闭合。

对于平坦场地的膨胀土地基，在评价其胀缩等级时，因根据地基的膨胀、收缩变形量对低层砖混房屋的影响程度进行划分，这是因为轻型结构的基底压力小，胀缩变形量大，易引起结构破坏的缘故，所以我国《膨胀土地区建筑技术规范》（GB 50112—2013）规定以50kPa压力下测定的土的膨胀率，计算地基分级变形量，作为划分胀缩等级的标准，见表5.12。

表5.12　膨胀土地基的胀缩等级

地基分级变形量 s_e/mm	级　别	破坏程度
$15 \leqslant s_e < 35$	Ⅰ	轻微
$35 \leqslant s_e < 70$	Ⅱ	中等
$s_e \geqslant 70$	Ⅲ	严重

5.3.4 红黏土

红黏土是碳酸盐类岩石在亚热带高温潮湿气候条件下，经风化作用形成的高塑性红色黏土。液限一般大于50%；经再搬运后仍保留红黏土的基本特征，液限大于45%的土称为次生红黏土。我国西南地区云南、贵州省和广西壮族自治区分布广泛，广东、海南、福建、四川、湖北、湖南、安徽等省也有分布，一般在山区和丘陵地带居多。

1. 红黏土的组成成分及工程地质特征

（1）组成成分。由于红黏土系碳酸盐类及其他类岩石的风化后期产物，母岩中的较活动性的成分等经长期风化淋滤作用相继流失，此时地表则多集聚含水铁铝氧化物及硅酸盐矿物，并继而脱水变为氧化铁铝 Fe_2O_3 和 Al_2O_3 或 $Al(OH)_3$。使土染成褐红至砖红色。因此，红黏土的矿物成分除仍含有一定数量的石英颗粒外，大量的黏土颗粒则主要为多水高岭石、水云母类、胶体 SiO_2 及赤铁矿、三水铝土矿等组成，不含或极少含有机质。

其中多水高岭石的性质与高岭石基本相同，它具有不活动的结晶格架，当被浸湿时，晶格间距极少改变，故与水结合能力很弱。而三水铝土矿、赤铁矿、石英及胶体二氧化硅等铝、铁、硅氧化物，也都是不溶于水的矿物，它们的性质比多水高岭石更稳定。红黏土颗粒周围的吸附阳离子成分也以水化程度很弱的 Fe^{3+}、Al^{3+} 为主。红黏土的粒度较均匀，呈高分散性。黏粒含量一般为60%～70%，最大达80%。

(2) 主要特征。

1) 颜色。呈褐红色、棕红、紫红及黄褐色。

2) 土层厚度。一般厚3～10m，个别地带厚达20～30m。因受基岩起伏影响，往往在水平距离仅1m范围内，厚度可突变4～5m，可能很不均匀。

3) 状态与裂隙。沿深度状态上部硬，下部软。因胀缩交替变化，红黏土中网状裂隙发育，裂隙延伸至地下3～4m，破坏了土体的完整性。位于斜坡、陡坎上的竖向裂隙，容易引起滑坡。

(3) 物理力学性质。

1) 天然含水量高，一般为40%～60%，高达90%。

2) 饱和度 S_r>85%，多数处于饱和状态。

3) 天然孔隙比大，一般为1.4～1.7，最高2.0，具有大孔性。

4) 黏粒含量高，土具有分散性。

5) 塑性指数为30～50，为高塑性黏土。

6) 一般呈现较高的强度和较低的压缩性。

7) 地基承载力较高。

2. 红黏土地基的评价

(1) 红黏土的表层，通常呈坚硬、硬塑状态，强度高，压缩性低，为良好地基。可充分利用表层红黏土作为天然地基持力层。

(2) 红黏土的底层，接近下卧基岩面低洼处，因地下水积聚，常呈软塑或流塑状态。该处红黏土强度较低，压缩性较高，为不良地基。

(3) 红黏土由于下卧基岩面起伏不平并存在软弱土层，容易引起地基不均匀沉降。应注意查清岩面起伏状况，并进行必要的处理。

(4) 岩溶地区的红黏土常有土洞，应查明土洞部位与大小，进行充填处理。

(5) 红黏土的胀缩特性与网状裂隙，对土坡和基础有不良影响，基槽应防止日晒雨淋。

5.3.5 盐渍土

盐渍土是指在地表土层1m厚度内，易溶盐的平均含量大于0.5%，使之盐渍化了的土。盐渍土在我国的分布较广，如江苏北部、渤海沿岸、松辽平原、河南、山西、内蒙古、甘肃、青海、新疆等地均有所分布。

1. 盐渍土的形成

矿化度比较高的地下水，沿着土层中毛细孔隙上升到地表或接近地表，经蒸发作用后，水中盐分凝析出来，聚集于地表或地表下不深的土层之中而形成盐渍土。由于盐渍土的形成受到地下水的矿化度、地下水位、气候等因素的影响，故在分布上有一定的地域性，一般多分布地势较低、地下水位较高的地段。在不同地域内形成的盐渍土，其性质也是不同的。按地域条件，我国盐渍土的形成可分为以下三种：

(1) 海滨盐渍土。沿海一带受海水的盐渍或海岸退移，经过蒸发，盐分残留于地面而形成。沿海地区气候比较湿润，降雨量大，这对该地区盐渍土的稳定性影响很大，其分布也没有内陆盐渍土广泛。

(2) 冲积平原盐渍土。主要是由于河床淤积抬高、修建水库等使沿岸地下水升高，同时沿岸地下水往往为河水补给，造成沿岸地区的土盐渍化。灌溉渠的水流渗漏，引起沿渠地下水上升，也能导致表土盐渍化。在冲积平原地区，表土盐渍化的类型和盐渍化程度相差较悬殊。

(3) 内陆盐渍土。多分布于干旱或半干旱地区，年蒸发量大于降水量，地势低洼，地下水埋藏浅、排泄不畅、矿化度高的地区。

2. 盐渍土的基本特性

盐渍土的基本特性，因土中所含易溶盐的性质不同而异。土中常见的易溶盐类主要有三种：

(1) 氯盐。氯盐渍土具有很大的溶解度和吸湿性，且蒸发性弱，能使土中保持一定量的水分，促使土粒有较好的胶结，其强度较一般土高。在干旱地区用氯盐渍土填筑路堤，易于夯实，但因具有吸湿性，在潮湿的雨季，土体过分饱睡而易产生路基翻浆冒泥的病害。

(2) 硫酸盐。没有吸湿性，只在结晶时吸收一定数量的水分，体积增大。硫酸盐渍土受季节和昼夜温度变化，引起硫酸盐吸水结晶，脱水溶解，而使体积发生变化，导致土体结构的破坏，变得十分松散，只发生在地表 0.3m 厚的土层中。

(3) 碳酸盐。能增加黏性土的塑性和黏性。水溶液有很大的碱性反应，吸水性大，渗透系数小，因而膨胀作用非常突出。

3. 盐渍土对工程的影响

盐渍土的工程性质随易溶盐的种类和含盐量的大小而变化。盐分对土的作用，既有有利的方面，也有不利的方面。路基在干旱状态下，氯盐的吸湿、保湿及胶结等作用常常有利于路基的稳定；路基在潮湿状态下，由于易溶盐的存在及其状态的转变，能使路基土的密度减小，并较快地丧失其稳定性，造成道路泥泞，甚至坍塌。当含有硫酸盐类时，对路基可产生有害的松胀作用，土体十分疏松，强度降低，失去稳定性。盐渍土的碱化作用，可使土膨胀性增加，破坏路面的平整。

5.3.6　填土

填土是一定的地质、地貌和社会历史条件下，由于人类活动而堆填的土。在我国大多数古老城市的地表面，广泛覆盖着各种类别的填土层。各地区填土的分布和物质组成特征，在一定程度上可反映出城市地形、地貌变迁及发展历史，填土层均表现出一定的复杂性。

1. 填土的工程分类

(1) 按组成物质分为以下三种：

1) 素填土 (plain fill)。由碎石土、砂土、粉土、黏性土等构成。

2) 杂填土 (miscellaneous fill)。由工业废料、生活垃圾、建筑垃圾等构成。城市的地表一般都有一层杂填土。

3) 冲填土 (allurial fill)。由水力冲刷泥沙形成的填土。

(2) 按堆积年代分为以下两种。

1) 老填土 (paleo fill)。黏性土填筑时间超过 10 年，粉土超过 5 年。

2) 新填土 (recently fill)。黏性土填筑时间小于 10 年，粉土小于 5 年。

2. 工程地质问题

(1) 利用素填土作为地基应注意下列工程地质问题：素填土的工程性质取决于它的密实度和均匀性，在堆填过程中，未经人工压实者，一般密实度较差，但堆积时间较长，由于土的自重压密作用，也能达到一定密实度。如堆填时间超过10年的黏性土、超过5年的粉土、超过2年的砂土，均具有一定的密实度和强度，可以作为一般建筑物的天然地基。素填土地基的不均匀性，反映在同一建筑场地内，填土的各指标（干重度、强度、压缩模量）一般均具有较大的分散性，因而防止建筑物不均匀沉降问题是利用填土地基的关键。对于压实填土应保证压实质量，保证其密实度。

(2) 利用杂填土作为地基时应注意下列工程地质问题：

1) 杂填土的不均匀性表现在颗粒成分、密实度和平面分布及厚度的不均匀性。由于杂填土颗粒成分复杂，排列无规律，且充填程度不一，造成杂填土密实程度的特殊不均匀性。杂填土的分布和厚度往往变化悬殊，但杂填土的分布和厚度变化一般与填积前的原始地形密切相关。

2) 杂填土工程性质随堆填时间而变化。堆填时间愈久，则土愈密实，其有机质含量相对减少。堆填时间较短的杂填土往往在自重的作用下沉降尚未稳定。杂填土在自重下的沉降稳定速度决定于其组成颗粒大小、级配、填土厚度、降雨及地下水情况。一般认为，填龄达5年左右其性质才逐渐趋于稳定，承载力则随填龄增大而提高。

3) 由于杂填土形成时间短，结构松散，干或稍湿的杂填土一般具有浸水湿陷性。这是杂填土地区雨后地基下沉和局部积水引起房屋裂缝的主要原因。

4) 以生活垃圾为主的填土，其中腐殖质的含量常较高。随着有机质的腐化，地基的沉降将增大；以工业残渣为主的填土，要注意其中可能含有水化物，因而遇水后容易发生膨胀和崩解，使填土的强度迅速降低，地基产生严重的不均匀变形。

(3) 利用冲填土作为地基应注意下列工程地质问题：

1) 冲填土的颗粒组成和分布规律与所冲填泥砂的来源及冲填时的水力条件有着密切的关系。在大多数情况下，冲填的物质是黏土和粉砂，在吹填的入口处，沉积的土粒较粗，顺出口处方向则逐渐变细。如果为多次冲填而成，由于泥砂的来源有所变化，则更加造成在纵横方向上的不均匀性，土层多呈透镜体状或薄层状构造。

2) 冲填土的含水量大，透水性较弱，排水固结差，一般呈软塑或流塑状态。特别是当黏粒含量较多时，水分不易排出，土体形成初期呈流塑状态，后来土层表面虽经蒸发干缩龟裂，但下面土层仍处于流塑状态，稍加扰动即发生触变现象。因此冲填土多属未完成自重固结的高压缩性的软土。而在愈近于外围方向，组成土粒愈细，排水固结愈差。

3) 冲填土一般比同类自然沉积饱和土的强度低，压缩性高。冲填土的工程性质与其颗粒组成、均匀性、排水固结条件以及冲填形成的时间均有密切关系。对于含砂量较多的冲填土，它的固结情况和力学性质较好；对于含黏土颗粒较多的冲填土，评估其地基的变形和承载力时，应考虑欠固结的影响，对于桩基则应考虑桩侧负摩擦力的影响。

思考与练习

1. 土是如何形成的？根据地质成因，土可以分为哪几种类型？各自的工程特征是什么？

2. 公路工程行业的土的分类标准有哪些？如何进行分类？

3. 特殊土有哪几种？各自的工程性质是什么？

第6章
地下水

学习要点：掌握地下水的类型及对工程建筑的影响，了解地下水的基本知识、物理性质和化学成分。

地下水是地壳中一个极其重要的天然资源，也是岩土三相组成部分中的一个重要组成部分。地下水的存在将改变岩土体的物理力学性质，可以导致渗透变形破坏，所形成的静水压力和动水压力会导致岩土体稳定性降低。当地下水含有较多的酸类物质时，还有可能造成地下结构物的腐蚀和破坏。因此，有必要研究地下水的形成、分布和埋藏条件，防止地下水对岩土工程造成危害和影响。本章主要介绍地下水的基本知识、地下水的物理性质和化学成分、地下水的类型及地下水对道路工程的影响等问题。

6.1 地下水的基本知识

地下水是构成水圈的重要水体之一，其水量仅次于海洋，约为地球上各种水体总量的4.1%。地下水是水资源的重要组成部分，对社会经济发展具有重要意义。在世界范围内，全球淡水总量约$4.0\times10^{15}m^3$，地下水占95%，而湖、河水等仅占3.5%。由此可见，地下水在全世界各国经济发展中都占有举足轻重的地位。

我们把存在于地壳表面以下岩土孔隙（如岩石裂隙、溶穴、土孔隙等）中的水称为地下水。地壳表层10km以内的范围，都或多或少存在着空隙，特别是浅部1～2km范围内，空隙分布较为普遍。岩石的空隙既是地下水储存的场所，又是地下水的渗透通道，空隙的多少、大小及其分布规律，决定着地下水分布与渗透的特点。

6.1.1 岩土空隙中的水

大气中的水气在一定的条件下，冷凝成水、冰或雪并落到地面，这就是大气降水。降落的水分，一部分渗入地下，另一部分沿地面汇集于底部，成为河流、湖泊、海洋的地表水，而地表水也可以通过岸边或谷底渗入地下。这些渗入的水，就是地下水的主要补给来源。地下水有气态、液态和固态三种形式。根据岩土中水的物理力学性质可将地下水分为气态水、结合水、毛细水、重力水、固态水以及结晶水和结构水。下面着重讨论岩土中的毛细水和重力水，因为这两种水对地下水的工程特性有很大作用。

1. 毛细水

在岩土细小的孔隙和裂隙中，受毛细作用控制的水叫毛细水，它是岩土中三相界面上毛细力作用的结果。对于土体来说，毛细水上升的快慢及高度决定于土颗粒的大小。土颗粒愈细，毛细水上升高度愈大，上升速度愈慢。粗砂中的毛细水上升速度较快，几昼夜可达到最大高度，而黏性土要几年。

2. 重力水

当岩石、土层的空隙完全被水饱和时，岩土空隙中在重力作用下可以自由运动的水称为重力水。重力水不受静电引力的影响，而在重力作用下运动，可传递静水压力。重力水能产生浮托力、孔隙水压力。流动的重力水在运动过程中会产生动水压力。重力水具有溶解能力，对岩土产生化学潜蚀，导致土的成分及结构的破坏。

6.1.2 与水分的储存和运移有关的岩土性质

将岩土的空隙作为地下水的储存场所和运移通道研究时，可分为孔隙、裂隙和溶穴三类。岩土空隙的大小和多少与水分的储存和运移有密切的关系，特别是空隙的大小具有决定意义。在一个足够大的空隙中，从空隙壁面向外，依次分布着强结合水、弱结合水和自由水。空隙愈大，自由水所占比例愈大；反之，结合水所占比例就愈大。当空隙直径小于结合水层厚度的两倍时，空隙中全部充满结合水，而不存在自由水了。例如，黏土的细微孔隙中或基岩的闭合裂隙中，几乎全部充满着结合水；而砂砾和具有较大裂隙或溶穴的岩层中，自由水所占的比例很大，结合水的数量则微不足道。因此，空隙大小和数量不同的岩土，容纳、保持、释出及透过水的能力有所不同。岩土的水理性质主要有含水性、给水性和透水性。

1. 岩土的含水性

岩土含水的性质称为含水性。通常，岩土能容纳和保持水分多少的表示方法有容水度和持水度两种。

(1) 容水度是指岩土空隙完全被水充满时的含水量，它用容积表示时即为岩土空隙中所能容纳的最大的水的体积与岩土体积之比，以小数或百分数表示。显然，容水度在数值上与孔隙度、裂隙率或岩溶率相等。但是，对于具有膨胀性的黏土来说，充水后体积扩大，容水度可能大于孔隙度。

(2) 持水度是指岩土颗粒的结合水达到最大数值时的含水量。饱水岩土在重力作用下释水时，一部分水从空隙中流出，另一部分水仍保持于空隙之中。所以，持水度就是指受重力作用时岩土仍能保持的水的体积与岩土体积之比。在重力作用下，岩土空隙中所保持的主要是结合水。因此，持水度实际上说明了岩土中结合水含量的多少。

2. 岩土的给水度

饱水岩土在重力作用下排出的水的体积与岩土体积之比，称为给水度。给水度在数值上等于容水度减去持水度。岩土给水度的大小与空隙大小及空隙多少密切相关，其中空隙大小对给水度的影响更为显著。不同岩土的给水度是不同的（表 6.1），例如粗粒松散岩石及其具有比较宽大裂隙与溶穴的坚硬岩石，重力释水时，滞留在岩石空隙中的结合水和毛细水很少，给水度在数值上接近于容水度；颗粒细小的黏性土，给水度往往只有百分之几。

表 6.1　　松散沉积物的给水度

岩石名称	给水度	岩石名称	给水度
砾石	0.35～0.30	细砂	0.20～0.15
粗砂	0.30～0.25	极细砂及粉砂	0.15～0.05
中砂	0.25～0.20	黏性土	0～0.05

3. 岩土的透水性

岩土允许重力水渗透的能力称为透水性，通常用渗透系数表示。地下水在重力作用下不停地运动着，其运动特点主要取决于岩土的透水性。岩土的透水性又取决于岩土中空隙的大小、数量和连通程度。

重力水在岩土空隙中流动时，由于结合水对重力水以及重力水质点之间存在着摩擦阻力，最靠近空隙边缘的重力水流速趋近于零，向中心流速逐渐变大，至中心部分流速最大。因此，空隙愈小，重力水所能达到的最大流速便愈小，透水性也越差。空隙的大小和多少决定着岩石透水性的好坏，且空隙大小经常起主要作用。例如，砂性土的孔隙度小于黏性土，但前者的渗透系数大于后者。

岩土按其透水性的强弱分为透水的、半透水的和不透水的三类。透水的（有时包括半透水的）岩土层称透水层。

6.1.3 含水层和隔水层

饱水带岩土层按其透过和给出水的能力，可以划分为含水层和隔水层。能够给出并透过相当数量重力水的岩土层称为含水层。构成含水层的条件，一是岩土层中要有空隙存在，并充满足够数量的重力水；二是这些重力水能够在岩土空隙中自由运动。不能给出并透过水的岩层称为隔水层。隔水层还包括那些给出与透过水的数量很少的岩土层，也就是说，有的隔水层可以含水，但是不具有允许相当数量的水透过自己的性能，例如黏土就是这样的隔水层。划分含水层和隔水层的标志并不在于岩土层是否含水。因为，自然界中完全不含水的岩土层是不存在的，关键在于所含水的性质。空隙细小的岩土层（如致密黏土、裂隙闭合的页岩），含的几乎全是结合水，结合水在通常条件下是不能移动的，这类岩土层实际上起着阻隔水透过的作用，所以是隔水层。而空隙较大的岩土层（如砂砾层、发育溶穴的可溶岩），主要含有重力水，在重力作用下，能够透过和给出水，就构成了含水层。

含水层和隔水层的划分是相对的，并不存在截然的界限和绝对的定量标准。从某种意义上讲，含水层和隔水层是相比较而存在的。例如，粗砂岩中的泥质粉砂夹层，由于粗砂的透水和给水能力比泥质粉砂强得多，相对来说，后者就可以视为隔水层。同样的泥质粉砂夹在黏土层中，由于其透水和给水能力均比黏土强，就应当作为含水层了。由此可见，同一岩土层在不同条件下可能具有不同的水文地质意义。

含水层和隔水层在一定条件下可以转化。例如，致密黏土主要含有结合水，透水和给水能力均很弱，通常是隔水层。但在较大水头差作用下，部分结合水也能发生运动，也能透过和给出一定数量的水，在这种情况下再将其视为隔水层就不恰当了。实际上，黏土层往往在水力条件发生不大变化时，就可以由隔水层转化成含水层。

自然界岩土层的透水性往往还具有各向异性的特征，即沿不同方向岩土层的透水性具有明显的差异。例如，薄层页岩和石灰岩互层的沉积岩，页岩中裂隙闭合，而灰岩中裂隙张开，因而具有顺层透水、垂直层面隔水的特征。

6.1.4　包气带和饱水带

地表以下一定深度内存在着地下水面。地下水面以上，称为包气带；地下水面以下，称为饱水带（图 6.1）。

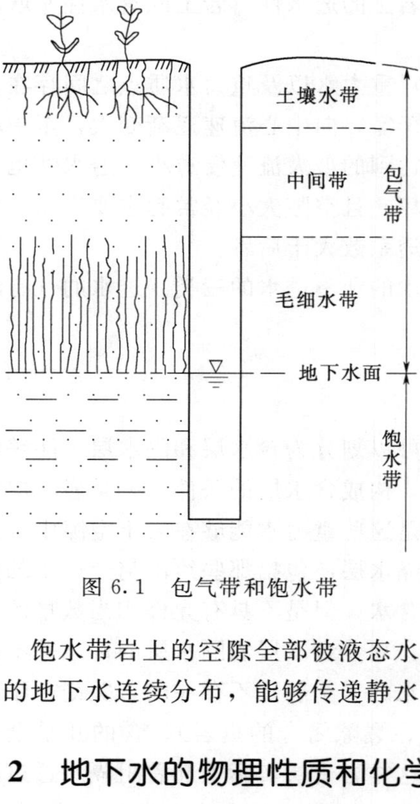

图 6.1　包气带和饱水带

在包气带中，空隙表面吸附有结合水，在细小的空隙中保持着毛细水，空隙未被液态水占据的部分包含空气及气态水。空隙中的水超过吸附力和毛细力所能支持的量时，剩余的水便以重力水形式下降。所有上述水统称为包气带水。

包气带自上而下可分为三部分：土壤水带、中间带及毛细水带，如图 6.1 所示。

包气带顶部植被根系活动带发育的土壤层中所含的水称为土壤水。土壤富含有机质，具有团粒结构，能以毛细水形式大量保持水分，维持植物生长。毛细水带位于包气带底部，由地下水面支持而形成。毛细水带通常也是饱和的，但由于毛细力呈现负压，其压强小于大气压强，故这部分水在重力作用下不能自由运动。

饱水带岩土的空隙全部被液态水充满，既有重力水，也有结合水。由于饱水带中的地下水连续分布，能够传递静水压力，在水头差的作用下可以发生连续运动。

6.2　地下水的物理性质和化学成分

地下水的物理性质受周围环境条件和所含化学成分的影响，地下水的化学成分与流经的岩土性质和成分、地下水的补给条件和气候有密切关系。研究地下水的物理性质和化学成分，对于了解地下水的成因与动态，确定地下水对混凝土等的侵蚀性，进行各种水的水质评价等，都有着实际的意义。

6.2.1　地下水的物理性质

地下水的物理性质有温度、颜色、透明度、气味、味道、导电性等。

（1）温度。地下水的温度变化范围很大。地下水温度的差异，主要受各地区的地温条件所控制。通常随埋藏深度不同而异，埋藏越深，水温越高。根据温度，将地下水分为过冷水（小于 0℃）、冷水（0～20℃）、温水（20～42℃）、热水（42～

100℃)、过热水(大于100℃)几类。

(2) 颜色。纯水是无色的。地下水的颜色取决于水中的化学成分及悬浮物。例如,含 H_2S 的水为翠绿色;含 Ca^{2+}、Mg^{2+} 的水为微蓝色;含 Fe^{2+} 的水为灰蓝色;Fe^{3+} 的水为褐黄色;含有机腐殖质时为灰暗色。含悬浮物的水,其颜色决定于悬浮物。

(3) 透明度。纯水是透明的,地下水多半是透明的。当水中含有矿物质、机械混合物、有机质及胶体物质时,地下水的透明度就会改变,所含各种成分愈多,透明度就愈差。根据透明度可将地下水分为透明的、微浑的、浑浊的、极浑浊的几种。

(4) 气味。纯水无嗅、无味,但当水中含有某些气体或有机质时就有了某种气味。例如,水中含 H_2S 时有臭鸡蛋味,含腐殖质时有霉味等。

(5) 味道。地下水的味道主要取决于地下水的化学成分。含 NaCl 的水有咸味;含 $CaCO_3$ 的水清凉爽口;含 Ca $(OH)_2$ 和 Mg $(HCO_3)_2$ 的水有甜味,俗称甜水;当 $MgCl_2$ 和 $MgSO_4$ 存在时,地下水有苦味。

(6) 导电性。取决于所含电解质的数量与性质(即各种离子的含量与离子价),离子含量越多、离子价越高,水的导电性越强;另外水的导电性也受温度的影响。

(7) 比重。地下水的比重取决于所含各种成分的含量。纯水比重为1,水中溶解的各种成分较多时可达1.2~1.3。

(8) 放射性。地下水的放射性取决于其中所含放射性元素的数量。地下水均具有一定的放射性,但一般极为微弱。

通过地下水物理性质的研究,能够初步了解地下水的形成环境、污染情况及化学成分。

6.2.2 地下水的化学成分

1. 地下水中的常见成分

地下水中含有多种元素,有的含量大,有的含量甚微。地壳中分布广、含量高的元素,如 O、Ca、Mg、Na、K 等在地下水中最为常见。有的元素如 Si、Fe 等在地壳中分布很广,但在地下水中却不多;有的元素如 Cl 等在地壳中极少,但在地下水中却大量存在,这是各种元素的溶解度不同的缘故。所有这些元素可以以离子、化合物分子和气体状态存在于地下水中,而以离子状态为主。

地下水中含有数十种离子成分,常见的阳离子有 H^+、Na^+、K^+、Mg^{2+}、Ca^{2+}、Fe^{2+}、Fe^{3+}、Mn^{2+} 等;常见的阴离子有 OH^-、Cl^-、SO_4^{2-}、NO_3^-、HCO_3^-、CO_3^{2-}、SiO_3^{2-}、PO_4^{3-} 等。上述离子中的 Cl^-、SO_4^{2-}、HCO_3^-、Na^+、K^+、Mg^{2+}、Ca^{2+} 等7种是地下水的主要离子成分,它们分布最广,在地下水中占绝对优势,它们决定了地下水化学成分的基本类型和特点。

地下水中含有多种气体成分,常见的有 O_2、N_2、CO_2、H_2S。

地下水中呈分子状态的化合物(胶体)有 Fe_2O_3、Al_2O_3,和 H_2SiO_3 等。

2. 氢离子浓度指数(pH值)

氢离子浓度是指水的酸碱度,用 pH 值表示,$pH=lg[H^+]$。根据 pH 值可将水分为5类,见表6.2。

表6.2 地下水按pH值的分类

地下水的类型	强酸性水	弱酸性水	中性水	弱碱性水	强碱性水
pH值	<5	5～7	7	7～9	>9

地下水的氢离子浓度主要取决于水中 HCO_3^-、CO_3^{2-} 和 H_2CO_3 的数量。自然界中大多数地下水的pH值为6.5～8.5。

3. 总矿化度

水中离子、分子和各种化合物的总量称为总矿化度，它表示水的矿化程度，以g/L为单位。通常以在105～110℃温度下将水蒸干后所得干涸残余物的含量来确定。根据矿化程度可将水分为5类，见表6.3。

表6.3 水按矿化度的分类

水的类别	淡水	微咸水（低矿化水）	咸水（中等矿化水）	盐水（高矿化水）	卤水
矿化度	<1	1～3	3～10	10～50	>50

矿化度与水的化学成分之间有密切的关系；淡水和微咸水常以 HCO_3^- 为主要成分，称为重碳酸盐水；咸水常以 SO_4^{2-} 为主要成分，称为硫酸盐水；盐水和卤水则往往以 Cl^- 为主要成分，称为氯化物水。

地下水的矿化度除受其所存在的岩土介质成分影响外，还与气候条件、径流长度和循环速度等因素有关。含水层的岩土中可溶盐含量高、当地气候干燥、蒸发量大、地下水径流距离长、循环交替慢，地下水的矿化度就高；反之则低。一般来看，北方地下水矿化度较南方的高；地表地形平坦完整时的地下水，其矿化度较地形切割强烈的高；地下水的矿化度较地表水的高。

4. 地下水的硬度

水中的 Ca^{2+}、Mg^{2+} 的总含量称为总硬度。将水煮沸后，水中一部分 Ca^{2+}、Mg^{2+} 与水中重碳酸根离子化合生成碳酸盐沉淀下来，致使水中的 Ca^{2+}、Mg^{2+} 的含量减少，由于煮沸而减少的这部分 Ca^{2+}、Mg^{2+} 的总含量称为暂时硬度。其反应式为

$$Ca^{2+}+2HCO_3^- \longrightarrow CaCO_3+H_2O+CO_2$$

$$Mg^{2+}+2HCO_3^- \longrightarrow MgCO_3+H_2O+CO_2$$

总硬度与暂时硬度之差称为永久硬度，相当于煮沸时未发生碳酸盐沉淀的部分 Ca^{2+}、Mg^{2+} 的含量。

我国采用的硬度表示法有两种：一种是德国度，每一度相当于1L水中含有10mg的CaO或7.2mg的MgO；另一种是每升水中 Ca^{2+} 和 Mg^{2+} 的毫摩尔数。1毫摩尔硬度=2.8德国度。根据硬度可将水分为5类，见表6.4。

表6.4 水按硬度的分类

水的类型		极软水	软水	微硬水	硬水	极硬水
硬度	每升水中 Ca^{2+} 和 Mg^{2+} 的毫摩尔数	<1.5	1.5～3.0	3.0～6.0	6.0～9.0	>9.0
	德国度	<4.2	4.2～8.4	8.4～16.8	16.8～25.2	>25.2

6.3 地下水的分类

地下水是指赋存于地表面以下岩土空隙中的水，包气带和饱水带中所有赋存于空隙中的水均属于地下水。

6.3.1 地下水按埋藏条件分类及其特征

所谓地下水的埋藏条件，是指含水层在地质剖面中所处的部位及受隔水层限制的情况。据此可将地下水分为包气带水、潜水及承压水。

1. 包气带水

包气带中的水主要有土壤水和上层滞水。

(1) 土壤水。包气带表层土壤中的气态水、结合水、毛细水和下渗的重力水统称为土壤水。其主要特征是受气候控制，季节性明显，变化大，雨季水量多，旱季水量少，甚至干涸。土壤水不能直接被人们取出应用，但对农作物和植物有重要作用。

(2) 上层滞水。贮存于包气带中局部隔水层之上的重力水称为上层滞水，如图6.2中a所示。上层滞水一般分布不广，埋藏接近地表，接受大气降水的补给，补给区与分布区一致，以蒸发形式或从隔水底板边缘下渗的形式排泄。雨季时获得补给，赋存一定的水量，旱季时水量逐渐消失，季节变化大，容易受到污染，只能用作小型或暂时性供水水源。从供水角度看意义不大，但从工程地质角度看，上层滞水会突然涌入基坑危害基坑施工安全；上层滞水还可减弱地基土强度，引起土质边坡滑塌，黄土路基沉陷；在寒冷的北方地区，则易引起道路的冻胀和翻浆等病害。

2. 潜水

埋藏在地表以下第一个较为稳定的隔水层之上具有自由表面的重力水称为潜水，如图6.2中b所示。潜水主要分布于第四纪松散沉积层中，出露地表的裂隙岩层或岩溶岩层中也有潜水分布。潜水没有隔水顶板，或只有局部的隔水顶板。潜水的水面为自由水面，称为潜水面。从潜水面到隔水底板的距离称为潜水含水层厚度。潜水面到地面的距离称为潜水的埋藏深度。

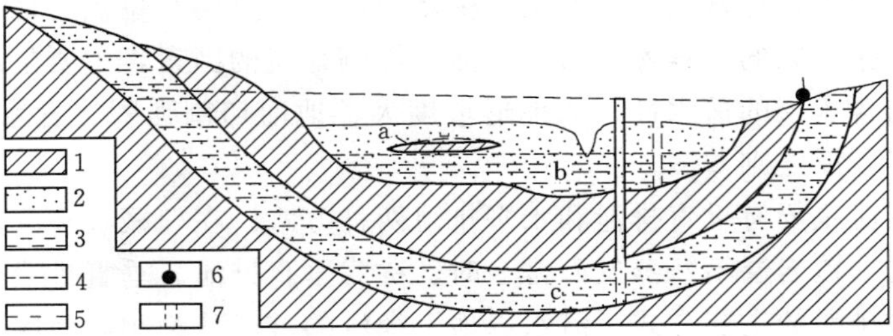

图6.2 潜水、承压水及上层滞水

1—隔水层；2—透水层；3—饱水部分；4—潜水位；5—承压水侧压水位；
6—泉（上升泉）；7—水井（实线表示井壁不进水）；
a—上层滞水；b—潜水；c—承压水

潜水的埋藏深度和含水层的厚度受气候、地形和地质条件的影响，变化甚大。在地形强烈切割的山区，埋藏深度可达几十米甚至更深，含水层厚度差异也大；而在平原地区，埋藏深度较浅，通常为数米至十余米，有时可为零，含水层厚度差异也小。潜水分布区与补给区常常是一致的。所以，气象、水文因素的变动，对它影响显著，丰水季节或年份，潜水接受的补给量大于排泄量，潜水面上升，含水层厚度增大，埋藏深度变小。干旱季节排泄量大于补给量，潜水面下降，含水层变薄，埋藏深度加大。因此，潜水的动态有明显的季节变化。由于受气候影响大及含水层厚度有限，潜水一般缺乏多年调节性。因为许多与潜水有关的工程病害，都是在显著的潜水动态变化之后不久发生的，因此应注意潜水的动态变化。

潜水具有自由水面，为无压水。影响潜水面形状的因素主要有 3 个：地表地形、含水层厚度及岩土层的透水性能。潜水面的形状主要受地形控制，基本上与地形一致，但比地形平缓；含水层厚度变大时，潜水面坡度变缓；岩层透水性变大，潜水面也变缓。

潜水直接通过包气带与大气圈及地表水圈发生联系，所以潜水在其全部分布范围内都可以通过包气带接受大气降水、地表水或凝结水的补给。大气降水的入渗是潜水的主要补给来源，其补给量取决于大气降水的性质和强度、地面坡度、植被覆盖程度、包气带岩土的透水性和厚度等因素。当降水强度不大，但延续时间较长时，入渗量就多；如植物覆盖层发育，地面坡度较缓时，则有利于潜水的补给；反之，在沟壑纵横、植被稀少、水土流失严重的荒山秃岭区，降水主要形成地面径流，入渗补给潜水的水量就少；包气带岩土透水性越好，厚度越薄（潜水埋深较浅），则入渗补给的水量越多；反之就越少。

地表水的入渗也是潜水的重要补给来源。地表水的补给常发生在河流的下游，在河流中游洪水期河水补给潜水，而枯水期则潜水补给河水。河水补给潜水的水量大小取决于河水位于与潜水位的高差、洪水的延续时间、河水流量、河流沿岸岩土的透水性及河水与潜水有水力联系地段的分布范围等因素。当承压水或河流与潜水联系时，如承压水水位或河流水位高于潜水水位，则承压水或河流也能补给潜水。当潜水下部承压含水层的水位高于潜水水位时，承压水可通过弱水层或断裂带补给潜水，这种补给称越流补给。在干旱气候条件下，凝结水也是潜水的重要补给来源。

潜水面不承压，通常在重力作用下由水位高的地方向水位低的地方径流。潜水由补给区流向排泄区的过程称为潜水径流。影响径流的因素，主要是地形坡度、地面切割程度与含水层的透水性，如地形坡度大、地面切割强烈、含水层透水性强，径流条件就好，反之则差。

潜水的排泄主要有垂直排泄和水平排泄两种方式。在埋藏浅和气候干燥的条件下，潜水通过上覆岩层不断蒸发而排泄时，称为垂直排泄。垂直排泄是平原地区与干旱地区潜水排泄的主要方式。潜水以地下径流的方式补给相邻地区含水层，或出露于地表直接补给地表水时，称为水平排泄。在地势比较陡峻的河流的中、上游地区以水平排泄为主。

潜水的水质变化很大，主要取决于气候、地形及岩性条件。潜水的水质和水量是潜水的补给、径流和排泄的综合反映。当补给来源丰富、径流条件好、以水平排泄为主时，潜水一般水量较大，水质较好；反之，潜水水量小，水质差。在浅水埋藏浅的地区，若以蒸发排泄为主，则随着水分的蒸发，水中所含盐分留在潜水及包气带岩土层内，使潜水矿化度增高，引起土壤的盐渍化。另外，潜水的水质易受地面污染的影响。

综上所述，潜水的基本特点是与大气圈及地表水圈联系密切，积极参与水循环。产生此特点的根本原因是其埋藏位置浅，上无连续隔水层。

3. 承压水

充满于两个隔水层之间的含水层中的重力水，称为承压水，如图 6.2 中 c 所示。承压含水层上部的隔水层称作隔水顶板，或叫限制层。下部的隔水层称为隔水底板。顶底板之间的距离为含水层厚度。

承压性是承压水的一个重要特征。图 6.3 表示一个承压盆地，含水层中心部分埋没于隔水层之下，两端出露于地表。含水层从出露位置较高的补给区获得补给，向另一侧排泄区排泄，中间是承压区。补给区位置较高，水由补给区进入承压区，受到隔水顶底板的限制，含水层充满水，水自身承受压力，并以一定压力作用于隔水顶板。要证实水的承压性并不难，用钻孔揭露含水层，水位将上升到含水层顶板以上一定高度才静止下来。静止水头高出含水层顶板的距离便是承压水头。井中静止水位的高程就是含水层在该点的测压水位。测压水位高于地表时，钻孔能够自喷出水。

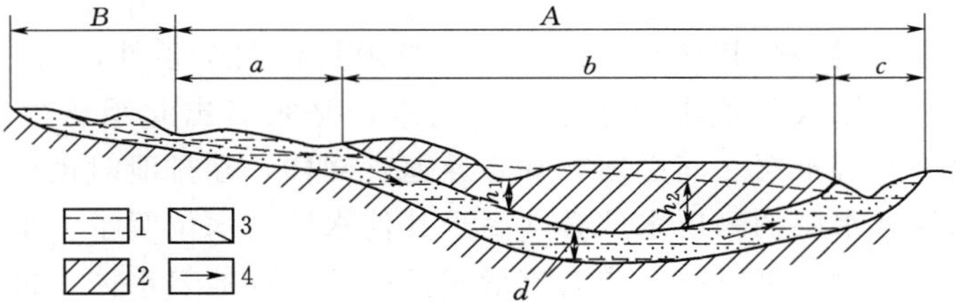

图 6.3　承压盆地剖面示意图

A—承压水分布范围；a—补给区；b—承压区；c—泄水区；
h_1—正水头；h_2—负水头；d—承压水层厚度；B—潜水分布范围；
1—含水层；2—隔水层；3—承压水位；4—承压水流向

承压水的形成与所在地区的地质构造及沉积条件有密切关系。只要有适宜的地质构造条件，地下水都可形成承压水。适宜形成承压水的地质构造大致有两种：一种是向斜构造盆地，称为自流盆地；另一种是单斜构造亦称为自流斜地。

但是，自然界中的自流盆地及自流斜地的含水层的埋藏条件是很复杂的，往往在同一个区域内的自流盆地或自流斜地，可埋藏多个含水层，它们有不同的稳水位与不同的水力联系，这主要取决于地形和地质构造二者之间的关系。当地形和构造一致时，即为正地形，下部含水层压力高，若有裂隙穿透上下含水层，下部含水层的水通过裂隙补给上部含水层。反地形，情况相反，含水层通过一定的渠道补给下部的含水层，这是因为下部含水层的补给与排泄区常位于较低的位置。

承压水补给来源取决于埋藏条件，当承压水的补给区出露地表时，补给来源多为大气降水的入渗；在补给区位于河床或湖沼地带时，则主要由地表水补给，如图 6.4 所示。当承压水位低于潜水位时，潜水可以通过断裂带或弱透水层的“天窗”等通道补给承压水，如图 6.5 所示。由于承压水的埋藏条件使其与外界的联系受到限制，与大气圈、地表水圈的联系较弱。当顶底板隔水性能良好时，它主要通过含水层出露地表的补给区（这里的水实际上已转为潜水）获得补给，并通过范围有限的排泄区排泄。当顶底板为半隔水层时，它还可通过半隔水层，从上部或下部的含水层获得补给，或向上部或下部含水层排泄。无论是哪一种情况，承压水参与水循环都不如潜水那样积极。因此，气候、水文因素的变化对承压水的影响较小，承压水动态比较稳定。

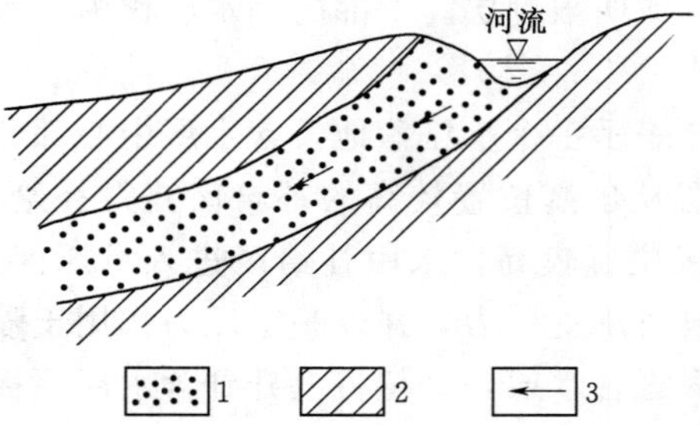

图6.4 地表水补给承压水
1—含水层；2—隔水层；3—承压水流向

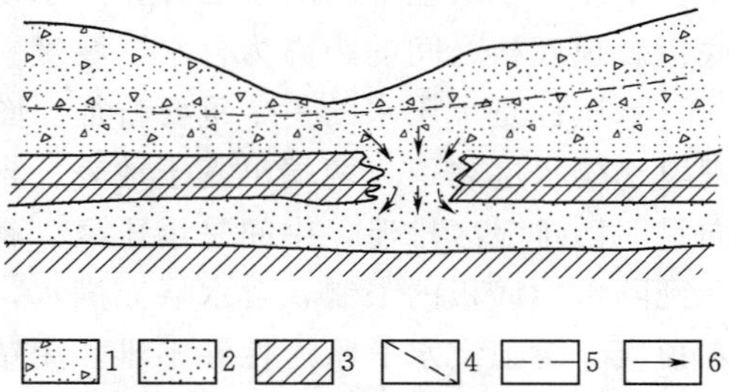

图6.5 潜水通过断裂带补给承压水
1—砂砾石层；2—砂层；3—隔水层；4—潜水位；5—承压水位；6—流向

任一承压含水层接受其他水体的补给，必须具备两个条件，缺一不可：第一，水体（地表水、潜水或其他承压含水层）的水位必须高出此承压含水层的测压水位；第二，水体与含水层之间必须有联系通道。同样，在排泄时也应具备这两个条件，只不过承压含水层的测压水位必须高于其他水体的水位罢了。承压含水层在地形适宜处露出地表时，可以以泉或溢流形式排向地表或地表水体；也可以通过导水断裂带向地表或其他含水层排泄。当承压含水层的顶底板为半隔水层时，只要有足够的水头差，也可以通过半隔水层与其上下的含水层发生水力联系。

在接受补给或进行排泄时，承压含水层对水量增减的反应与潜水含水层不同。潜水获得补给时，随着水量增加，潜水位抬高，含水层厚度加大；进行排泄时，水量减少，水位下降，含水层厚度变薄。对于潜水来说，含水层中的水，不承受除大气压力以外的任何压力。承压含水层则不同，由于隔水顶底板的限制，水充满于含水层中呈承压状态，上覆岩土层的压力是由含水层骨架与含水层中的水共同承受的，上覆岩土层的压力方向向下，含水层骨架的承载力及含水层中水的浮托力方向向上，方向相反的力彼此相等，保持平衡。当承压含水层接受补给时，水量增加，静水压力加大，含水层中的水对上覆岩土层的浮托力随之增大。此时，上覆岩土层的压力并未改变，为了达到新的平衡，含水层空隙扩大，将含水层骨架原来所承受的一部分上覆岩土层的压力转移给水来承受，从而测压水位上升，承压水头加大。由此可见承压含水层在接受补给时，主要表现为测压水位上升，而含水层的厚度加大很不明显。增加的水量通过水的压密及空隙的扩大而储容于含水层之中。当然，如果承压含水层的顶底板为半隔水层，测压水位上升时，一部分水将由含水层通过半隔水层转移到相邻含水层中去。

因排泄而减少水量时，承压含水层的测压水位降低。这时，上覆岩土层的压力并无改变，为了恢复平衡，含水层空隙必须做相应的收缩，将水少承受的那部分压力转移给含水层骨架承受。当顶底板为半隔水层时，还将有一部分水由半隔水层转移到含水层中。

上面的说法并不仅仅是理论上的解释，完全可以从实际现象中得到证实。例如，铁道旁边的承压水井，在火车通过时可以看到井中水位上升，火车通过后，水位又恢复正常。这说明，由于火车的重量加大了对含水层的压力，含水层骨架压缩，从而使水承受了更多的压力。

承压水的水质变化很大，从淡水到含盐量很高的卤水都有。承压水的补给、径流、排泄条件愈好，参加水循环愈是积极，水质就愈接近入渗的大气降水及地表水，为含盐量低的淡水。补给、径流、排泄条件愈差，水循环愈是缓慢，水与含水岩层接触时间愈长，从岩层中溶解得到的盐类愈多，水的含盐量就愈高。有的承压水含水层，与外界几乎不发生联系，在一定条件下，在含水层中可以保留年代很古老的水，有时甚至保留沉积物沉积时的水（例如，在海相沉积物中保留下当时的海水，在湖相沉积物中保留当时的湖水）。

总的说来，承压水不像潜水那样容易补充、恢复，但由于其含水层厚度一般较大，往往具有良好的多年调节性能。

6.3.2 地下水按含水层性质分类及其特征

1. 孔隙水

在孔隙含水层中储存和运移的地下水称孔隙水。孔隙水主要赋存于松散沉积物颗粒之间，是沉积物的组成部分。孔隙含水层主要是第四纪的松散沉积物，但某些胶结程度不好的碎屑沉积岩，也能成为孔隙含水层。孔隙水多呈均匀而连续的层状分布。

在特定沉积环境中形成的不同类型的沉积物，受到不同水动力条件的制约，其空间分布、粒径与分选均各具特点，从而控制着赋存于其中的孔隙水的分布以及它与外界的联系。下面就按沉积物的成因类型讨论孔隙水。

（1）洪积物中的地下水。洪流在出山口形成的洪积扇地貌反映了洪积物的沉积特征。洪积扇的顶部，多为砾石、卵石、漂石等，沉积物不显层理，或仅在其间所夹细粒层中显示层理；洪积扇的中部以砾、砂为主，并开始出现黏性土夹层，层理明显；洪积扇没入平原的部分，则为砂和黏性土的互层。

洪积物的沉积特征决定了其中的地下水具有明显的分带现象。洪积扇顶部，十分有利于吸收降水及山区汇流的地表水，是洪积物中地下水的主要补给区。此带地势高、潜水埋藏深、岩土层透水性好、地形坡降大、地下径流强烈、蒸发微弱而溶滤强烈，故形成低矿化度水。此带称为潜水深埋带或盐分溶滤带。洪积扇中部，地形变缓、沉积物颗粒变细，岩层透水性变差，地下水径流受阻，潜水壅水而水位接近地表，形成泉和沼泽。径流途径加长，蒸发加强，水的矿化度增高。此带称为溢出带或盐分过路带。现代洪积扇的前缘即止于此带，向下即没入平原之中。溢出带向下，潜水埋深又略增大，蒸发成为地下水的主要排泄方式，水的矿化度显著增大，在干旱地带土壤发生盐渍化。此带称为潜水下沉带或盐分堆积带。

大致由溢出带向下，黏性土与砂砾相间成层，深部出现承压水。承压水接受洪积扇顶部潜水的补给，并顺着含水层流向下游，最终上升泄入河、湖或海中。

（2）冲积物中的地下水。冲积物是经常性流水形成的沉积物。河流的上、中、下游沉积特征不同。河流的上游处于山区，卵砾石等粗粒物质及上覆的黏性土构成阶地，赋存潜水。雨季河水位常高于潜水位而补给后者，雨后潜水泄入河流。枯水期河流流量，实际上是地下水的排泄量。

河流的下游处于平原地区，地面坡降变缓，河流流速变小，河流以堆积作用为主，致使河床淤积变浅。随着河床不断淤积抬高，常常造成河流游动改道，形成许多掩埋及暴露的古河道，其中多沉积粉细砂。暴露于地表的古河道，在改道点与现代河流相联系而接受其补给，其余部位由于砂层透水性好，利于接受降水补给，水量丰富。古河道由于地势较高，潜水埋深大，蒸发较弱，故地下水水质良好。古河道两侧岩性变细、地势变低、潜水埋深变浅、蒸发变强、矿化度增大，在干旱地区多造成土壤盐渍化。

(3) 湖积物中的地下水。湖积物属于静水沉积物。颗粒分选良好，层理细密，岸边沉积粗粒物质，向湖心逐渐过渡为黏性土。这种沉积特点决定了除了古湖泊岸边的潜水含水层外，其湖心地带由于砂砾石层与黏性土层互层而多形成承压含水层。范围广大的湖积承压含水层，主要通过注入古湖泊的条带状古河道获得补给。

(4) 滨海三角洲沉积物中的地下水。河流注入海洋后流速顿减，且因其脱离河道束缚而流散，随着流速远离河口而降低，沉积物的颗粒粒径也变细，最终形成酷似洪积扇的三角洲。三角洲的形态结构可划分为三个部分：河口附近主要是砂，表面平缓，为三角洲平台；向外渐变为坡度变大的三角洲斜坡，主要由粉细砂组成；再向外为原始三角洲，沉积淤泥质黏土。滨海三角洲沉积一般均属半咸水沉积。虽然其中发育含水层，但是其中地下水的矿化度一般很高。

(5) 黄土中的地下水。在各类黄土地貌单元中，黄土塬的地下水源条件较好。塬面较为宽阔，利于降水入渗，并使地下水排泄不致过快。地下水向四周散流，以泉的形式向边缘的沟谷底部排泄。地下水埋深在塬的中心约20～30m，到塬边可深达60～70m。

黄土梁、卯地区地形切割强烈，不利于降水入渗及地下水赋存，但梁、卯间的宽浅沟谷中经常赋存潜水，其水位埋深较浅，一般为10余m。

黄土中可溶盐含量高，且由于黄土分布区降水少，因此黄土中的地下水矿化度普遍较高。

2. 裂隙水

赋存并运移于裂隙介质中的地下水称裂隙水。它主要分布在山区和第四系松散覆盖层下的基岩中，裂隙的性质和发育程度决定了裂隙水的存在和富水性。在裂隙发育地区，含水丰富；反之，含水甚少。所以在同一构造单元或同一地段内，富水性有很大变化，因而形成了裂隙水分布的不均一性。有时，可使相距很近的钻孔，水量相差达数十倍。

岩石的裂隙按成因可分为风化裂隙、成岩裂隙和构造裂隙三种类型，相应地也将裂隙水分为三种，即风化裂隙水、成岩裂隙水和构造裂隙水。

(1) 风化裂隙水。分布在风化裂隙中的地下水多数为层状裂隙水，由于风化裂隙彼此相连通，因此在一定范围内形成的地下水也是相互连通的，水平方向透水性均匀，垂直方向随深度而减弱，多属潜水，有时也存在上层滞水。如果风化壳上部的覆盖层透水性很差时，其下部的裂隙带有一定的承压性，风化裂隙水主要接受大气降水的补给，常以泉的形式排泄于河流中。

(2) 成岩裂隙水。具有成岩裂隙的岩层出露地表时，常赋存成岩裂隙潜水。岩浆岩中成岩裂隙水较为丰富；玄武岩经常发育柱状节理及层面节理，裂隙均匀密集，张开性好，贯穿连通，常形成储水丰富、导水畅通的潜水含水层。成岩裂隙水多呈层状，在一定范围内相互连通。具有成岩裂隙的岩体为后期地层覆盖时，也可构成承压含水层，在一定条件下可以具有很大的承压性。

(3) 构造裂隙水。由于地壳的构造运动，岩石受挤压、剪切等应力作用下形成的构造裂隙，其发育程度既取决于岩石本身的性质，也取决于边界条件及构造应力分布等因素。

构造裂隙发育很不均匀，因而构造裂隙水的分布和运动相当复杂。当构造应力分布比较均匀且强度足够时，则在岩体中形成比较密集均匀且相互连通的张开性构造裂隙，赋存层状构造裂隙水。当构造应力分布相当不均匀时，岩体中张开性构造裂隙分布不连续，互不沟通，则赋存脉状构造裂隙水。具有同一岩性的岩层，由于构造应力的差异，一些地方可能赋存层状裂隙水，另一些地方则可能赋存脉状裂隙水。反之，当构造应力大体相同时，由于岩性变化，裂隙发育不同，张开裂隙密集的部位赋存层状裂隙水，其余部位则为脉状裂隙水。层状构造裂隙水可以是潜水，也可以是承压水。柔性与脆性岩层互层时，前者构成具有闭合裂隙的隔水层，后者成为发育张开裂隙的含水层。柔性岩层覆盖下的脆性岩层中便赋存承压水。脉状裂隙水，多赋存于张开裂隙中。由于裂隙分布不连续，所形成的裂隙各有自己独立的系统、补给源及排泄条件，水位不一致。但是，不论是层状裂隙水还是脉状裂隙水，其渗透性常常显示各向异性。这是因为，不同方向的裂隙性质不同，某些方向上裂隙张开性好，另一些方向上的裂隙张开性差，甚至是闭合的。

3. 岩溶水

赋存和运移于可溶岩的溶穴中的地下水称为岩溶水。我国岩溶的分布十分广泛，特别是在南方地区。因此，岩溶水分布很普遍，其水量丰富，对供水极为有利，但对矿床开采、地下工程和建筑工程等都会带来一些危害。根据岩溶水的埋藏条件可分为岩溶上层滞水、岩溶潜水及岩溶承压水。

(1) 岩溶上层滞水。在厚层灰岩的包气带中，常有局部非可溶的岩层存在，起着隔水作用，在其上部形成岩溶上层滞水。

(2) 岩溶潜水。在大面积出露的厚层灰岩地区广泛分布着岩溶潜水。岩溶潜水的动态变化很大，水位变化幅度可达数十米，水量变化可达几百倍。这主要是受补给和径流条件影响，降雨季节水量很大，其他季节水量很小，甚至干枯。

(3) 岩溶承压水。岩溶地层被覆盖或岩溶地层与砂页岩互层分布时，在一定的构造条件下，就能形成岩溶承压水。岩溶承压水的补给主要取决于承压含水层的出露情况。岩溶水的排泄多数靠导水断层，经常形成大泉或泉群，也可补给其他地下水，岩溶承压水动态较稳定。

岩溶水具有以下基本特征和规律：含水层系统独立完整，孔隙、裂隙、竖井、落水洞中水向支流管道汇集，支流管道向暗河集中，与地表水的流域系统相似；岩溶水空间分布极不均匀，主要集中于岩溶管道或暗河系统中，地表及地下岩溶现象不发育地区则严重缺水；岩溶管道和暗河中水流运动迅速，运动规律与地表河流相似；水量在时间上变化大，受气候影响明显，雨季水量大、旱季明显减小，水位年变幅有时可达数十米；大量岩溶水以地下径流的形式流向低处，集中排泄，即在谷地或在与非岩溶化岩层接触处以成群的泉水出露地表，水量可达每秒几百升，甚至每秒几立方米；水的矿化度低，但易污染。总的来看，岩溶水虽属地下水，但许多特征与地表水相近，因埋藏于地下则比地表水更为复杂。

岩溶水的分布主要受岩溶作用规律的控制。因此，岩溶水在其运动过程中不断地改造着自身的赋存环境。若岩溶发育均匀，又无黏土填充，各溶穴之间的岩溶水有水力联系，则有一致的水位。若岩溶发育不均匀，又有黏土等物质充填，各溶穴之间可能没有水力联系，因而有可能使岩溶水在某些地带集中形成暗河，而另外一些地带可能无水。在较厚层的灰岩地区，岩溶水的分布及富水性和岩溶地貌有很大关系。在分水岭地区，常发育着一些岩溶漏斗、落水洞等，构成了特殊地形——峰林地貌。它常是岩溶水的补给区。在岩溶水汇集地带，常形成地下暗河，并有泉群出现，其上经常堆积一些松散的沉积物。

实践和理论证明，在岩溶地区进行地下工程和地面建筑工程，必须弄清岩溶的发育与分布规律，因为岩溶的发育致使建筑工程场区的工程地质条件大为恶化。

6.3.3　泉

泉是地下水的天然露头，主要是地下水或含水层通道露出地表形成的。因此，泉是地下水的主要排泄方式之一。

泉的实际用途很大，不仅可以做供水水源。当水量丰富，动态稳定，含有碘、硫等物质时，还可做医疗之用。同时，研究泉对了解地质构造及地下水都有很大意义。泉的类型按补给源可分为以下三类：

（1）包气带泉。主要是上层滞水补给，水量小，季节变化大，动态不稳定。

（2）潜水泉。又称下降泉，主要靠潜水补给，动态较稳定，有季节性变化规律，按出露条件可分为侵蚀泉、接触泉、溢出泉等。当河谷、冲沟向下切割含水层，地下水涌出地表便成泉，这主要和侵蚀作用有关，故叫侵蚀泉。有时因地形切割含水层隔水底板时，地下水被迫从两层接触处出露成泉，故称接触泉。当岩石透水性变弱或由于隔水底板隆起，使地下水流动受阻，地下水便溢出地面成泉，这就是溢出泉。

（3）自流水泉。又称上升泉，主要靠承压水补给，动态稳定，年变化不大，主要分布在自流盆地及自流斜地的排泄区和构造断裂带上。当承压含水层被断层切割，而且断层是张开的，地下水便沿着断层上升，在地形低洼处便出露成泉，故称断层泉。因为沿着断层上升的泉，常常成群分布，也叫泉带。

泉的出露多在山麓、河谷、冲沟等地形低洼的地方，而平原地区出露较少，有时有些泉出露后，直接流入河水或湖水中，但水流清澈，这就是泉出露的标志。在干旱季节，周围草木枯黄，但泉的附近却绿草如茵。

6.4　地下水对道路工程的影响

地下水大多被限制在透水层中渗流，与自由流动的地表水有一定的差异，表现在以下两个方面：

(1) 流速小、机械动能小。地下水除受重力影响由高向低流，受压力影响由高压向低压流外，在流动过程中受到透水层中岩石的阻碍，由于摩擦而消耗能量，因此流速小，机械动能小。

(2) 矿化度高、化学动力大。地下水在岩土中渗流，渗流途中的可溶盐分被溶蚀，因而地下水矿化度高，成分复杂，化学动力强。

6.4.1 地下水的地质作用

地下水也是地壳表层的一种外动力，其地质作用包括侵蚀、搬运、沉积 3 种方式。

1. 侵蚀作用

地下水的侵蚀作用是在地下进行的，所以通常称为潜蚀作用，包括机械冲刷和化学溶蚀两种类型。

(1) 机械冲刷作用。通常地下水的动能较小，对岩体的冲刷破坏较弱，主要在一些较大的裂隙或洞穴，如暗河、水流集中，能够冲刷带走一些砂砾、黏土。除此之外，在河床相或洪积扇顶部等粒径较粗的沉积物内，地下水的潜蚀也比较强烈，尤其在抽水、排水情况下会更加剧烈。

另外疏松细粒土体的机械冲刷也是比较显著的，如黄土因未胶结成岩，较疏松，就易于被冲蚀，因此在黄土中常会由于地下水潜蚀而形成黄土洞穴。

城市供、排水管道渗漏水亦可看作地下水潜蚀的一种类型，此种潜蚀是城市道路路面突然塌陷的主要原因。

(2) 化学溶蚀作用。地下水以化学反应的方式对可溶性岩石的溶解破坏作用称为溶蚀。地下水渗透速度较慢，与岩土体的接触时间较长，因此在地下水的潜蚀中，化学溶蚀比较普遍。

地下水的矿化度较高，常含有多种不同的酸根离子，这种酸性水对某些岩石的溶蚀是很强烈的，一些在纯水中难溶的物质，遇到酸性水后，可能分解得比较快，最典型且常见的是

$$H_2O+CO_2+CaCO_3 \rightleftharpoons Ca(HCO_3)_2$$

地下水中都含有一定量的 CO_2，因此在地下水丰富的石灰岩地区，由于这样的溶蚀作用，常形成一种特殊的地质现象——喀斯特（Karst）岩溶。

2. 搬运作用

地下水的搬运包括机械搬运和化学搬运。机械搬运一般仅在暗河中或疏松的细粒上中较明显。化学搬运（也称溶运）是地下水的主要搬运方式。

在地下水溶解周围岩石的同时，把溶解下来的物质以真溶液或胶体溶液的方式随水流搬运到其他地方。溶运物主要以重碳酸盐类型为主，还有氯化物、硫酸盐、氢氧化物和金属阳离子 Fe^{2+}、Cu^{2+}、Pb^{2+}、Zn^{2+}、Sb^{2+} 等。

盐渍土中盐分的积聚就是地下水溶运及沉积的结果，地下水在渗流过程中将岩土空隙里的可溶盐溶解并带走，地下水径流越长，矿化度越高，溶运作用也越强。

3. 沉积作用

地下水的沉积作用包括机械沉积和化学沉积。机械沉积是在暗河中碎屑沉积，

但量小，沉积物具有一定的分选性和磨圆度。化学沉积是地下水的溶运物在一定条件下沉淀下来。

沉积方式主要有孔隙沉积、裂隙沉积和溶洞沉积。孔隙沉积是在孔隙中如果沉积物围绕某一矿物颗粒发生凝聚，形成结核，如黄土中的钙质结核与铁锰结核；裂隙沉积是在裂隙中形成脉状沉积体，如方石脉；溶洞沉积是富含 $Ca(HCO_3)_2$ 的地下水，沿着孔隙、裂隙渗入空旷的溶洞，由于温度、压力改变，CO_2 逸出，加之蒸发作用，就沉淀出 $CaCO_3$。如地下水自溶洞顶下滴，边滴边沉淀，可形成自洞顶向下垂直生长的石钟乳。渗出水滴落到洞底后，$CaCO_3$ 就在洞底沉淀并向上生长形成石笋。石钟乳与石笋长大后连成一体，称为石柱。如地下水沿着洞壁裂隙成层状渗出，可形成石帘、石帷幕、石瀑布和石幔等。

6.4.2 地下水对道路工程的不利影响

道路工程修建于地表的岩土体之中，且常用混凝土或钢筋混凝土建造，因此这里仅简单介绍地下水对道路公路工程岩土体的不利影响及对道路工程所用混凝土的不利影响。

1. 对岩土体的不利影响

(1) 岩土的软化作用。地下水主要通过物理的（湿化及泥化）和化学的（溶解、离子交换、水化、水解、碳酸化等）两方面作用，使得工程岩土体的刚度变小、强度降低，在工程荷载作用下产生过大变形或不均匀变形，使岩土体的承载力或稳定性不足。

(2) 静水压力作用。存在于透水性差的岩土体裂隙中的地下水，对裂隙壁产生静水压力，使岩土体破碎，稳定性降低；存在于公路工程构造物背后的地下水，对构造物产生静水压力，影响其强度及稳定性。

(3) 动水压力作用。坡体岩土层中流动的地下水，当其产生的动水压力方向与岩土体可能滑动的方向一致时，将诱发坡体失稳；当岩土层中的动水压力较高时，会使岩土层发生流沙或管涌等，致使其上的建筑物变形及破坏。

(4) 影响岩土层的应力状态。当地下水位降低时，土体有效应力增大，土体产生压密变形，将使其上的建筑物变形及破坏。

(5) 增重性。坡体包气带含水层得到补给时，岩土层自重增大，坡体的下滑力可能增加，导致坡体的稳定性降低。

(6) 浮托力作用。当地下水位升高时，建筑物基础会受到地下水的浮托力作用，可能导致建筑物基础产生变形破坏；坡体滑动面以上的岩土体透水性较差时，地下水的浮托力可使滑体作用在滑动面上的动压力降低，坡体更易滑动。

(7) 诱发特殊岩土体的不良工程性质。地下水的溶解作用可造成部分黄土的湿陷，水化作用可造成膨胀岩土的胀缩，地下水的冻结可造成岩土体的冻胀与溶陷。

(8) 堵塞作用。地下水在流动过程中，将岩土体中的细小颗粒剥蚀、搬运，其沉积在道路工程的有关设施中（如反滤层、渗沟等），堵塞并影响这些设施功能的正常发挥。

(9) 涌水与淹没。隧道、地铁及桥梁基础等地下工程施工时，若产生地下水的突涌，可能淹没施工设施，甚至造成灾害。

2. 对混凝土的侵蚀性

道路工程结构物，如桥梁基础、隧道衬砌和边坡支挡结构物等，都要长期与地下水相接触，地下水中各种化学成分与结构物中的混凝土产生化学反应，使混凝土中某些物质被溶蚀，强度降低，结构遭到破坏，或者在混凝土中生成某种新的化合物，这些新化合物生成时体积膨胀，使混凝土开裂破坏。地下水对混凝土的破坏是通过分解性侵蚀、结晶性侵蚀和分解结晶复合性侵蚀作用进行的。地下水的这种侵蚀性主要取决于水的化学成分，同时也与水泥类型有关。

（1）分解性侵蚀。分解性侵蚀是指酸性水溶滤 $Ca(OH)_2$，以及侵蚀性 CO_2 溶滤 $CaCO_3$ 而使混凝土分解破坏的作用，主要包括以下两种：

1）溶出侵蚀。硅酸盐水泥遇水硬化，生成氢氧化钙［$Ca(OH)_2$］、水化硅酸钙（$2CaO \cdot SiO_2 \cdot 12H_2O$）、水化铝酸钙（$2CaO \cdot Al_2O_3 \cdot 6H_2O$）等，地下水流动使 $Ca(OH)_2$ 及 CaO 不断被溶解带走，分解混凝土，最终致使混凝土强度下降。

$$Ca(OH)_2 + Ca(HCO_3)_2 = 2CaCO_3 \cdot 2H_2O$$

反应的进行与地下水中 HCO_3^- 的含量关系很大。$CaCO_3$ 不溶于水，既可充填混凝土空隙，又可在混凝土表面形成一个保护层，防止 $Ca(OH)_2$ 溶出，当 HCO_3^- 含量低于 2mg/L 时，地下水具侵蚀性。

2）碳酸侵蚀。水中含 CO_2（称游离 CO_2）是碳酸侵蚀发生的主要原因，水中 CO_2 与混凝土中 $CaCO_3$ 的化学反应是一种可逆反应：

$$CaCO_3 + CO_2 + H_2O \rightleftharpoons Ca(HCO_3)_2 \rightleftharpoons Ca^{2+} + 2HCO_3^-$$

CO_2 增加或减少，反应方向改变，只有达到平衡时，化学反应才停止进行，此时所需的 CO_2 称为平衡 CO_2，当游离 CO_2 大于平衡 CO_2，则超出部分的 CO_2 称为侵蚀性 CO_2，可使混凝土溶解。

（2）结晶性侵蚀。结晶性侵蚀主要是硫酸侵蚀，是含硫酸盐的水与混凝土发生反应，在混凝土的孔洞中形成石膏和硫酸铝盐晶体。

一般 SO_4^{2-} 的含量大于 250mg/L 时，生成石膏 $CaSO_4 \cdot 2H_2O$，体积膨胀到原来的 1.5 倍，石膏可继续与含水铝酸钙作用生成含 $31H_2O$ 的含水硫铝酸钙，体积增大为原来的 2.2 倍，在混凝土中产生很大应力，使混凝土严重溃裂，因此在现场又称含水硫铝酸钙为水泥细菌，反应式如下：

$$3(CaSO_4 \cdot 2H_2O) + 3CaO \cdot Al_2O_3 \cdot 6H_2O + 19H_2O = 3CaO \cdot Al_2O_3 \cdot 3CaSO_4 \cdot 31H_2O$$

当水泥中含水铝酸钙含量极少时，水泥抗硫酸盐侵蚀的能力强，当 SO_4^{2-} 含量小于 3000mg/L 时，不发生硫酸侵蚀。

（3）复合式侵蚀。复合式侵蚀主要是水中弱碱强酸离子的侵蚀，即水中 Mg^{2+}、NH_4^+、Cl^-、SO_4^{2-}、NO_3^- 等含量很多时，与混凝土发生化学反应，使混凝土力学强度降低，甚至破坏。例如水中的 $MgCl_2$ 与混凝土中结晶的 $Ca(OH)_2$ 起置换反应，形成 $Mg(OH)_2$ 和易溶于水的 $CaCl_2$，使混凝土遭受破坏。

综上所述，地下水对混凝土的腐蚀是一项复杂的物理化学过程，在一定的工程地质与水文地质条件下，对建筑材料的耐久性影响很大。

思 考 与 练 习

1. 地下水是如何形成的？

2. 地下水的物理性质包括哪些方面？地下水的化学成分有哪些？
3. 地下水按埋藏条件可以分为哪几种类型？它们有何特点？
4. 地下水按含水层空隙性质可以分为哪几种类型？它们有何特点？
5. 试说明地下水的地质作用及对道路工程有哪些影响？

第7章 地貌

学习要点：了解地貌的分级、分类；掌握平原区的工程地质条件；掌握山岭垭口等基本概念及工程意义；掌握河流地质作用。

7.1 地貌分类

由于内、外力地质作用，在地壳表面形成的各种不同成因、不同类型、不同规模的起伏形态，称为地貌。地形和地貌是两个不同的概念。地形是专指地表形态的外部特征，如高低起伏、坡度大小和空间分布等。这些形态在地形图上以等高线表达。地貌则含义广泛，它不仅包括地表形态的全部外表特征，更重要的还要分析和研究这些形态的成因和发展。

地貌条件与道路工程有着密切的关系。地貌条件是评价城市规划、道路的选线、桥隧位置选择等技术经济问题和养护管理等工程地质条件的重要内容之一。

7.1.1 地貌的形成和发展

地貌的形成和发展是内、外力地质作用共同产生的结果。我们现在看到的地貌形态，就是地壳在内、外力地质作用下发展到现阶段的形态表现。

内力作用形成了地壳表面的基本起伏，对地貌的形成和发展起着决定性的作用。地表变得高低不平，隆起区形成大陆、高原、山岭，沉降区形成海洋、平原、盆地。内力作用不仅形成了地壳表面的基本起伏，而且还对外力作用的条件、方式和过程产生深刻的影响。地壳上升会使侵蚀、剥蚀、搬运等作用增强，沉积作用减小；地壳下降，则沉积作用增强，侵蚀、剥蚀、搬运等作用减弱。

外力作用则对内力作用所形成的基本地貌形态不断地进行雕塑、加工，使之复杂化。外力作用根据其作用过程，可分为风化作用、剥蚀作用、搬运作用、沉积作用和成岩作用。还可根据动力性质分为风化作用、重力作用、风力作用、流水作用、冰川作用、冻融作用、溶蚀作用等。外力地质作用把内力作用所形成的隆起部分进行风化剥蚀破坏，同时把破坏了的碎屑物质搬运沉积到由内力造成的低地和海洋中去。外力地质作用的总趋势是削高补低，试图将地表夷平。如同内力作用不断造成地表的上升或下降会不断地改变地壳已有的平衡，从而引起各种外力作用的加剧一样，当外力作用把地表夷平后，也会改变地壳已有的平衡，从而又为内力作用产生新的地面起伏提供条件。

7.1.2　地貌的分级与分类

1. 地貌分级

不同等级的地貌，其成因不同，形成的主导因素也不同。地貌等级一般划分为四级：

(1) 巨型地貌。大陆与海洋，大的内海及大的山系都是巨型地貌。巨型地貌几乎完全是由内力作用形成的，所以又称大地构造地貌。

(2) 大型地貌。山脉、高原、山间盆地等为大型地貌，基本上也是由内力作用形成的。

(3) 中型地貌。河谷及河谷之间的分水岭等为中型地貌，主要由外力作用造成。内力作用产生的基本构造形态是中型地貌形成和发展的基础，而地貌的外部形态决定于外力作用的特点。

(4) 小型地貌。残丘、阶地、沙丘、小的侵蚀沟等为小型地貌，基本上受着外力作用的控制。

2. 地貌的形态分类

地貌的形态分类，就是按地貌的绝对高度、相对高度及地面的平均坡度等形态特征进行分类。表 7.1 是大陆上山地和平原的一种常见的分类方案。

表 7.1　　大陆地貌的形态分类表

形态类型		绝对高度/m	相对高度/m	平均坡度/(°)	举　例
山地	高山	>3500	>1000	>25	喜马拉雅山、天山
	中山	3500～1000	1000～500	10～25	大别山、庐山
	低山	1000～500	500～200	5～10	川东平行岭谷、华蓥山
	丘陵	<500	<200		闽东沿海丘陵
平原	高原	>600	>200		青藏高原、黄土高原、云贵高原
	高平原	>200			成都平原
	低平原	0～200			东北平原、华北平原、长江中下游平原
	洼地	低于海平面高度			吐鲁番盆地

7.2　平原地貌

平原地貌是地壳在升降运动微弱或长期稳定的条件下，经外力作用的充分夷平或补平而形成的。其特点是地势开阔、地形平坦、地面起伏不大。一般来说，平原地貌有利于选线，在选择有利地质条件的前提下，可以设计成比较理想的线形。按成因，平原可分为构造平原、剥蚀平原和堆积平原。

7.2.1　构造平原

构造平原主要是由地壳构造运动形成而又长期稳定的结果。其特点是微弱起伏的地形面与岩层面一致，堆积物厚度不大。构造平原可分为海成平原和大陆拗曲平原。海成平原是因地壳缓慢上升、海水不断后退所形成，其地形面与岩层面基本一致，上覆堆积物多为泥沙和淤泥，工程地质条件不良，并与下伏基岩一起略微向海洋方向倾斜。大陆拗曲平原是因地壳沉降使岩层发生扭曲所形成，岩层倾角较大，在平原表面留有凸状的起伏形态，其上覆堆积物较多并与下伏基岩有关。

由于基岩埋藏不深，所以构造平原的地下水一般埋藏较浅。在干旱或半干旱地区，若排水不畅，常易形成盐渍化。在多雨的冻土地区则常易造成道路的冻胀和翻浆。

7.2.2 剥蚀平原

剥蚀平原是在地壳上升微弱、地表岩层高差不大的条件下，经外力的长期剥蚀夷平所形成。其特点是地形面与岩层面不一致，上覆堆积物很薄，基岩常裸露于地表；在低洼地段有时覆盖厚度稍大的残积物、坡积物、洪积物等。按外力剥蚀作用的动力性质不同，剥蚀平原又可分为河成剥蚀平原、海成剥蚀平原、风力剥蚀平原和冰川剥蚀平原，其中较为常见的是前两种。河成剥蚀平原是由河流长期侵蚀作用所造成的侵蚀平原，亦称准平原，其地形起伏较大，并沿河流向上游逐渐升高，有时在一些地方则保留有残丘。海成剥蚀平原由海流的海蚀作用所造成，其地形一般极为平缓，微向现代海平面倾斜。

剥蚀平原形成后，往往因地壳运动变得活跃，剥蚀作用重新加剧，使剥蚀平原遭到破坏，故其分布面积常常不大。剥蚀平原的工程地质条件一般较好。

7.2.3 堆积平原

堆积平原是地壳在缓慢而稳定下降的条件下，经各种外力作用的堆积填平所形成，其特点是地形开阔平缓，起伏不大，往往分布有厚度很大的松散堆积物。按外力堆积作用的动力性质不同，堆积平原又可分为河流冲积平原、山前洪冲积平原、湖积平原、风积平原和冰碛平原，其中常见的是前三种。

1. 河流冲积平原

河流冲积平原是由河流改道及多条河流共同沉积所形成。它大多分布于河流的中、下游地带，因为在这些地带河床常常很宽，堆积作用很强，且地面平坦，排水不畅，每当雨季洪水溢出河床，其所携带的大量碎屑物质便堆积在河床两岸，形成天然堤。当河水继续向河床以外的广大面积淹没时，流速不断减小，堆积面积愈来愈大，堆积物的颗粒更为细小。经过长期堆积，形成广阔的冲积平原。

河流冲积平原地形开阔平坦，具有良好的工程地质条件，对道路选线也十分有利。但其下伏基岩埋藏一般很深，第四纪堆积物很厚，细颗粒多，地下水位浅，地基土的承载力较低。在冰冻潮湿地区，道路的冻胀翻浆问题比较突出，而低洼地面容易遭受洪水淹没。在道路勘测设计和路基、建筑物和构筑物基础工程中，应注意选择较有利的工程地质条件，采取可靠的工程技术措施。

2. 山前洪冲积平原

山前区是山区和平原的过渡地带，一般是河流冲刷和沉积都很活跃的地区。汛期到来时洪水冲刷，在山前堆积了大量的洪积物；汛期过后，河流中冲积物增加。洪积物或冲积物多沿山麓分布，靠近山麓地形较高，环绕山前成一狭长地带，形成规模大小不一的山前洪冲积平原。由于山前平原是由多个大小不一的洪（冲）积扇互相连接而成，因而呈高低起伏的波状地形。在新构造运动上升的地区，堆积物随洪（冲）积扇向山的下方移动，使山前洪冲积平原的范围不断扩大；如果山区在上升过程中曾有过间歇，在山前平原上就产生了高差明显的山麓阶地。山前洪冲积平原堆积物的岩性与山区岩层的分布有密切关系，其颗粒为砾石和砂，以至粉粒或黏粒。由于地下水埋藏较浅，常有地下水溢出，水文地质条件较差，往往对工程建设不利。

3. 湖积平原

湖积平原是由河流注入湖泊时，将所挟带的泥砂堆积在湖底使湖底逐渐淤高，湖水溢出，干涸所形成。其地形之平坦为各种平原之最。

湖积平原中的堆积物，由于是在静水条件下形成的，故淤泥和泥炭的含量较多，其总厚度一般也较大，其中往往夹有多层呈水平层理的薄层细砂或黏土，很少见到圆砾或卵石，且土颗粒由湖岸向湖心逐渐由粗变细。

湖积平原地下水一般埋藏较浅。其沉积物由于富含淤泥和泥炭，常具可塑性和流动性，孔隙度大，压缩性高，承载力也很低。

7.3 山岭地貌

山岭地貌具有山顶、山坡、山脚等明显的形态要素。山顶是山岭地貌的最高部分，山顶呈长条状延伸时称山脊。山脊标高较低的鞍部，即相连的两山顶之间较低的部分称为垭口。一般来说，山体岩性坚硬、岩层倾斜或因受冰川侵蚀时，多呈尖顶或很狭窄的山脊；在气候湿热，风化作用强烈的花岗岩或其他松软岩石分布地区，岩体经风化剥蚀，多呈圆顶；在水平岩层或古夷平面分布地区，则多呈平顶，典型的如方山、桌状山。山顶的常见形态如图7.1所示。

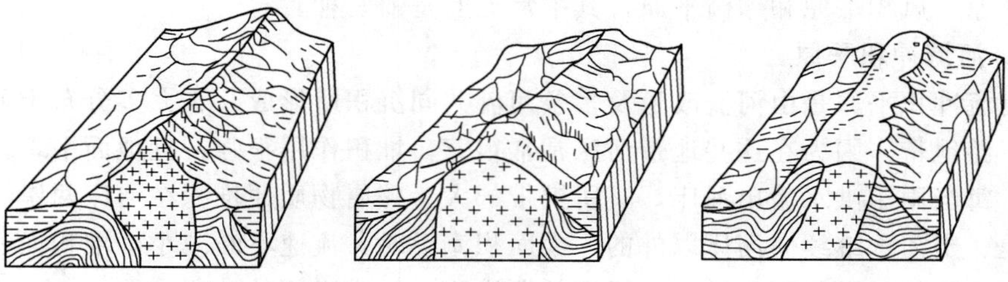

图7.1 山顶的常见形态
(a) 尖顶；(b) 圆顶；(c) 平顶

山坡是山岭地貌的重要组成部分。在山岭地区，山坡分布的面积最广。山坡的形状有直线形、凹形、凸形以及复合形等各种类型，这取决于新构造运动、岩性、岩体结构及坡面剥蚀和堆积的演化过程等因素。

山脚是山坡与周围平地的交接处。由于坡面剥蚀和坡脚堆积，使山脚在地貌上一般并不明显，在那里通常有一个起着缓和作用的过渡地带，它主要是由一些坡积裙、冲积锥、洪积扇及岩堆、滑坡堆积体等流水堆积地貌和重力堆积地貌组成。

7.3.1 山岭地貌的类型

根据地貌成因，可以将山岭地貌划分为以下类型。

1. 构造作用形成的山岭

（1）平顶山。平顶山是由水平岩层构成的一种山岭，多分布在顶部岩层坚硬（如灰岩、胶结紧密的砂岩或砾岩）和下卧层软弱（如页岩）的硬软相互层发育地区，在侵蚀、溶蚀和重力崩塌作用下，使四周形成陡崖或深谷，由于顶面硬岩抗风化能力强而兀立如桌面。

（2）单面山。单面山是由单斜岩层构成的沿岩层走向延伸的一种山岭，它常常出现在构造盆地的边缘、舒缓的穹隆、背斜和向斜的翼部，其两坡一般不对称，如图 7.2（a）所示。与岩层倾向相反的一坡短而陡，称为前坡，它多是经外力的剥蚀作用所形成，故又称为剥蚀坡；与岩层倾向一致的一坡长而缓，称为后坡或构造坡。如果岩层倾角超过 40°，则两坡的坡度和长度均相差不大，其所形成的山岭外形很像猪背，所以又称猪背岭，如图 7.2（b）所示。单面山的发育，主要受构造和岩性控制。如果各个软硬岩层的抗风化能力相差不大，则上下界限分明，前后坡面不对称，上为陡崖，下为缓坡；若软岩层抗风化能力很弱，则陡坡不明显，上部出现凸坡，下部出现凹坡。如果上部硬岩层很薄，下部软岩层很厚，则山脊走线比较弯曲；反之若上厚下薄，则山脊走线比较顺直，陡崖很高。如果岩层倾角较小，则山脊走线弯曲；反之，若倾角较大，则山脊走线顺直。此外，顺岩层走向流动的河流，河谷一侧坡缓，另一侧坡陡，称为单斜谷。猪背岭由硬岩层构成，山脊走线很平直，顺岩层倾向的河流，可以将岩层切成深的峡谷。

(a)

(b)

图 7.2 单斜构造的地貌构造

（a）单面山，岩层倾角小于 35°（北京上方山）；（b）猪背岭，岩层倾角大于 35°（南京紫金山）

单面山的前坡（剥蚀坡）由于地形陡峻，若岩层裂隙发育，风化强烈，则容易产生崩塌，且其坡脚常分布有较厚的坡积物和岩堆，稳定性差。

（3）褶皱山。由褶皱岩层所构成的一种山岭。在褶皱形成的初期，往往是背斜形成高地（背斜山），向斜形成凹地（向斜谷），地形是顺应构造的，所以称为顺地形。但随着外力剥蚀作用的不断进行，有时地形也会发生逆转变化，背斜因长期遭受强烈剥蚀而形成谷地，而向斜则形成山岭，这种与地质构造形态相反的地形称为逆地形。一般在年轻的褶曲构造上顺地形居多，在较老的褶曲构造上，由于侵蚀作用进一步发展，逆地形则比较发育。此外，在褶曲构造上还可能同时存在背斜谷和向斜谷，或者演化为猪背岭或单斜山、单斜谷。

（4）断块山。由断裂构造所形成的山岭。它可能只在一侧有断层，也可能两侧均为断裂所控制。断块山在形成初期可能有完整的断层面及明显的断层线，断层面构成了山前的陡崖，断层线控制了山脚的轮廓，使山地与平原或山地与河谷间的界限相当明显而且比较顺直。以后由于剥蚀作用的不断进行，断层面便可能遭到破坏而后退，崖底的断层线也被较厚的风化碎屑物所掩盖。此外，由断层面所构成的断层崖，也常受垂直于断层面的流水侵蚀，因而在谷与谷之间就形成一系列断层三角面，它常是野外识别断层的一种地貌证据。

（5）褶皱断块山。由褶皱和断裂构造的组合形态构成的山岭称为褶皱断块山，这里曾经是构造运动剧烈和频繁的地区。

2. 火山作用形成的山岭

火山作用形成的山岭，常见有锥状火山和盾状火山。锥状火山是多次火山活动造成的，其熔岩黏性较大、流动性小，冷却后便在火山口附近形成坡度较大的锥状外形。盾状火山是由黏性较小，流动性大的熔岩冷凝形成，故其外形呈基部较大、坡度较小的盾状。

3. 剥蚀作用形成的山岭

这种山岭是在山体地质构造的基础上，经长期外力剥蚀作用形成的。例如，地表流水地质作用所形成的河间分水岭。冰川刨蚀作用所形成的刃脊、角峰，地下水溶蚀作用所形成的峰林等，都属于此类山岭。由于此类山岭的形成是以外力剥蚀作用为主，山体的构造形态对地貌形成的影响已退居不明显地位，所以此类山岭的形态特征主要取决于山体的岩性、外力的性质及剥蚀作用的强度和规模。

7.3.2　垭口

对于越岭的铁路、公路线路若能寻找到合适的垭口，可以降低铁路、公路高程和减少展线工程量，所以，对于铁路、公路工程来说，研究山岭地貌重点应该研究垭口。从地质作用来看，可以将垭口归纳为如下三个基本类型。

1. 构造型垭口

这是由构造破碎带或软弱岩层经外力剥蚀所形成的垭口。常见的有下列三种：

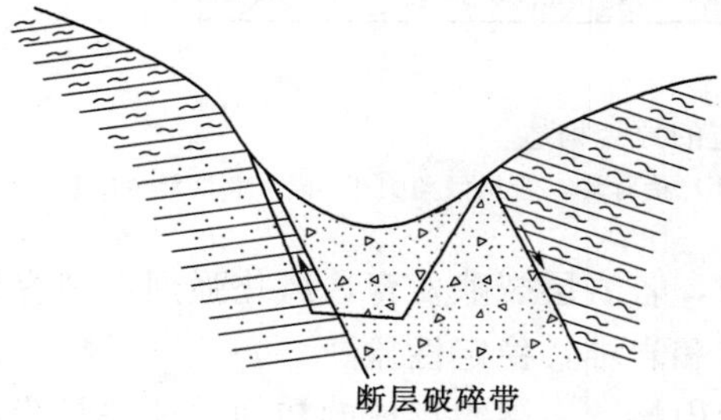

图 7.3　断层破碎带型垭口

（1）断层破碎带型垭口。这种垭口的工程地质条件比较差。岩体的整体性被破坏，经地表水侵入和风化，岩体破碎严重，一般不宜采用隧道方案，如采用路堑，也需控制开挖深度或考虑边坡防护，以防止边坡发生崩塌，如图 7.3 所示。

（2）背斜张裂带型垭口。这种垭口

虽然构造裂隙发育，岩层破碎，但工程地质条件较断层破碎带型要好，这是因为垭口两侧岩层外倾，有利于排出地下水，有利于边坡稳定，一般可采用较陡的边坡坡度，使挖方工程量和防护工程量都比较小，如图7.4所示。如果选用隧道方案，施工费用和洞内衬砌也比较节省，是一种较好的垭口类型。

(3) 单斜软弱层型垭口。这种垭口主要由页岩、千枚岩等易于风化的软弱岩层构成，如图7.5所示。两侧边坡多不对称，一坡岩层外倾可略陡一些。由于岩性松软，风化严重，稳定性差，故不宜深挖，如采取路堑深挖方案，与岩层倾向一致的一侧边坡的坡角应小于岩层的倾角，两侧坡面都应有防风化的措施，必要时应设置护墙或挡土墙。穿越这一类垭口，宜优先考虑隧道方案，可以避免因风化带来的路基病害，还有利于降低线路高程，缩短展线工程量或提高线形标准。

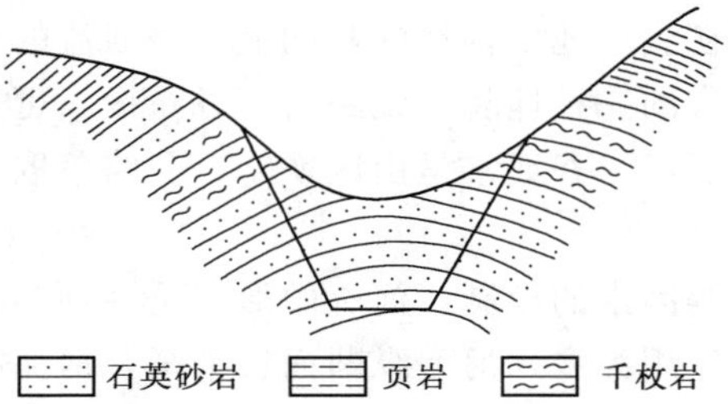

图7.4 背斜张裂带型垭口

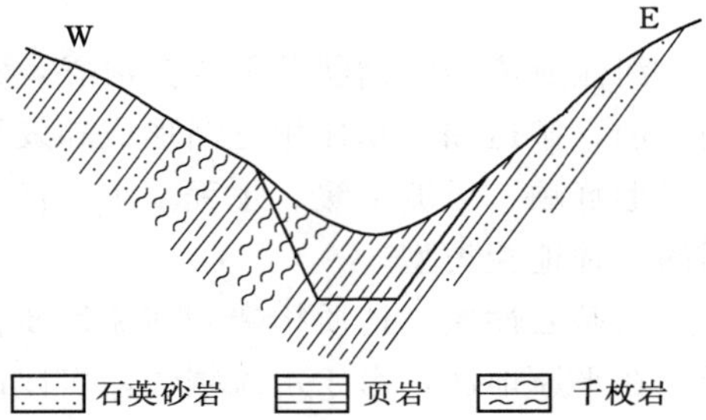

图7.5 单斜软弱层型垭口

2. 剥蚀型垭口

这是以外力强烈剥蚀为主导因素所形成的垭口，其形态特征与山体地质结构无明显联系。此类垭口的共同特征是松散覆盖层很薄，基岩多半裸露。垭口的形态特征主要取决于岩性、气候和外力的切割深度等因素。在气候干燥寒冷地带，岩性坚硬和切割较深的垭口，本身较薄，宜采用隧道方案；采用路堑深挖也比较有利，是一种良好的垭口类型。在气候温湿地区和岩性较软弱的垭口，则本身较平缓宽厚，采用深挖路堑或隧道都比较稳定，但工程量比较大。在石灰岩地区的溶蚀性垭口，无论是明挖路堑或开凿隧道，都应注意溶洞或其他地下溶蚀地貌的影响。

3. 剥蚀-堆积型垭口

这是在山体地质结构的基础上，以剥蚀和堆积作用为主导因素所形成的垭口。其开挖后的稳定性主要决定于堆积层的地质特征和水文地质条件。这类垭口外形浑缓、宽厚，易于展线，但松散堆积层的厚度较大，有时还发育有湿地或高地沼泽，水文地质条件较差，故不宜降低过岭标高，通常多以低填或浅挖的断面形式通过。

7.3.3 山坡

山坡是山岭地貌形态的基本要素之一。无论是越岭线或山脊线，线路的绝大部分都是设置在山坡或靠近岭顶的斜坡上的，所以在线路勘测中总是把越岭垭口和展线山坡作为一个整体通盘考虑的。山坡的形态特征是新构造运动、山坡的地质结构和外动力地质条件的综合反映，对线路位置的选择有着重要意义。

山坡的外部形态特征包括山坡的高度、坡度、及纵向轮廓等。

山坡的纵向坡度小于15°的为微坡，介于16°～30°的为缓坡，介于31°～70°的为陡坡，山坡坡度大于70°的为垂直坡。

稳定性高、坡度平缓的山坡便于展线，对于布设线路是有利的，但应注意考察其工程地质条件。平缓山坡特别是在山坡的一些凹洼部分，通常有厚度较大的坡积物和其他重力堆积物分布，坡面径流也容易在这里汇聚。当这些堆积物与下伏基岩的接触面因开挖而被揭露后，遇到不良水文情况，就可能引起堆积物沿基岩顶面发生滑动。

7.4 河谷地貌

河流所流经的槽状地形称为河谷，它是在流域地质构造的基础上，经河流的长期侵蚀、搬运和沉积作用逐渐形成和发展起来的一种地貌。线路沿河谷布设，可具有线形舒顺、纵坡平缓、工程量小等优点，所以河谷通常是山区铁路、公路争取利用的一种地貌类型。

受基岩性质、地质构造和河流地质作用等因素的控制，河谷的形态是多种多样的。在平原地区，由于水流缓慢，多以沉积作用为主，河谷纵断面较平缓，河流在其自身沉积的松散沉积层上发育成曲流和叉道，河谷形态与基岩性质和地质构造等关系不大；在山区，由于复杂的地质构造和软硬岩石性质的影响，河谷形态不单纯由水流状态和泥沙因素所控制，地质因素起着更重要的作用，因此河谷纵横断面比较复杂，具有波状与阶梯状的特点。

典型的河谷地貌，一般都具有如图7.6所示的几个形态部分。

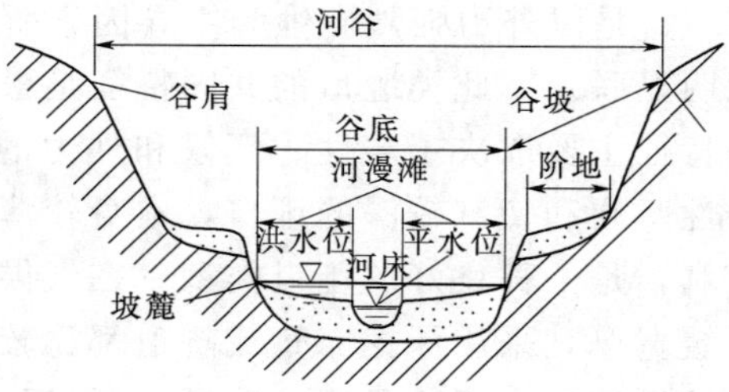

图7.6 河谷要素图

(1) 谷底。谷底是河谷地貌的最低部分，地势一般比较平坦，其宽度为两侧谷坡坡麓之间的距离。谷底上分布有河床及河漫滩。河床是在平水期间被河水所占据的部分，或称河槽。河漫滩是在洪水期间被河水淹没的河床以外的平坦地带。其中每年都能被洪水淹没的部分称为低河漫滩；仅为周期性多年一遇的最高洪水所淹没的部分称为高河漫滩。

(2) 谷坡。谷坡是高出谷底的河谷两侧的坡地。谷坡上部的转折处称为谷缘或谷肩，下部的转折处称为坡麓或坡脚。

(3) 阶地。阶地是沿着谷坡走向呈条带状或断断续续分布的阶梯状平台。阶地可能有多级，此时，从河漫滩向上依次称为Ⅰ级阶地、Ⅱ级阶地、Ⅲ级阶地等，如图7.7所示。每一级阶地都有阶地面、阶地斜坡、阶地前缘、阶地后缘和阶地陡坎等要素。阶地面就是阶地平台的表面，它实际上是原来老河谷的谷底，大多向河谷轴部和河流下游微作倾斜。阶地面并不十分平整。因为在它的上面，特别是在它的后缘，常常由于崩塌物、坡积物、洪积物的堆积而呈波状起伏。阶地斜坡是指阶地面以下的坡地，是河流向下深切后所造成的。阶地斜坡倾向河谷轴部，并常被地表径流切割破坏。阶地一般不被洪水淹没。

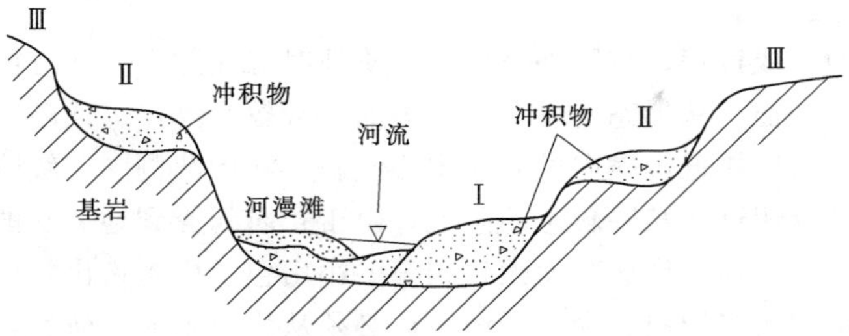

图 7.7 河流阶地类型

7.4.1 河流阶地

1. 阶地的成因

河流阶地是在地壳的构造运动与河流的侵蚀、堆积作用的综合作用下形成的。当河漫滩、河谷形成之后，由于地壳上升或侵蚀基准面相对下降，原来的河床或河漫滩遭受下切，而没有受到下切的部分就高出于洪水水位之上，变成阶地，于是河流又在新的平面上下切河床。此后，当地壳构造运动处于相对稳定期或下降期时，河流纵剖面坡度变小，流水动能减弱，河流下蚀作用变弱或停止，侧蚀和沉积作用增强，于是又重新扩宽河谷，塑造新的河漫滩。在长期的地质历史过程中，若地壳发生多次升降运动，则引起河流侵蚀与堆积交替发生，从而在河谷中形成多级阶地。紧邻河漫滩的一级阶地形成的时代最晚，一般保存较好；依次向上，阶地的形成时代愈老，其形态的完整性相对越差。

2. 阶地的类型

由于构造运动和河流地质过程的复杂性，河流阶地的类型是多种多样的。一般可以将其分为下列三种主要类型：

(1) 侵蚀阶地。侵蚀阶地主要是由河流的侵蚀作用形成的，基岩裸露，其上没有或仅有很少的冲积物，多发育在构造抬升的山区河谷中。

(2) 侵蚀-堆积阶地。这种阶地上部的组成物质是河流的冲积物，下部是基岩，通常基岩上部冲积物覆盖厚度不大，整个阶地主要由基岩组成，所以又称为基座阶地。它是由于后期河流的下蚀深度超过原有河谷谷底的冲积物厚度，切入基岩内部而形成，分布于地壳经历了相对稳定、下降及后期显著上升的山区。

(3) 堆积阶地。堆积阶地是由河流的冲积物组成的，所以又叫冲积阶地。当河流侧向侵蚀扩宽河谷后，由于地壳下降，逐渐有大量的冲积物发生堆积，待地壳上升，河流在堆积物中下切，形成堆积阶地。堆积阶地在河流的中、下游最为常见。

第四纪以来形成的堆积阶地，除更新世下 Q_1 的冲积物具有较低的胶结成岩作用外，一般的冲积物都呈松散状态，容易遭受河水冲刷，影响阶地稳定。

由于河流的长期侵蚀和堆积，成形的河谷一般都存在不同规模的阶地，它一方面缓和了山谷坡脚地形的平面曲折和纵向起伏，有利于线路平纵面设计和减少工程量；另一方面又不易遭受山坡变形和洪水淹没威胁，容易保证路基稳定。所以在通常情况下，阶地是河谷地貌中布设线路的理想地貌部位。当有几级阶地时，除考虑过岭标高外，一般以Ⅰ、Ⅱ级阶地布设线路为好。一般的平原区城镇建设也多在较大规模的阶地上进行。

根据阶地的形成过程，在野外辨认河流阶地时应注意下述两方面的特征：形态特征和物质组成特征。从形态上看，阶地表面一般较平缓，纵向略向下游倾斜，倾斜度与本段河床底坡接近，横向微向河中心倾斜。河床两侧同一级阶地，其阶地表面距河水面的高差相近。某些较老的阶地，由于长时间受到地表水的侵蚀作用，平整的阶地表面遭到破坏，形成高度大致相等的小山包。应当指出，不能只从形态上辨认阶地，以免与人工梯田、台坎混淆，还必须从物质组成上研究，由于阶地是由老的河漫滩形成，具有二元结构，表层由黏性土组成，下部由砂、卵石等冲积层组成。就侵蚀阶地而言，在基岩表面上也应或多或少地保留冲积物。因此，冲积物是阶地物质组成中最重要的物质特征。

以上都是顺着河流方向延伸的阶地，也称纵向阶地。此外，还有与河流流向垂直的阶地，称横向阶地。横向阶地在河谷中的分布不具普遍性，只有在一定的岩性和构造条件下才能形成，且多出现在山区河谷或河流的上游。横向阶地使沿河线路的地势发生突然变化，对道路纵坡设计不利。

7.4.2 河流地质作用

河流的地质作用，包括河流的侵蚀、搬运和堆积作用。河流地质作用的强弱，主要与河水的动能有关。河水的动能与流量和流速平方的乘积成正比。河流在洪水期冲刷、搬运和堆积作用之所以特别强烈，就是因为河流的流量、流速显著增大，河水动能显著增强。

一条河流从河源到河口一般可分为三段：上游、中游和下游。上游多位于高山峡谷中，急流险滩多，河道较直，流量不大但流速很高，河谷横断面多呈“V”形。中游河谷较宽广，河漫滩和河流阶地发育，横断面多呈“U”形。下游多位于平原地区，流量大而流速较低，河谷宽广，河曲发育，在河口处易形成三角洲。

河流的侵蚀作用、搬运作用和沉积作用在整条河流上同时进行，相互影响。在河流的不同段落上，三种作用进行的强度并不相同，常以某一种作用为主。

1. 河流的侵蚀作用

河水在流动的过程中不断加深和拓宽河床的作用称为河流的侵蚀作用。按其作用的方式，可分为溶蚀和机械侵蚀两种。溶蚀是指河水对组成河床的可溶性岩石不断地进行化学溶解，使之逐渐随水流失。河流的溶蚀作用在石灰岩、白云岩等可溶性岩类分布地区比较显著。机械侵蚀作用包括流动的河水对河床组成物质的直接冲击和夹带的砂砾、卵石等固体物质对河床的磨蚀、撞击。机械侵蚀在河流的侵蚀作用中具有普遍的意义，它是山区河流的一种主要侵蚀方式。

按照河床不断加深和拓宽的发展过程，河流的侵蚀作用可分为下蚀作用和侧蚀作用。下蚀和侧蚀是河流侵蚀过程中互相制约和互相影响的两个方面。

（1）下蚀作用。河水在流动过程中使河床逐渐下切加深的作用，称为河流的下蚀作用。河水夹带固体物质对河床造成机械破坏，是使河流下蚀的主要因素。下蚀作用强度取决于河水的流速和流量，也与河床的岩性和地质构造密切相关。河水的流速和流量大时，下蚀作用的能量大。岩性松软或受到构造作用的破坏，则下蚀易于进行，河床下切过程加快。

河流的下蚀作用并不会无止境地继续下去，而是有它自己的基准面。随着下蚀作用的发展，河床不断加深，河流的纵坡逐渐变缓，流速降低，侵蚀能量削弱，达到一定的基准面后，河流的侵蚀作用将趋于消失。河流下蚀作用消失的平面，称为侵蚀基准面。流入主流的支流，基本上以主流的水面为其侵蚀基准面；流入湖泊海洋的河流，则以湖面或海水面为其侵蚀基准面。

（2）侧蚀作用。河流以携带的泥、砂、砾石为工具，并以自身的动能和溶解力对河床两岸的岩石进行侵蚀，使河谷加宽的作用称为侧蚀作用。河流的中、下游以及平原区的河流，由于河床坡度较为平缓，侧蚀作用占主导地位。河水在运动过程中的横向环流作用，是促使河流产生侧蚀的主要因素。在天然道上能形成横向环流的地方很多，但在河湾部分最为显著，如图 7.8（a）所示。当运动的河水进入河湾后，由于受离心力的作用，表层水流以很大的流速冲向凹岸，产生强烈冲刷使凹岸岸壁不断坍塌后退，并将冲刷下来的碎屑物质由底层水流带向凸岸堆积下来，如图 7.8（b）所示。由于横向环流的作用，凹岸不断受到冲刷，凸岸不断发生堆积，结果使河湾的曲率增大；同时受纵向流影响河湾逐渐向下游移动，因而导致河床发生平面摆动。这样天长日久，整个河床就被河水的侧蚀作用逐渐地拓宽，如图 7.9 所示。

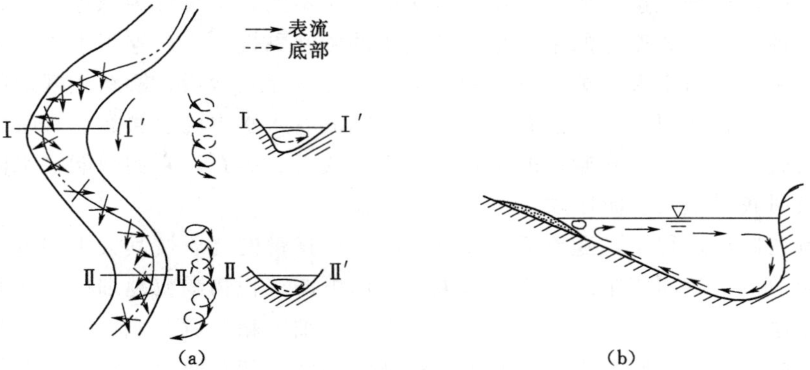

图 7.8 横向环流示意图

（a）河流横向环流；（b）河曲处横向环流断面图

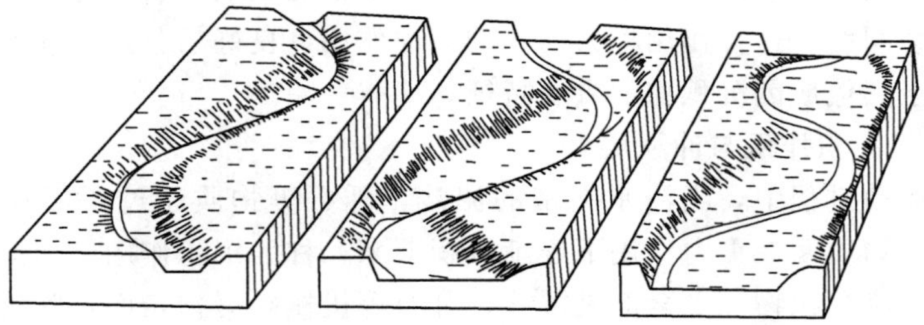

图 7.9 侧蚀作用使河床加宽

沿河布设的公路，由于河流的水位变化及侧蚀，路基会发生水毁现象，特别在河湾凹岸地段最为显著。因此，在确定路线具体位置时，必须加以注意。此外，河湾部分的横向环流作用明显加强，容易发生坍岸，并产生局部剧烈的冲刷和堆积作用，河床容易发生平面摆动，这对于桥梁的建设，也是很不利的。

下蚀和侧蚀是河流侵蚀作用的密切联系的两个方面，在河流下蚀与侧蚀的共同作用下，河床不断加深和拓宽。由于各地河床的纵坡、岩性、构造等不同，两种作用的强度也就不同，或以下蚀为主，或以侧蚀为主。如果河流只进行下蚀作用，或以下蚀作用为主，河谷横断面呈“V”形。如果河流只进行侧蚀作用，或以侧蚀作用为主，河谷横断面呈“U”形，谷底宽平。如下蚀作用与侧蚀作用等量进行，河谷横断面多不对称。一般来说，中下游河段河流侵蚀以侧蚀作用为主；在河流的上游，由于河床纵坡大、流速大，以下蚀作用为主。

2. 河流的搬运作用

河流在流动过程中夹带沿途冲刷侵蚀下来的物质（泥沙、石块）离开原地的移动作用，称为搬运作用。河流的侵蚀和堆积作用，在一定意义上都是通过搬运过程来进行的。河水搬运能量的大小，取决于河水的流量和流速，在一定的流量条件下，流速是影响搬运能量的主要因素。河流搬运物的粒径与水流流速的平方成正比。

流水搬运的方式可分为物理搬运和化学搬运两大类。物理搬运的物质主要是泥沙石块，化学搬运的物质则是可溶解的盐类和胶体物质。

物理搬运根据流速、流量和泥沙石块的大小不同，又可分为悬浮式、跳跃式和滚动式三种。悬浮式搬运的主要是颗粒细小的砂和黏性土，悬浮于水中或水面，顺流而下。例如黄河中大量黄土颗粒的移动主要是悬浮式搬运。跳跃式搬运的物质一般为块石、卵石和粗砂，它们有时被急流、涡流卷入水中向前搬运，有时则被缓流推着沿河底滚动。滚动式搬运的主要是巨大的块石、砾石，它们只能在水流强烈冲击下，沿河底缓慢向下游滚动。

河流在搬运过程中，随着流速逐渐减小，被携带的物质按其大小和重量陆续沉积在河床中，上游河床中沉积物较粗大，越向下游沉积物颗粒越细小；从河床断面上看，流速逐渐减小时，粗大颗粒先沉积下来，细小颗粒后沉积，覆盖在粗大颗粒之上，从而在垂直方向上显示出层理。在河流平面上和断面上，沉积物颗粒大小的这种有规律的变化，称为河流的分选作用。另外，在搬运过程中被搬运物质与河床之间、被搬运物质互相之间，都不断发生摩擦、碰撞，从而使原来有棱角的岩屑、碎石逐渐磨去棱角而成浑圆形状，成为在河床中常见到的砾石，卵石和砂，它们都具有一定的磨圆度。这种作用称为河流的磨蚀作用。良好的分选性和磨圆度是河流沉积物区别于其他成因沉积物的重要特征。

3. 河流的沉积作用与冲积层

河流在运动过程中，当河水夹带的泥沙、砾石等物质超过了河水的搬运能力时，被搬运的物质便在重力作用下逐渐沉积下来，称为沉积作用。河流的沉积物称为冲积层。河流沉积物几乎全部是泥沙、砾石等机械碎屑物，而化学溶解的物质多在进入湖盆或海洋等特定的环境后才开始发生沉积。冲积物按其沉积环境的不同，有以下几种类型：

（1）河床相沉积。河床内的沉积作用随水位的季节性变化而有规律地进行。在洪水期，大而重的碎屑物被搬走，在平水期又沉积下来，所以河床内的每个地方都有沉积发生。由于河床是经常被流水占据的部分，水流速度快，故沉积物粗，属冲积物中粒度最粗的部分。一般在上游颗粒最粗，多由粗砾甚至巨砾组成，且分选性差，粗细混杂；在中、下游颗粒较细，较均匀，多由粗砂、细砂等组成。

（2）河漫滩相沉积。在洪水期，河水漫出河床，由于流速突然减小，较粗的沉积物便迅速沉积下来，形成河漫滩相沉积物。沉积物多由粉砂与黏土组成，内侧较粗，向外逐渐变细。由于河曲的不断发展，河床侧向迁移，在河床相沉积层之上堆积了河漫滩相沉积，这一套沉积构成冲积层的二元结构。即下部为河床相沉积物，颗粒粗；表层为河漫滩相沉积物，颗粒细，以黏土、粉土为主。

（3）牛轭湖相沉积。在牛轭湖范围内形成的沉积物，主要为静水沉积，一般多由富含有机质的淤泥和泥炭组成，天然含水率很大，抗压、抗剪强度小，容易发生受力变形。

（4）三角洲相沉积。河流流入湖、海的地方叫河口。河口是河流最主要的沉积场所。一方面，由于河口处水域骤然变宽，河水散开成为许多岔流，加之河水被湖水或海水阻挡，流速大减，机械搬运物便大量堆积下来，河流机械搬运物的一半以上沉积于此；另一方面，河水中的溶运胶溶体在胶体粒子所带电荷被海水电解质中和后也会迅速沉淀。大量物质在河口沉积下来，从平面上看，外形像三角形或鸡爪形，所以称为三角洲。

（5）山区河流冲积物。湍急的山区河流，冲积物几乎完全为河床相。在平水期水流清澈，河床相冲积物主要为砾石、卵石及粗砂。洪水期间水流能量很大，剧烈地侵蚀河谷谷底，同时带来巨大的卵石、砂砾石及浑浊的泥质物质。这些物质混杂堆积，砾石的磨圆度及分选性都很差，砾石有时具有一定的排列方向，形成叠瓦状沉积。由于河床坡降大，砂、黏土等细粒物质几乎不可能在河床底部的表面沉积下来，在洪峰以后，浑浊水流中的泥沙，以充填方式在巨大的砾石空隙中沉积下来。因此几乎见不到成层的砂、黏土层。

从冲积层的形成过程，可知它具有以下特征：

1）冲积层分布在河床、冲积扇、冲积平原或三角洲中；冲积层的成分非常复杂，河流汇水面积内的所有岩石和土都能成为河流冲积层的物质来源；冲积层物质的分选性好，磨圆度高，且发育近水平层理。

2）山区河流沉积物较薄，颗粒较粗，承载力较高且易清除，地基条件较好。

3）由于冲积平原分布广，表面坡度比较平缓，多数大、中城市都坐落在冲积层上；道路也多选择在冲积层上通过。作为工程建筑物的地基，砂、卵石的承载力较高，黏性土较低。在冲积平原应当特别注意冲积层中的两种不良沉积物，一种是软弱土层，例如牛轭湖、沼泽地中的淤泥、泥炭等；另一种是容易发生流沙现象的细、粉砂层。遇到它们时应当采取专门的设计和施工措施。

4）三角洲沉积物含水率高，常呈饱和状态，承载力较低。但其最上层因长期干燥，比较硬实，承载力较下层高，俗称硬壳层，可用作低层建筑物的天然地基。

5）冲积层中的砂、卵石、砾石常被选用为建筑材料。厚度稳定、延续性好的砂、卵石层是水量丰富的含水层，可以作为良好的供水水源。

思考与练习

1. 试说明地貌是如何形成的。
2. 试说明地貌的分级与分类。
3. 按成因，平原地貌可分为哪几种？它们的工程地质条件如何？
4. 山岭地貌有哪些形态要素？
5. 垭口有哪些基本类型？它们和线路建设有何关系？
6. 河谷地貌有哪些要素？
7. 何谓河流阶地？它是如何形成的？按物质组成可划分为哪几种类型？
8. 河流的地质作用有哪些？

第 8 章

岩体

学习要点：熟悉结构面的类型、特征及结构体类型；掌握岩体的结构特征；了解岩体的工程地质性质；掌握岩体稳定性分析方法及步骤；熟悉岩质边坡变形破坏分析方法。

在道路工程实践中，遇到的各种各样工程地质问题，归纳起来，主要就是路堑边坡稳定问题；路、桥地基稳定问题和隧道、地铁围岩稳定问题。这三方面的问题，实质上就是一个岩（土）体的稳定问题。自然界中，大多数岩石的强度都是很高的，对于一般工程要求是能够满足的，而岩体的强度特别是沿软弱面方向的强度，却往往很低，不能满足工程要求。因此，从工程实践的客观需要来看，研究岩体的特征，比研究单一岩块（岩石）的特征更为重要。

岩体稳定性是指在一定的时间内，一定的自然条件和人为因素的影响下，岩体不产生破坏性的剪切滑动、塑性变形或张裂破坏的性质。关于土体稳定问题，将在土力学课程中研究。岩体的稳定性、岩体的变形与破坏，主要取决于岩体内各种结构面的性质和对岩体的切割程度。因此在岩体稳定分析中，岩体的结构分析具有重要的意义。

8.1 岩体的结构特征

岩体结构包括结构面和结构体两个要素，存在于岩体中的各种地质界面，如岩层层面、裂隙面、断层面、不整合面等统称为结构面。岩体受结构面切割而产生的单个块体（岩块）称为结构体。

大量的工程实践表明，无论是边坡岩体的破坏，地基岩体的滑移，还是隧洞岩体的塌落等，大多是沿着岩体中软弱结构面发生的。岩体受工程作用力的破坏过程，主要是结构体沿结构面的剪切滑移、拉开以及整体的累积变形和破裂。因此从岩体结构的观点分析岩体稳定问题，首先应研究结构面和结构体的类型及其特征。

8.1.1 结构面

1. 结构面的成因类型

不同成因的结构面，其形态与特征、力学特性等也往往不同。按地质成因，结构面可以分为原生结构面、构造结构面、次生结构面三大类。

（1）原生结构面。是成岩时形成的，其特征与岩体的成因密切相关，又可分为沉积结构面、岩浆结构面和变质结构面三种类型。

沉积结构面是沉积岩在沉积和成岩过程中形成的，如层面、层理、沉积间断面和沉积软弱夹层等。一般的层面和层理结合是良好的，层面的抗剪强度并不低，但由于构造作用产生的顺层错动或风化作用会使其抗剪强度降低。软弱夹层是指介于硬层之间强度低，又易遇水软化，厚度不大的夹层。风化之后称为泥化夹层，如泥岩、页岩、泥灰岩等。

岩浆结构面是岩浆侵入及冷凝过程中形成的结构面，如原生节理（冷凝过程形成）、流纹面、与围岩的接触面、火山岩中的凝灰岩夹层等，其中的围岩破碎带或蚀变带、凝灰岩夹层等均属于火成软弱夹层。

变质结构面是变质作用过程中矿物定向排列形成的结构面，如片岩或板岩的片理或板理均易脱开，其中云母片岩、绿泥石片岩、滑石片岩等片理发育，易风化并形成软弱夹层。

（2）构造结构面。是在构造应力作用下，于岩体中形成的断裂面、错动面、破碎带的统称。其中劈理、节理、断层面、层间错动面等属于破裂结构面。断裂破碎带、层间错动破碎带均易软化、风化，其力学性质较差，属于构造软弱带。

（3）次生结构面。是在风化、卸荷、地下水等作用下形成的风化裂隙、破碎带、卸荷裂隙、泥化夹层、夹泥层等。风化带上部的风化裂隙发育，往深部渐减。

泥化夹层是某些软弱夹层（如泥层、页岩、等）在地下水作用下形成的可塑黏土，因其摩阻力甚低，工程上要给以很大的注意。

2. 结构面的基本特征

结构面的基本特征包括结构面的规模、形态、连通性、充填物的性质，以及其密集程度均对结构面的物理力学性质有很大的影响。

（1）结构面的规模。不同类型的结构面，其规模可很大，如延展数十千米，宽度达数十米的破碎带；规模可以较小，如延展数十厘米至数十米的节理，甚至是很微小的不连续裂隙，对工程的影响是不一样的，对具体工程要具体分析，有时小的结构面对岩体稳定也可起控制作用。

（2）结构面的形态。各种结构面的平整度、光滑度是不同的。有平直的（如层理、片理、劈理）、波状起伏的（如波痕的层面、揉曲片理、冷凝形成的舒缓结构面）、锯齿状或不规则的结构面。这些形态对抗剪强度有很多影响，平滑的与起伏粗糙的面相比，后者有较高的强度。

（3）结构面的密集程度。这是反映岩体完整的情况，通常以线密度或结构面的间距表示，见表8.1。

表8.1　　节理发育程度分级

分级	Ⅰ	Ⅱ	Ⅲ	Ⅳ
节理间距/m	＞2	0.5～2	0.1～0.5	＜0.1
节理发育程度	不发育	较发育	发育	极发育
岩体完整性	完整	块状	碎裂	破碎

(4) 结构面的连通性。是指在某一空间范围内的岩体中，结构面在走向、倾向方向的连通程度。结构面的抗剪强度与连通程度有关，其剪切破坏的性质亦有区别；要了解地下岩体的连通性往往很困难，一般通过勘探、岩芯、地面开挖面的统计做出判断。到一定深度处风化裂隙有消失的趋向。

(5) 结构面的张开度和充填情况距离，可分为 4 级：

1) 闭合的。张开度小于 0.2mm 者。

2) 微张的。张开度在 0.2～1.0mm 者。

3) 张开的。张开度在 1.0～5.0mm 者。

4) 宽张的。张开度大于 5.0mm 者。

闭合的结构面的力学性质取决于结构面两壁的岩石性质和结构面粗糙程度。微张的结构面，因其两壁岩石之间常常多处于保持点接触，抗剪强度比张开的结构面大。张开的和宽松的结构面，抗剪强度则主要取决于充填物的成分和厚度，一般充填物为黏土时，强度要比充填物为砂质时的更低；而充填物为砂质者，强度又比充填物为砾质者更低。

8.1.2 结构体

1. 结构体类型

由于各种原因的结构面组合，在岩体中可形成大小、形状不同的结构体。岩体中的结构体的形状和大小是多种多样的，但根据其外形特征可大致归纳为柱状、块状、板状、楔形、菱形和锥形等 6 种基本形态，如图 8.1 所示。

不同形态和不同产状的结构体，其稳定程度各不相同。因此，结构体形式的划分与岩体稳定评价有很大的关系。单就结构体的形式来说，板状结构体较块状、柱状的稳定性差，楔形的比菱形及锥形的差；在地基岩体中，竖立的结构体比平卧的稳定性高，而在边坡岩体中，平卧或竖立的比倾斜的稳定性较高。

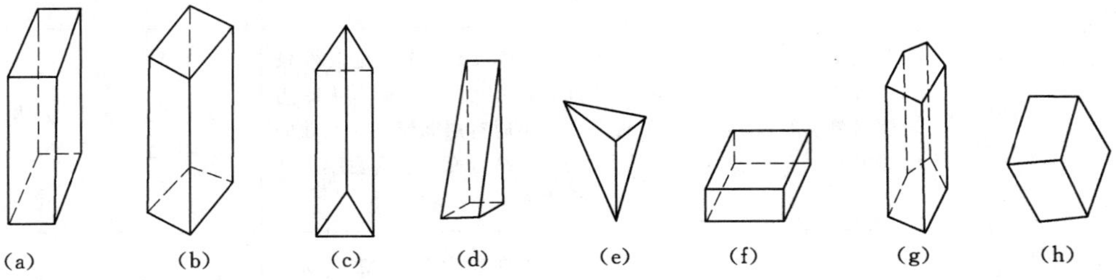

图 8.1 结构体的类型

(a) 方柱（块）体；(b) 菱形柱体；(c) 三棱柱体；(d) 楔形体；(e) 锥形体；(f) 板状体；(g) 多角柱体；(h) 菱形块体

2. 结构体块度

结构体块度受结构面密度控制，结构面密度越小，结构体块度越大。在轻微结构作用区，裂隙密度小，形成的结构体块度大；在剧烈构造运动区，结构面密度大，结构体块度小。除了构造作用外，结构体块度也与岩层厚度有关，也就是说，与岩相特征有关。深海相的灰岩岩层厚度大，形成的结构体块度也大；浅海相和海陆交互相的沉积岩层薄，形成的结构体块度也小。

3. 结构体的产状

结构体产状可以用结构体表面上最大结构面的长轴方向表示，它对岩体稳定性的影响需结合临空面及工程作用力来分析。

8.1.3 岩体结构

岩体结构是指岩体中结构面与结构体的组合方式，形成多种多样的岩体结构类型，它既表达岩体中结构面的发育程度及组合，又反映了结构体的大小、几何形式及排列。

1. 基本类型

为了概括岩体的力学特性和评价岩体稳定性，按结构面对岩体的切割程度和结构体组合形式，岩体结构的基本类型可分为整体块状结构、层状结构、破裂结构和散体结构4种基本类型，其中包括9个亚类，它们的主要特征见表8.2。

表8.2 岩体结构的基本类型

类型		地质背景	结构面特征	结构体特征
类	亚类			
整体块状结构	整体结构	岩性单一，构造变形轻微的巨厚岩层及火成岩体，节理少	结构面少，1～3组，延展性差，多成闭合状，一般无充填物	巨型块体
	块状结构	岩性单一，构造变形轻微至中等的厚层岩层及火成岩体，节理一般发育，较稀疏	结构面2～3组，延展性差，多闭合状，一般无充填物，层面有一定结合力	大型的方块体、菱块体、柱体
层状结构	层状结构	构造变形轻微至中等的中厚层状岩体（单层厚＞30cm），节理中等发育，不密集	结构面2～3组，延展性较好，以层面、节理、层理为主，有时有层间错动面和软弱夹层，结合力不强	中至大型层块体、菱柱体、柱体
	薄层状结构	构造变形中等至强烈薄层状岩体（单层厚＜30cm），节理中等发育，不密集	结构面2～3组，延展性较好，以层面、节理、层理为主，不时有层间错动面和软弱夹层，结合面一般含泥膜，结合力差	中至大型的板状体、板楔体
碎裂结构	镶嵌结构	脆硬岩体形成的压碎岩，节理发育，较密集	结构面多于2～3组，以节理为主，组数多，较密集，延展性较差，闭合状，无至少量充填物，结构面结合力不强	形态大小不一，棱角显著，以小至中型块体为主
	层状破裂结构	软硬相间的岩层组合，节理、劈理发育，较密集	节理、层间错动面、劈理带软弱夹层均发育，结构面组数多较密集至密集，多含泥膜、充填物、骨架硬岩层	形态大小不一，由小至中型板柱体、板楔体、碎块体为主骨架硬结构体
	碎裂结构	岩性复杂，构造变动强烈，破碎遭受弱风化作用，节理裂隙发育、密集	各类结构面均发育，组数多，彼此交切，多含泥质充填物，结构面形态光滑度不一	形态大小不一，以小型块体，碎块体为主

续表

类型		地质背景	结构面特征	结构体特征
类	亚类			
散体结构	松散结构	岩体破碎，遭受强烈风化，裂隙极发育，紊乱密集	以风化裂隙、夹泥节理为主，密集无序状交错，结构面强烈风化、夹泥、强度低	以块度不均的小碎块体、岩屑及夹泥为主
	松软结构	岩体强烈破碎，全风化状态	结构面已完全模糊不清	以泥、泥团、岩粉、岩屑为主，岩粉、岩屑呈泥包块状态

工程上利用岩面的确定与岩体的风化深度的关系，往地下深处岩体渐变至新鲜岩石，但各种工程对地基的要求是不一样的，因而可以根据其要求选择适当风化程度的岩层，以减少开挖的工程量。

2. 工程地质性质

岩体的工程地质性质首先取决于岩体结构类型与特征，其次才是组成岩体的岩石的性质（或结构体本身的性质）。

（1）整体块状结构岩体的工程地质性质。整体块状结构岩体因结构面稀疏、延续性差、结构体块度大且常为硬质岩石，故整体强度高、变形特征接近于各向同性的均质弹性体，变形模量、承载能力与抗滑能力均较高，抗风化能力一般也较强，所以这类岩体具有良好的工程地质性质，往往是较理想的各类工程建筑地基、边坡岩体及洞室围岩。

（2）层状结构岩体的工程地质性质。层状结构岩体中结构面以层面与不密集的节理为主，结构面多为闭合到微张开、一般风化微弱、结合力不强，结构体块度较大且保持着母岩岩块性质，故这类岩体总体变形模量和承载能力均较高。作为工程建筑地基时，其变形模量和承载能力一般均能满足要求。但当结构面结合力不强，又有层间错动面或软弱夹层存在，则其强度和变形特性均具各向异性特点，一般沿层面方向的抗剪强度明显地低于垂直层面方向的抗剪强度。一般来说，在边坡工程中，这类岩体当结构面倾向坡外时要比倾向坡内时的工程地质性质差得多。

（3）碎裂结构岩体的工程地质性质。碎裂结构岩体中节理、裂隙发育、常有泥质充填物质，结合力不强，其中层状岩体常有平行层面的软弱结构面发育，结构体块度不大，岩体完整性破坏较大。其中镶嵌结构岩体因其结构体为硬质岩石，尚具较高的变形模量和承载能力，工程地质性能尚好，而层状碎裂结构和碎裂结构岩体则变形模量、承载能力均不高，工程地质性质较差。

（4）散体结构岩体的工程地质性质。散体结构岩体节理、裂隙很发育，岩体十分破碎，岩石手捏即碎，属于碎石土类，可按碎石土类研究。

8.2 岩体稳定性分析

岩体作为道路和桥梁的边坡、地下隧道和洞室的围岩，都属于工程岩体，在工程施工过程中和在工程使用与运转过程中，这些岩体自身的稳定性和城市工程建筑荷载作用下的稳定性，直接关系着整个工程的安全与稳定，故岩体稳定性分析与评价是工程建设中十分重要的问题。

8.2.1　岩体稳定性分析方法

岩体稳定是指在一定的时间内，一定的自然条件和人为因素的影响下，岩体不产生破坏性的剪切滑动、塑性变形或张裂破坏。大量的工程实践表明，岩体的破坏大多数是沿着岩体中的软弱结构面发生的。

1. 岩体稳定性分析方法

对于不同工程岩体，稳定性分析的方法是不相同的。主要有以下几种：

(1) 地质分析类比法。是以待建工程地区的工程地质条件与具有类似工程地质条件相邻地区的已建工程，进行比较分析而获得对待建工程岩体稳定性程度的认识。

(2) 岩体结构分析与计算法。是从分析岩体的结构特征和岩体的边界条件与受力状态入手，通过必要的室内外试验，获取岩体稳定性计算的参数，进行稳定性计算。

(3) 岩体稳定性分类法。是以大量岩体质量与性质的实践性数据为基础，从岩体稳定性角度出发，对岩体的质量进行单指标的分类或多指标综合评判分类，以评价岩体的稳定性。

(4) 数值模拟计算法。是从研究岩体的应力与应变的结构方程和获取岩体变形参数入手，建立岩体在承受工程荷载条件下的数学力学模型，计算与评价岩体的稳定性。

(5) 地质模拟试验法。是在岩体结构特征、岩体边界条件分析和室内力学分析所得参数的基础上，以相似材料制作按比例缩小的地质试验模型，施加按比例缩小的荷载，观测其变形、破坏过程及所需计算参数，进而通过反馈分析，定量和定性地计算分析岩体的稳定性和破坏规律。

以上五种方法，有时是互相配合的，但对中小工程则常用地质类比法和简单的分析计算。对地基和边坡工程常用岩体结构分析与计算法，对地下工程常用岩体稳定性分类法，本节着重介绍岩体结构分析与计算法。

2. 岩体稳定的结构分析

岩体的破坏往往是一部分不稳定的结构体沿着某些结构面拉开，并沿着另一些结构面向着一定的临空面滑移的结果。岩体稳定性破坏所必需具备的边界条件（切割面，滑动面和临空面），通过对岩体结构要素（结构面和结构体）的分析，明确岩体滑移的边界条件是否具备，就可以对岩体的稳定性作出判断，这就是岩体稳定的结构分析的基本内容和实质。分析步骤大致如下：

(1) 对岩体结构面的类型、产状及其特征进行调查、统计、研究。

(2) 对各种结构面及其空间组合关系以及结构体的立体形式进行图解分析。

(3) 根据上述分析，最后对岩体的稳定性作出评价。

调查统计结构面时，应和工程建筑物的具体方位联系起来，按一般野外地质方法进行。对被多组结构面切割的岩体，要注意分清主次和结构面相互间的组合关系，再逐一量测，这样才能比较充分表达出结构体系的特征。

岩体结构分析步骤中的图解分析，在实践中多采用赤平极投影并结合实体比例投影来进行。

8.2.2 赤平极射投影的原理及作图方法

1. 赤平极射投影的原理

赤平极射投影，是利用一个球体作为投影工具，如图 8.2 所示。

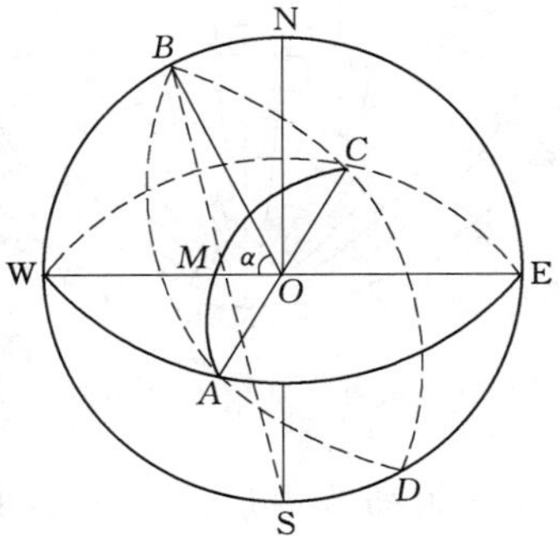

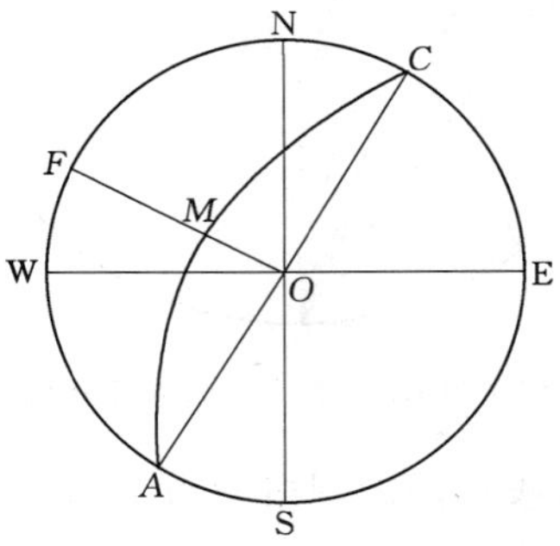

图 8.2 赤平极射投影原理

通过球心作一个球体赤道平面 $EAWC$，称为赤平面。以球体的一个极点 S 或 N（南极或北极）为视点，发出射线（视线）SB，称极射。射线与赤平面的交点 M，即为 B 点的赤平极射投影。所以，赤平极射投影，实质上就是把物体置于球体中心，将物体的几何要素（点、线、面）投影于赤平面上，化立体为平面的一种投影，如图 8.2（a）所示，$ABCD$ 为一通过球心的倾斜结构面，与赤平面相交于 A、C，与赤平面的夹角为 α。自 S 极仰视上半球 ABC 面，则其在赤平面上的投影为一圆弧 $\widehat{ABC}$，若将赤平面 $AWCE$ 从球体中拿出来，即如图 8.2（b）所示。从图中可知：AC 线实际上是结构面 $ABCD$ 的走向：MO 线段的方向实际上就是结构面倾向；OM 线段的长短随 $ABCD$ 面与赤平面的夹角 α 的大小而变，如图 8.3 所示。当 $\alpha=90°$时，M 点落在球心上，O 与 M 重合，长度为 0；当 $\alpha=0°$时，M 点落在圆周上，与 F 点重合，这时 OM 最长，等于圆的半径，若把 FO 划分为 90°，则 FM 的长度实际上就表示结构面 $ABCD$ 的倾角。

由此可知，赤平极摄影能以二维平面的图形来表达结构体几何要素（点、线、面）的空间方位及它们之间的夹角与组合关系。因此，凡具有方向性的岩体滑动边界条件、受力条件等，都可纳入统一的投影体系中进行分析，判断岩体稳定性。

2. 赤平极射投影的作图方法

利用赤平极射投影，可以把空间线段或平面的产状化为平面来反映，且可以再投影图上简便地确定它们之间的夹角、交线和组合关系，因此，如果已知结构面的产状，就可以通过赤平极射投影的作图方法来表示。

在实际工作中，为了简化制图方法，常采用预先制成的投影网来制图。常用的投影网是俄国学者吴尔夫制作的投影网，如图 8.4 所示。

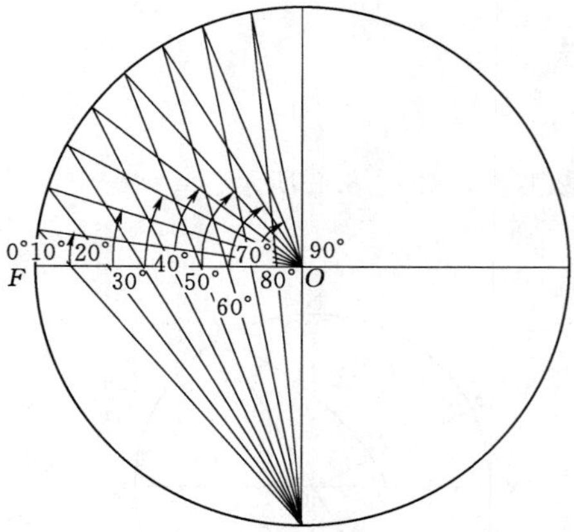

图 8.3 *OM* 线段与赤平面的夹角 α 的关系

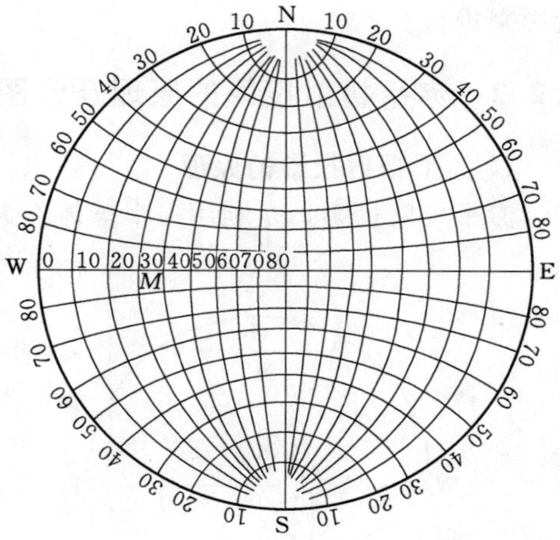

图 8.4 吴尔夫投影网

吴氏投影网的网格为由 2°分格的一组经线和一组纬线组成。由于赤平射投影表达的内容较为广泛，且作图方法又不尽相同。

8.2.3 岩体稳定的结构分析

从上述基本原理及作图方法可以看出，利用赤平极射投影可以比较简便地表示出结构体在平面上点、线、面的角距关系，直观地反映了岩体中各种边界面的组合关系，据此即可对岩体稳定性进行结构分析。下面以边坡岩体一组结构面为例，说明分析要点。

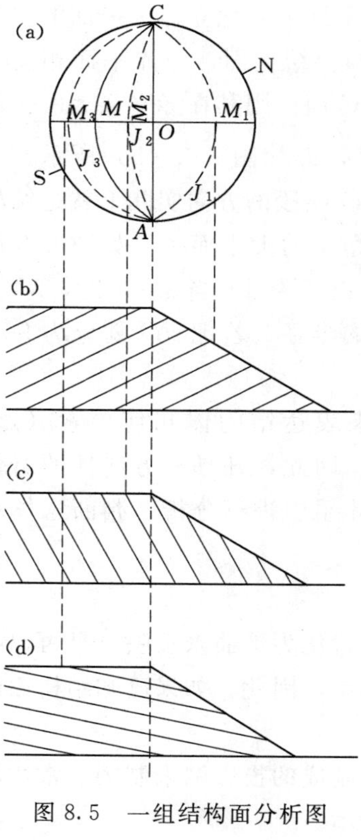

图 8.5 一组结构面分析图

1. 结构推断

一组结构面最典型的情况是沉积岩的层面。

(1) 当岩层（结构面）的走向与边坡的走向一致时。

边坡岩体的稳定性可直接应用赤平极射投影图来判断。如图 8.5 (a) 中边坡的投影弧$\widehat{AMC}$，J_1、J_2、J_3 为 3 个与边坡走向一致的结构面。其中 J_1 与坡面 AC 倾向相反［图 8.5 (b)］，边坡属稳定结构。J_2 与坡面 AC 倾向相同，但其倾角大于边坡倾角［图 8.5 (c)］，边坡属基本稳定结构。J_3 与坡面 AC 倾向相同，但其倾角小于边坡倾角，边坡属不稳定结构［图 8.5 (d)］。

由此可以得出结论：在赤平极射投影图上，当结构面投影弧形与边坡投影弧形的方向相反时，属稳定边坡；两者的方向相同且结构面投影弧形位于坡面投影弧形之内时，属于基本稳定；当两者的方向相同，而结构面的投影弧形位于坡面投影弧之外时，属于不稳定边坡。至于稳定坡角，那些反向边坡，如图 8.5 (b) 所示，结构面对边坡的稳定没有直接的影响，从岩体结构的观点来看，即使坡角达到90°也还是比较稳定的，那些顺向边坡，如图8.5（c）、（d）所示，可以直观地看出，结构面的倾角，即可作为稳定坡角。

（2）当岩层（结构面）的走向与边坡的走向斜交时。

若边坡的稳定性发生破坏，从岩体结构的观点来看，比选具备两个条件：边坡稳定性的破坏一定是沿着结构面发生的；必须有一个直立的并垂直于结构面的最小抗切面（$\tau=c$）DEK，如图8.6所示。

图中最小抗切面是推断的，边坡破坏之前是不存在的。如果发生破坏，则首先沿着最小抗切面发生。结构面与最小抗切面就组合成不稳定体 $ADEK$。为了求得稳定的边坡，将此不稳定体清除，即可得到稳定坡角 θ_v。这个稳定坡角是大于结构面倾角的，而且不受边坡高度的控制。具体作法如下（见图8.7）：

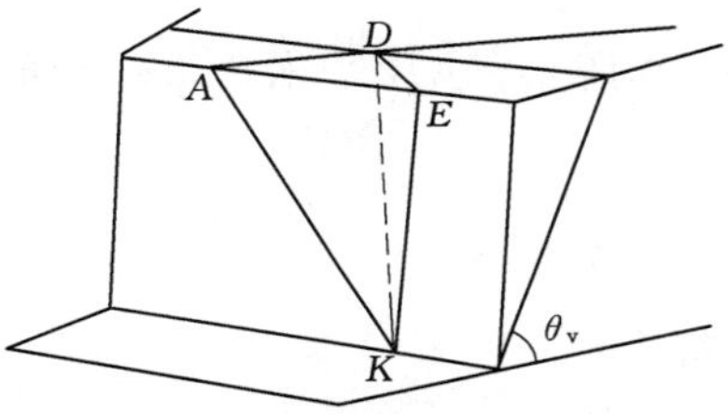

图8.6 最小抗切面 DEK

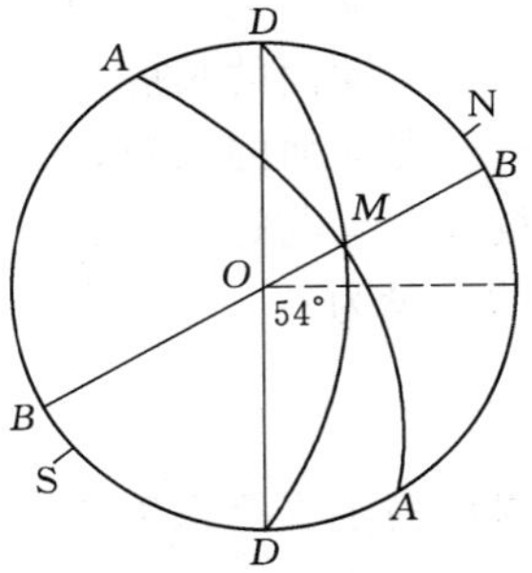

图8.7 用赤平投影求边坡坡角

如已知结构面走向为N80°W，倾向SW，倾角50°，与边坡斜交。边坡走向N50°W，倾向SW，求稳定坡角。

根据结构面的产状，绘制结构面的赤平投影 $A—A$；因最小抗切面的走向为N10°E、倾角90°，按此产状绘制其赤平投影 $B—B$，与结构面 $A—A$ 交 M。MO 即为两者的组合交线；根据边坡的走向和倾向，通过 M 点，利用投影网求得边坡的投影线 DMD；根据边坡投影线 DMD，利用投影网可求得坡面的倾角为54°，此角即为推断的稳定坡角。

当结构面走向与边坡走向直交时（图8.8），稳定坡角最大，可达90°；当结构面走向与边坡走向平行时（图8.9），稳定坡角最小，即等于结构面的倾角。由此可知，结构面走向与边坡走向的夹角由0°变到90°时，则稳定坡角 θ_v 可由结构面的倾角 α 变到90°。

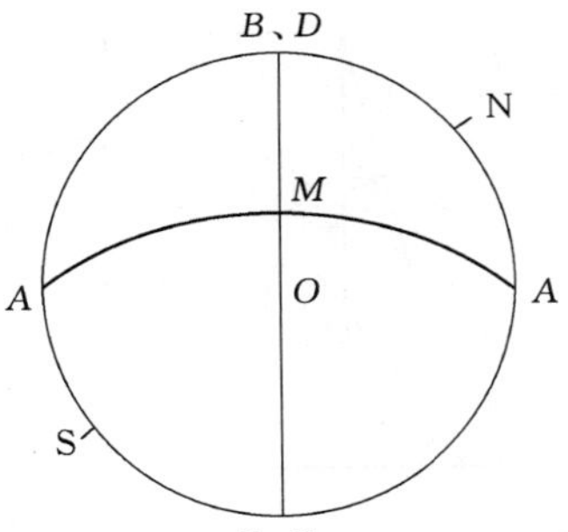

图8.8 结构面走向与边坡走向成直交

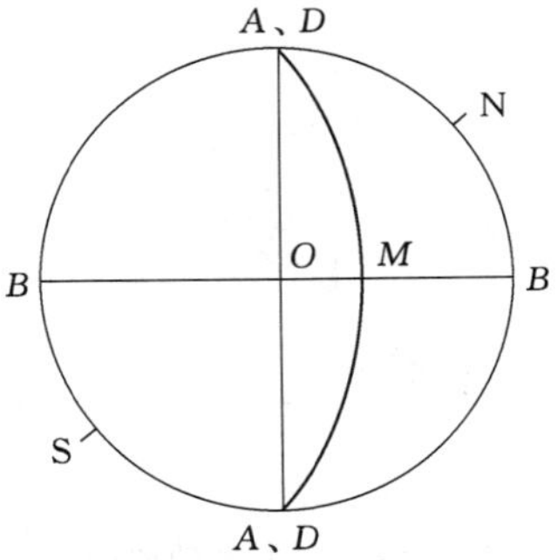

图8.9 结构面走向与边坡走向平行

2. 力学讨论

分析边坡岩体在自重作用下的稳定性时，如图 8.10 所示。其总下滑力就是由岩体重力 G 产生的平行于滑动面的分力 T，而抗滑力 F，按库仑定律，由滑动面上的摩擦力和黏聚力组成。

$$K=\frac{F}{T}=\frac{N\tan\varphi+cL}{T}=\frac{G\cos\alpha\tan\varphi+cL}{G\sin\alpha} \tag{8.1}$$

式中　K——岩体稳定安全系数；

G——滑动岩体的自重；

N——由 G 产生的法向分力；

T——由 G 产生的切向分力；

φ——滑动面上岩体的内摩擦角；

c——滑动面上岩体的黏聚力；

L——滑动面的长度；

α——滑动面的倾角。

当结构面走向与边坡走向一致，如图 8.10 所示，AB 为不稳定结构面时，则滑动岩体的重量为

$$G=\frac{1}{2}h\cos\alpha\cdot L\gamma \tag{8.2}$$

代入岩体稳定安全系数表达式并化简后得

$$K=\frac{\tan\varphi}{\tan\alpha}+\frac{4c}{\gamma\cos^2\alpha(\tan\alpha-\tan\varphi)} \tag{8.3}$$

由式（8.3）可知，当 $\alpha<\varphi$ 时，斜坡是稳定的，而 K 值的大小除与滑动面的 c、φ 值有关外，还与变形体的高度 h 有关。

边坡稳定系数 $k=1$ 时，极限平衡状态下的滑动体高度 h_v 为

$$h_v=\frac{2c}{\gamma\cos^2\alpha(\tan\alpha-\tan\varphi)} \tag{8.4}$$

在给定边坡高度的情况下，求得 h_v，即可通过作图求得极限稳定坡角 θ_v 的大小，如图 8.11 所示。某一不稳定结构面 AB 的倾角为 α，需要开挖的深度为 H，在不稳定面 AB 上选 C 点作垂线 CD，恰好使 CD 等于滑动体极限高度 h，连结 AD，即为所求的开挖边坡线，它与水平线的夹角 θ_v，即为求得的极限稳定坡角。一般来说，滑动体的实际高度小于极限高度 h，边坡处于稳定状态，反之处于不稳定状态。

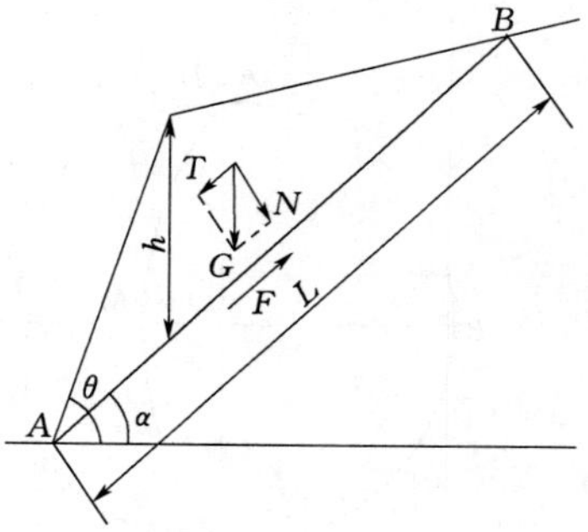

图 8.10　一组滑动面的力学分析

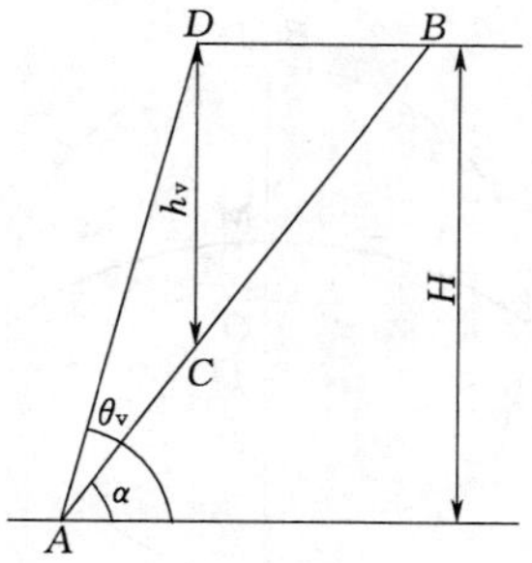

图 8.11　作图求稳定坡角

8.3 岩质边坡的变形破坏分析

边坡变形破坏是一个比较复杂的发展的连续过程，对于岩质边坡来说，边坡并不是整体的一块，而是由各种各样的结构面和结构体组成不同的边坡岩体结构类型。

边坡的形成，使岩土体内部原有的应力状态发生变化，在各种自然营力及工程影响下，随着边坡演变而不断变化，使边坡岩土体发生不同形式的变形与破坏。不稳定的边坡在岩土体重力、水及振动力及其他因素作用下，常常发生危害性的变形与破坏，导致交通中断，江河堵塞，甚至酿成巨大灾害。

8.3.1 岩质边坡的变形与破坏

边坡变形与破坏是边坡演变的两大形式，前者以坡体中未出现贯通性破裂为特点；后者以在坡体中已形成贯通性破坏面，并由此以一定速度发生位移为标志。变形与破坏时一个发展的连续过程，其间存在着量与质的转化关系。

1. 边坡变形

岩质边坡的变形包括松弛张裂和蠕动。

（1）松弛张裂。在边坡形成的初始阶段，往往在坡体中出现一系列与坡面近于平行的陡倾张开裂隙，使边坡岩体向临空方向张开。这种过程和现象称为松弛张裂（也称松动）。存在于坡体的这种张裂隙可以是应力重分布产生的，也可以是沿原有的陡倾裂隙发育而成。外形略呈弧形弯曲，仅有张开而无明显的相对滑移，张开度及分布密度由坡面向深处逐渐减弱。理论实践证明，仅有松弛张裂变形形式的坡体，其应力应变关系处于稳定破裂阶段或者减速蠕变阶段，由此，在保证坡体应力不增加且结构强度不下降的条件下，其变形不会继续发展，坡体稳定性不会发生变化。边坡的松弛张裂，一方面使岩体强度降低，另一方面使各种外营力更易深入坡体，增加了坡体内各种营力的活跃程度，它是边坡变形破坏的初始阶段。

（2）蠕动。经松动后，边坡岩体在重力作用下向临空方向较长期的缓慢变形称为边坡岩体的蠕动。研究表明，蠕动的形成机制为岩石的粒间滑动（塑性变形）或岩石裂纹微错，或由一系列裂隙扩展所致。它是在应力长期作用下，岩石内部的一种缓慢的调整性变形，实际上是岩石趋于破坏的一个演变过程。坡体中由自重应力引起的剪应力与岩体长期抗剪强度相比很低时，它只能使坡体减速蠕动；只有坡体应力值接近或超过岩体的长期抗剪强度时，坡体才能进入加速蠕动。因此可以认为，导致坡体的最终破坏总要经过一定过程，或非常短暂，或需经过一个相当长的时间。

2. 边坡破坏

《公路工程地质勘察规范》（JTG C20—2011）将岩质边坡破坏分为表 8.3 所示类型。

表 8.3　　岩质边坡破坏类型

序号	变形破坏		变形破坏特征	变形破坏机制	破坏面形态
	类型	亚类			
1	崩塌		边坡上局部岩体向临空方向拉裂、移动、崩落，崩落的岩体其主要运动形式为自由坠落或沿坡面的跳跃、滚动	拉裂、剪切-滑移。岩体存在临空面，在重力作用下，岩体向临空方向拉裂、剪切-滑移、崩落	切割崩塌体的结构面组合
2	滑动	平面型	边坡岩层、岩体沿某一外倾的层理、节理或断层整体向下滑移	剪切-滑移。结构面临空，边坡岩层、岩体沿某一贯通性结构面向下产生剪切-滑移	平面
		圆弧型	具有散体结构或碎裂结构的岩体沿圆弧形滑动面滑移，坡脚隆起	剪切-滑移。坡面临空，边坡过高，岩体发生剪切破坏，滑裂面上的抗滑力小于下滑力	圆弧
		楔形型	两个或三个结构面组合而成的楔形体，沿两个滑动面交线方向滑动	剪切-滑移。结构面临空，交线倾向路基，楔体沿相交的两结构面向下剪切-滑移	两个倾向相反，交线倾向路基的结构面组合
		折线型	边坡岩体追踪两个或两个以上的外倾结构面产生沿折线型滑动面的滑动	剪切-滑移。边坡岩体沿外倾的层理、节理或断裂构成的折线型滑面产生剪切-滑移	折线
3	错落		坡脚岩体破碎或岩质软弱，边坡的岩体，沿陡倾结构面发生整体下坐（错）位移	鼓胀、下沉、剪切-滑移。解饿狗面临空，坡脚失去支撑，岩体沿陡倾结构面下坐、滑移	与边坡平行的陡倾节理或断层与坡脚缓倾层理
4	倾倒		具有层状反向结构的边坡，在重力作用下，其表部岩层向边坡下方发生弯曲倾倒	弯曲-拉裂-滑动。反倾岩层在重力作用产生的弯矩作用下弯曲、拉裂、折断、滑动	沿软弱岩层面与反倾向节理面追踪形成
5	溃屈		岩层倾角与坡角大体一致，层状同向结构边坡，上部岩层沿软弱面蠕滑，下部岩层鼓起、弯折、剪断，岩层沿上部层面和下部剪切面滑动	滑移-弯曲。顺坡向层间剪应力大于层间结合力，上部岩层沿软弱面蠕滑，由于下部受阻而发生纵向弯曲、鼓起、弯折、剪断，最终滑面贯通后滑动	层面与下部剪断面的组合
6	滑塌		边坡表面的风化岩体，沿某一弧形或节理、层理组合而成的滑动面产生局部的滑动-坍塌	剪切-滑动-坍塌。风化岩体强度降低发生剪切破坏或滑动面上的抗滑力小于下滑力，风化岩体产生局部滑动并伴有坡面坍塌	圆弧或层理、节理等结构面的组合
7	碎落		边坡表面的风化岩石，在水流和重力作用下，呈片状或碎块状剥离母体、沿坡面滚落、堆积的现象	拉裂。岩体存在临空面，在结合力小于重力时，发生碎落	

8.3.2 边坡稳定性评价步骤

边坡岩体稳定性分析包括的内容很多，如边坡变形破坏的边界条件问题、岩体的受力条件问题、力学参数选择问题、计算方法问题、边坡安全系数的确定和边坡形成后边坡稳定性的变化趋势问题等。

完整的边坡稳定性评价应包括以下三个主要步骤：

第一步，在工程地质测绘的基础上，应用地质力学的方法研究区域稳定性及其构造应力和变形，进而研究边坡岩体结构特征，判断边坡变形破坏形式，并对稳定坡角进行推断。

第二步，正确地应用岩体力学的基本理论，研究边坡岩体的受力条件，根据受力条件和岩体变形破坏的形式，考虑岩体的物理力学试验问题及其计算参数的选择，进行稳定计算，分析边坡的稳定性。

第三步，在稳定计算的基础上，从地质成因、岩体结构特征等方面研究边坡变形的发生和发展趋势，着重研究工程地质因素随时间的变化及其对边坡稳定系数的影响，依此达到边坡变形预报的目的。

思考与练习

1. 什么叫结构面？结构面的主要特征有哪些？
2. 结构面按成因可分为哪几种类型？
3. 什么叫结构体？常见的结构体的形状有哪几种？
4. 何谓岩体结构？岩体结构有哪些主要类型？它们的特征如何？
5. 岩体的稳定性分析主要有哪些方法？各自有何特点？
6. 试说明岩体稳定的结构分析的基本步骤。
7. 如何根据赤平极射投影对具有一组结构面的边坡岩体进行稳定性分析？
8. 岩质边坡破坏类型有哪几种？
9. 完整的边坡稳定性评价应包括哪些步骤？

第9章 风化作用

学习要点： 风化作用的类型；岩石风化程度；岩石风化的治理方法。

位于地壳表面或接近于地面的岩石，经受着风、电、大气降水和温度等大气营力以及生物活动等因素的影响，会发生破碎或成分变化，这种变化的过程称为风化。风化作用可理解为岩石中的物理和化学作用，而引起这些作用发生的风化因素统称为风化营力。风化作用的结果是导致岩石的强度和稳定性降低，对工程建筑条件产生不良的影响。此外，许多滑坡、崩塌等不良地质现象大部分都是在风化作用的基础上逐渐形成和发展起来的。因而了解风化作用的特性，确定风化带及其岩石风化程度，对评价工程建筑条件是十分必要的。

9.1 风化作用的类型

按风化营力的不同，风化作用可分为物理风化作用、化学风化作用和生物风化作用三大类型。

9.1.1 物理风化作用

物理风化作用是指岩石在风化营力的影响下，产生的一种单纯的机械破坏作用。其特点是岩石被破坏后，化学成分不改变，只是岩石发生崩解、破碎、形成岩屑，岩石由坚硬变疏松。引起岩石物理风化作用的因素很多，主要是温度变化和岩石裂隙中水分的冻结。

温度变化是引起岩石物理风化作用的最主要因素。由于温度的变化可产生温差，温差促进岩石膨胀和收缩交替地进行，久之则引起岩石破裂。岩石是热的不良导体，导热性差，当它受太阳照射时，如图 9.1（a）所示，表层首先受热发生膨胀，而内部还未受热。仍然保持着原来的体积，这样，必然会在岩石的表层引起壳状脱离。在夜间，外层首先冷却收缩，而内部余热未散，仍保持着受热状态时的体积，这样表层便会发生径向开裂，形成裂缝，如图 9.1（b）所示。由于温度变化所引起的这种表里不协调的膨胀和收缩作用，昼夜不停地长期进行，就会削弱岩石表层和内部之间的联结，使之逐渐松动，在重力或其他外力作用下产生表层剥落，如图 9.1（c）、（d）所示。

岩石本身的某些性质，如岩石的颜色、矿物成分和矿物颗粒的大小等对于温

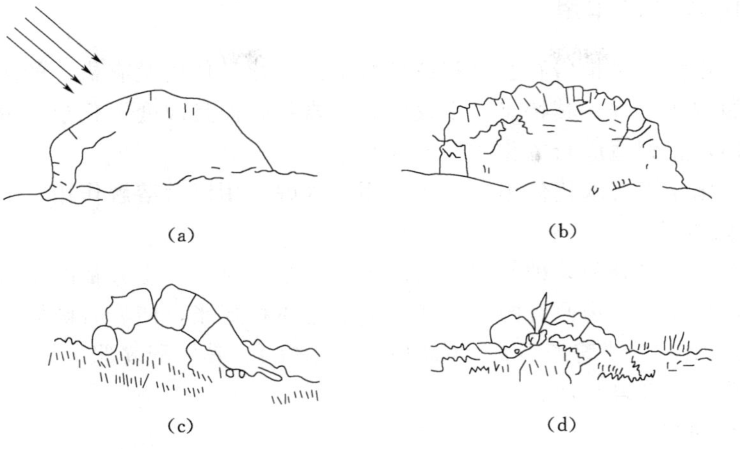

图 9.1 气温变化引起岩石膨胀收缩的崩解过程示意图

(a) 受太阳照射的岩石；(b) 温度变化使岩石表层形成裂缝；(c) 温度变化使岩石在重力作用下产生表层脱落；(d) 温度变化使岩石在外力作用下产生表层脱落

度变化的感应程度是不同的。含深色矿物多的岩石，其颜色较深，当温度发生变化时，其膨胀和收缩的幅度也大，所以较之浅色岩石容易风化。岩石中一般含有多种矿物，如花岗岩含有石英、长石和角闪石等矿物，它们的热膨胀系数不同，如在 50℃时，石英的热膨胀系数为 $31\times10^{-6}/℃$，正长石为 $17\times10^{-6}/℃$，角闪石为 $28.4\times10^{-6}/℃$。当温度发生变化时，在矿物颗粒间产生很大的温度应力，削弱晶粒间的联结，导致岩石结构破坏，坚固致密的花岗岩风化成松散矿物颗粒。岩石的矿物颗粒大小不一，矿物颗粒小而均匀的岩石，由于膨胀和收缩的变化比较一致，所以与矿物颗粒大或颗粒大小不均匀的岩石相比，其风化速度会慢些。

水的冻结在严寒地区和高山接近雪线地区经常发生。当气温到 0℃或以下时，在岩石裂隙中的水，会产生冰冻现象，如图 9.2 (a)、(b) 所示。水由液态变成固态时，体积膨胀约 9%，对裂隙两壁产生很大的膨胀力，起到了楔子的作用，称为“冰劈”。据有关资料证实，1g 水结冰时，可产生 96MPa 的压力，能使储水裂隙进一步扩大。当冰融化后，水沿着扩大了的裂隙向深部渗入，软化或溶蚀岩体。如此反复融冻，会使岩石崩解成块，如图 9.2 (c) 所示。

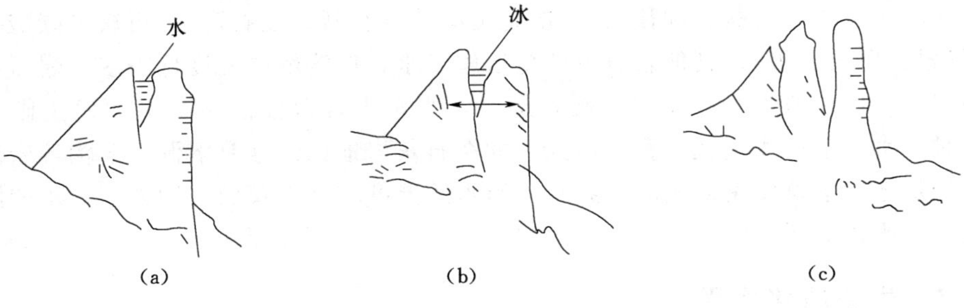

图 9.2 水的冻结扩大岩石裂隙示意图

(a) 岩石裂缝中的水；(b) 岩石裂缝中的水冻结成冰；(c) 反复融冻使岩石崩解成块

9.1.2　化学风化作用

化学风化作用是指岩石在水和各种水溶液的化学作用及有机体的生物化学作用下所产生的破坏过程。其特点是不仅破碎了岩石，而且改变了化学成分，使其产生了新的矿物，直到适应新的化学环境为止。

化学风化作用有水化作用、氧化作用、水解作用以及溶解作用。

1. 水化作用

水化作用是水分和某种矿物质的结合，在结合时，一定分量的水加入到矿物质的成分里，改变了矿物原有的分子式，会引起体积膨胀，使岩石破坏。例如硬石膏（$CaSO_4$）遇水后变成普通石膏（$CaSO_4 \cdot 2H_2O$），其体积膨胀 60%，这对围岩产生巨大压力，使围岩胀裂。

2. 氧化作用

氧化作用常是在水存在时发生的，常与水化作用相伴进行。在自然界中，低氧化物、硫化物和有机化合物最易遭受氧化作用，尤其低价铁，常被氧化成高价铁。常见的黄铁矿（FeS_2），在水溶剂中可氧化，变成硫酸亚铁（$FeSO_4$）和硫酸（H_2SO_4），而硫酸又有腐蚀作用。硫酸亚铁进一步氧化成褐铁矿（$Fe_2O_3 \cdot 2H_2O$）。黄铁矿在风化过程中会析出游离的硫酸，这种硫酸具有很强的腐蚀作用，能溶蚀岩石中某些矿物，形成一些洞穴和斑点，致使岩石破坏。此外，若水中含有多量的硫酸，对钢筋混凝土和石料等增加了腐蚀破坏。

3. 水解作用

水解作用是指矿物和水的成分起化学作用形成新的化合物。如正长石（$KAlSi_3O_8$）经水解后形成高岭土（$Al_2O_3 \cdot 2SiO_2 \cdot H_2O$）、石英（$SiO_2$）和氢氧化钾（KOH）。

大气中和水中经常含有二氧化碳（CO_2），它与围岩矿物相互作用形成碳酸化合物，称其为碳酸盐化作用。它是岩石风化的重要因素之一，主要是在硅酸盐或铝硅酸盐中以 CO_2 代替 SiO_2 的化学作用。如正长石的风化经常是碳酸盐化作用，其反应式为

$$\underset{\text{(正长石)}}{K_2O \cdot Al_2O_3 \cdot 6SiO_2} + CO_2 + H_2O \longrightarrow \underset{\text{(高岭土)}}{Al_2O_3 \cdot 2SiO_2 \cdot H_2O} + \underset{\text{(碳酸钾)}}{K_2CO_3} + \underset{\text{(石英)}}{4SiO_2}$$

4. 溶解作用

溶解作用是指水直接溶解岩石矿物的作用，使岩石遭到破坏的作用。最容易溶解的是卤化盐类（岩盐、钾盐），其次是硫酸盐（石膏、硬石膏），再次是碳酸盐类（石灰岩、白云岩等）。其他岩石虽然也溶解于水，但溶解的程度低得多。岩石在水里的溶解作用一般进行得十分缓慢，但是，当水中含有侵蚀性 CO_2 而发生碳酸化作用时，水的溶解作用就会显著增强，如在石灰岩地区经常有溶洞、溶沟等岩溶现象，就是这种溶解作用造成的。此外，当水的温度增高以及压力增大时，水的溶解作用就会比较活跃。

9.1.3　生物风化作用

岩石在动、植物及微生物影响下所起的破坏作用称为生物风化作用。生物在地

表的风化作用相当广泛，它对岩石的破坏分为物理的和化学的。

植物对于岩石的物理风化作用表现在根部楔入岩石裂隙中，而使岩石崩裂；动物对岩石的物理风化作用表现为穴居动物的掘土、穿凿等的破坏作用并促进岩石风化。

生物的化学风化作用表现为生物的新陈代谢，其遗体以及其产生的有机酸、碳酸、硝酸等的腐蚀作用，使岩石矿物分解和风化，造成岩石成分改变、性质软化和疏松。

9.2 岩石风化程度和风化带

9.2.1 岩石风化程度

岩石风化的结果是使原来母岩性质改变，形成不同风化程度的风化岩。按岩石风化程度的深浅，可将岩石风化特征划分为五级。

(1) 未风化。岩石组织结构未变。

(2) 微风化。岩石组织结构基本未变，沿节理面有铁锰质渲染，矿物质基本未变，无疏松物质。

(3) 弱风化（也称中等风化）。岩石组织结构部分破坏，裂隙面风化严重，矿物质稍微变质，沿节理面出现矿物风化，坚硬块体有松散物质。

(4) 强风化。岩石组织结构大部分破坏，矿物成分已显著变化，长石、云母大部分已风化成次生矿物，颜色变化，疏松物质与坚硬块体混杂。

(5) 全风化。岩石组织结构已全部破坏，矿物成分除石英外，大部分已风化成土状，基本不含坚硬块体。

9.2.2 风化带

岩石的风化一般是由表及里，地表部分受风化作用的影响最显著，由地表往下风化作用的影响逐渐减弱以致消失。因此在风化剖面的不同深度上，岩石的物理力学性质有明显差异。从岩石风化程度的深浅，在风化剖面上自上而下可分为四个风化带：微风化带、弱风化带、强风化带和全风化带。

岩石风化带的界限，在工程建筑中是一项重要的工程地质资料。许多工程，特别是岩石工程都需要运用风化带的概念来划分地表岩体不同风化带的分界线，作为岩基持力层、基坑开挖、挖方边坡坡度以及采取相应的加固措施的依据之一。但是要确切地划分风化界限尚无有效方法，通常只根据当地的地质条件并结合实践经验予以确定。况且，由于各地岩性、地质构造、地形和水文地质条件不同，岩石风化带的分布情况变化很大。并且往往地下存在有风化囊，因而增加风化带界限划分的难度。所以划分岩石风化带需要结合实际情况进行综合分析。

9.3 岩石风化的治理

岩石风化的治理方法可采用挖除和防治两种措施。

9.3.1　挖除方法

这种措施是采取挖除一部分危及建筑物安全的风化严重的岩层，挖除的深度是根据风化岩的风化程度、风化裂隙、风化岩的物理力学性质和工程要求等来确定。挖除风化岩石是一个困难而耗费时间的过程，因而宜少挖。

9.3.2　防治方法

这种方法是采取制止风化作用继续发展，或采用人工方法加固风化岩的措施。防治风化的方法甚多，常用的有以下几种：

（1）覆盖防治风化营力入侵的材料，如沥青、水泥、黏土盖层等。

（2）灌注胶结和防水的材料，如水泥、沥青、水玻璃、黏土等浆液，使其起到封闭和胶结岩石裂缝的作用。

（3）整平地区，加强排水，这是以防为主的方法。水是风化作用最活跃因素之一，隔绝了水就能减弱岩石的风化速度。

当岩石风化速度较快时，必须通过敞露的探槽观测岩石的风化速度，从而确定基坑的敞开期限内岩石风化可能达到的程度，据此拟定保护基坑免受风化破坏的措施。

思考与练习

1. 风化作用分为几类？各有何特点？
2. 岩石的风化程度和风华带如何划分？
3. 岩石风化如何治理？

第 10 章

崩塌与滑坡及其治理

学习要点： 崩塌、滑坡的概念、分类。滑坡的形态特征及其防治措施；影响崩塌、滑坡形成的因素。

在地壳表层，由于地质作用或人类活动所引起的地表和地下岩体的各种变形及运动，对工程建设具有危害性的地质作用或现象称为不良地质现象，不良地质现象通常也叫地质灾害。

我国是地质灾害较多的国家，山区占我国陆地总面积的 69.4%，山区人口占全国人口总数的一半以上。山区地质情况复杂，地震、泥石流、滑坡、崩塌、山洪等灾害频发。

不良地质现象具有一定的突发性，对人类的生命和财产都具有极大的危害，对工程建筑的质量是一个极大的威胁，对工程建筑的稳定性和正常运转是一个挑战。地质灾害的种类很多，就其成因而论，分为自然地质灾害和人为地质灾害。自然地质灾害是由自然地质作用引起的灾害。人为地质灾害是由于人类工程活动使周围地质环境发生恶化而诱发的地质灾害。随着国民经济的发展，人类工程活动的数量、速度及规模越来越大，由此诱发的地质灾害的损失已经超过自然地质灾害，因此研究人类工程诱发的地质灾害及防治具有重要意义。对于工程地质任务来说，对这些不良地质现象应查明其类型、范围、活动性、影响因素、发生机理、对工程的影响和评价以及为改善场地的地质条件而应采取的防治措施。本章开始，将重点介绍在工程建设中最常见的几种地质灾害。

10.1 崩塌与岩堆

在山区陡峻或极陡的山坡上，某些大块或巨块岩块在自重作用下脱离母岩，突然崩塌或滑落，顺山坡猛烈地翻滚跳跃，相互撞击破碎，最后堆积于坡脚，这种现象称为崩塌（图 10.1）。崩塌可能发生在河流、湖泊及海边的高陡岸坡上，也可能发生在公路路堑的高陡边坡上。崩塌的发生虽然是突然的，但是其不平衡因素却是长期积累的。崩塌的规模往往很大，有时会有成千上万立方米的石块崩落而下。崩塌堆积以大块岩石为主，直径大于 0.5m 的岩石往往达总数的 50%～70%或以上。在我国西南、西北地区铁路两侧的崩塌量以数百万立方米为常见，规模巨大的崩塌也称山崩。由于岩体风化、破碎比较严重，山坡上经常发生小块岩石的坠落，这种现象被称为碎落，一些较大岩块的零星崩落则被称为落石。

崩塌会使建筑物，甚至使整个居民点遭到破坏，使公路和铁路遭到掩埋。由崩塌带来的损失，不仅是建筑物毁坏的直接损失，还有因崩塌而中断交通和运输所带来的重大损失。小型的崩塌一般对行车安全及路基养护工作影响较大，雨季时还会堵塞边沟，引起水流冲毁路面、路基；大型崩塌不仅会损坏路面、路基，阻断交通，甚至会迫使人们放弃已建成道路。崩塌有时还会使河流堵塞形成堰塞湖，这样就会淹没上游建筑物及农田，在宽河谷中，崩塌会改变河道及河流性质，而形成急湍地段。

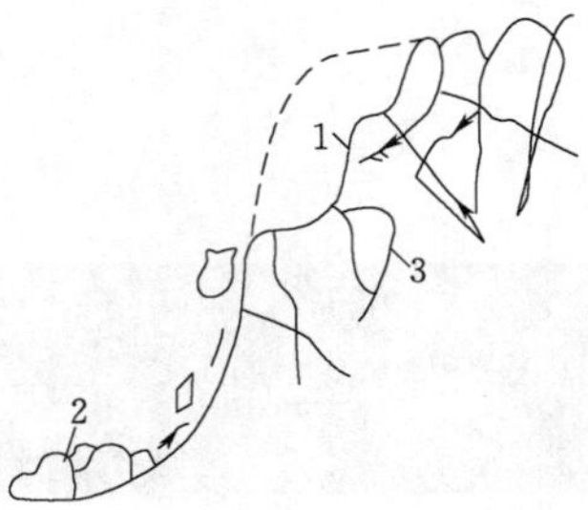

图 10.1 崩塌示意图
1—崩塌体；2—堆积块石；
3—裂隙切割的边坡岩体

经常发生崩塌的山坡坡脚，由于崩落物的不断堆积，就会形成岩堆。在岩堆地区，岩堆常沿山坡或河谷谷坡呈条带状分布，长度可达数千米至数十千米。在不稳定的岩堆上修筑路基，容易发生边坡坍塌、路基沉陷及滑移等事故。

10.1.1 崩塌的形成条件及特征

1. 崩塌的形成条件

(1) 地形地貌及表面构造。险峻陡峭的山坡是产生崩塌的基本条件。崩塌、落石多发在海、湖、河、冲沟岸坡、高陡的山坡和人工斜坡上，其坡度一般大于45°，以55°～75°者居多。峡谷陡坡是崩塌、落石密集发生的地段，因为峡谷岸坡陡峻，卸荷裂隙发育，易造成崩塌、落石；山区河谷凹岸也是崩塌、落石较集中分布的地段，因为河曲凹岸遭受侧蚀，易形成落石；冲沟岸坡和山坡陡崖岩体直立，不稳定岩体较多，时有崩塌、落石发生。丘陵和分水岭地段崩塌、落石较少，因为其地形相对平缓，高差较小，但如果开挖高边坡也会发生崩塌、落石现象。

山坡的表面构造对发生崩塌也有很大影响。如果山坡表面凹凸不平，则沿突出部分可能发生崩塌。然而山坡表面的构造并不能作为评价山坡稳定性的唯一依据，必须结合岩层的裂隙、风化等情况来综合评价。

(2) 岩性。由于岩石性质各不相同，其强度、风化程度、抗风化和抗冲刷的能力及其渗水程度都是不同的。如果陡峻山坡是由软硬岩层互层组成，由于软岩层易于风化，使硬岩层会失去支持而形成崩塌（图 10.2）。

一般形成陡峻山坡的岩石，多为坚硬而性脆的岩石，这种类型的岩石的有厚层灰岩、砂岩、砾岩及喷出岩。虽然岩石本身可能很坚固，风化也很轻微，但其节理发育亦会使山坡不稳定。在大多数情况下，岩石的节理程度是决定山坡稳定性的主要因素之一。当岩石节理顺着山坡发育时，特别是发育在山坡表面的突出部分时最容易发生崩塌（图 10.3）。

(3) 岩石构造。岩层的产状对山坡稳定性也有重要意义，如果岩层倾斜方向和山坡倾向相反，则其较岩层顺山坡倾斜更为稳定。岩层顺山坡倾斜的稳定程度的大小还取决于其倾角的大小和破碎程度。当各种构造面（如岩层层面、断层面、错动面、节理面等）或软弱夹层倾向临空面且倾角较陡时，往往会构成崩塌的依附面。

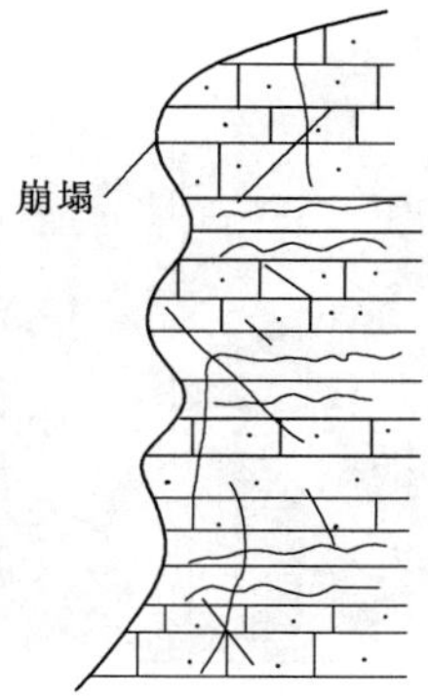

图 10.2 软硬岩层互层，软岩石风化后使硬岩石失去支撑而引起崩塌

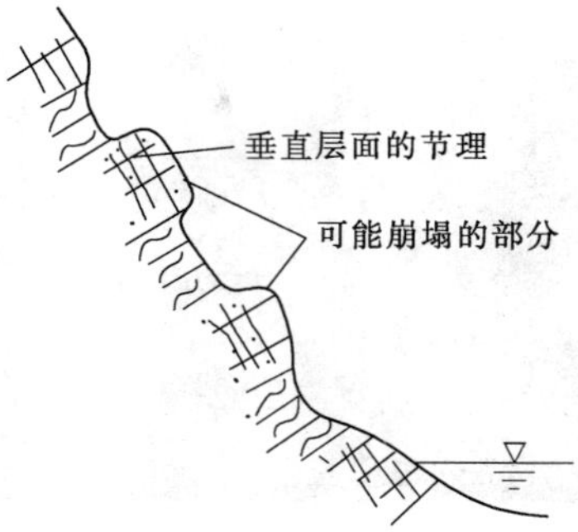

图 10.3 节理与崩塌关系示意图

一切构造作用，如正断层、逆断层、逆掩断层等，特别在地震强烈地带对山坡的稳定性有着不良影响，而其影响的大小又决定于构造破坏的性质、大小、形状和位置。当建筑物的延伸方向和区域构造线一致，而且采用深挖方案时，容易造成坍塌落石。褶皱核部由于岩层强烈弯曲，岩石破碎，地表水渗入，也易产生崩塌落石，其规模主要取决于褶皱轴向与临空面走向的夹角。构造节理面之上的潜在崩塌体的稳定性与岩层节理面的粗糙度和填充物有关，当有黏土或其他风化物填充时，易受水浸润软化，促进了崩塌、落石的产生。

（4）气候。温差大、降水多、风大而频繁、冻融作用及干湿变化强烈等气候因素，也是诱发崩塌的主要原因。高寒地区冰劈作用广泛发育，干旱、半干旱气候区昼夜温差及年温差较大，这些地区物理风化强烈，岩石易破碎成碎块，崩塌极易出现；湿润气候区的河、湖、海的岸边，暴雨时或雨后不久，也容易产生崩塌，这是因为下渗的雨水增加了岩石和土体的负荷，破坏了它们的结构，并软化了其中的黏土夹层，使上覆岩体和土体失去支撑。

（5）渗水。水是诱发崩塌的必要条件。一般来说，绝大多数崩塌发生在雨季。边坡和山坡中的地下水往往可以直接从降水中得到补给，流量会大大增加。地下水和雨水联合作用，更进一步促进了崩塌、落石的发生。融雪、降雨特别是大雨、暴雨和长时间的连续降雨，使地表水渗入坡体，软化了岩、土及其中软弱面，增大了岩体重量，增加了水的静、动水压力，从而诱发崩塌。据统计，崩塌、落石有80%发生在雨季，特别是雨中和雨后不久；连续降雨时间越长，暴雨强度越大，发生崩塌、落石的次数越多；阴雨连绵天气较短时间的暴雨天气发生崩塌、落石的次数更多；长期大雨比连绵细雨时发生崩塌、落石的次数更多。

（6）冲刷。河流等地表水体不断地冲刷坡脚或浸泡坡脚，削弱坡体支撑及软化岩土体，降低坡体强度，也能诱发崩塌。

（7）地震。地震时由于地壳强烈震动，边坡岩体各种结构面的强度会降低；同时因有水平地震力作用，边坡岩体的稳定性会大大降低，导致崩塌、落石的发生。山区的大地震都伴有大量崩塌、落石。如 2008 年汶川地震诱发多种次生地质灾害，其中多起崩埋将公路塌掩。图 10.4 和图 10.5 所示为汶川地震引起的崩塌掩埋了公路。

图 10.4　崩塌、巨石掩埋公路

图 10.5　崩塌掩埋公路

(8) 人为因素。人为因素包括在山坡上部增加荷重，切割了山坡下部，大爆破的震动等，如公路路堑开挖过深、边坡过陡，或者由于切坡使软弱结构面暴露，都会使边坡上部岩体失去支撑，引起崩塌。

因开挖、弃土、排水不当等人为因素而诱发崩塌滑坡的事故很多，比如发生于 1980 年 6 月的湖北省远安县盐池河磷矿山崩，由于采矿的不当操作，随着采空区的扩展，山坡上逐渐有裂缝出现，并在山顶上出现数条长大裂缝。在一场中雨之后，山顶裂缝急剧发展，陡崖落石频繁、最后约 70 万 m^3 岩体沿高于采空区顶面约 180m 的软硬岩层接触面全部滑崩而下，摧毁了位于山脚下的矿务局一栋四层办公大楼及住宅、车库等建筑物，死亡 284 人，造成重大损失。

2. 崩塌的特征

崩塌与滑坡虽有许多相似性，但崩塌也有许多独有的特征。依据这些独有的特征就可识别崩塌。

(1) 地形特征。新发生的崩塌后壁成圈椅形，锯齿状，堆积体是上小下大的锥型，曾经崩塌的场所也基本保留了上述地形，依据这一条就可初步判定是不是崩塌。

(2) 堆积体特征。崩塌堆积体为倒石堆，大、小混杂，杂乱无章，小块的多堆积在上部，大块的多在堆积体坡脚，个别大块石滚得更远。

(3) 运动特征。崩塌的运动多为滚动、碰撞、跳跃等方式。若在崩塌现场观测，见到山上垮塌中坡体岩块为滚动、碰撞、跳跃为主运动方式的，可判定为崩塌。

对于一个即将发生的大型崩塌，发生之前在前缘陡崖上会有明显变形，并有小块垮塌。对于岩质陡坡，通过观测后缘裂缝，发现裂缝已开始出现并加速变形，同时又在崩塌前缘陡坡上发现有小块坍塌，这就预示着崩塌很快就要发生。

10.1.2　崩塌的防治

人们要有效地防治崩塌，首先必须查清崩塌形成的条件和诱因、发生的规模以及其危害程度，有针对性地采取防治措施。崩塌的治理应以根治为原则，当不能清除或根治时，可综合采取下列措施：

(1) 遮挡。对于中型崩塌地段，如采取绕避不经济时，可采用明洞或棚洞等重型防护工程以遮挡崩塌（图 10.6）。

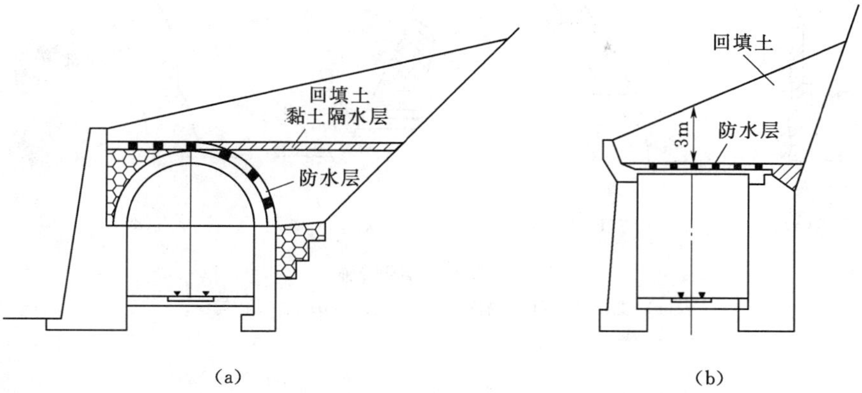

图 10.6 遮挡建筑物

（a）明洞；（b）棚洞

（2）拦截防御。若山坡的母岩风化严重、崩塌物质丰富或崩塌规模虽然不大但可能会频繁发生，则可采用拦截建筑物，如落石平台、落石槽、挡石墙或拦石网（钢轨背后加钢丝网）等设施，拦挡崩落石块，并定期清除，不使石块落到道路和建筑物之上（图 10.7）。

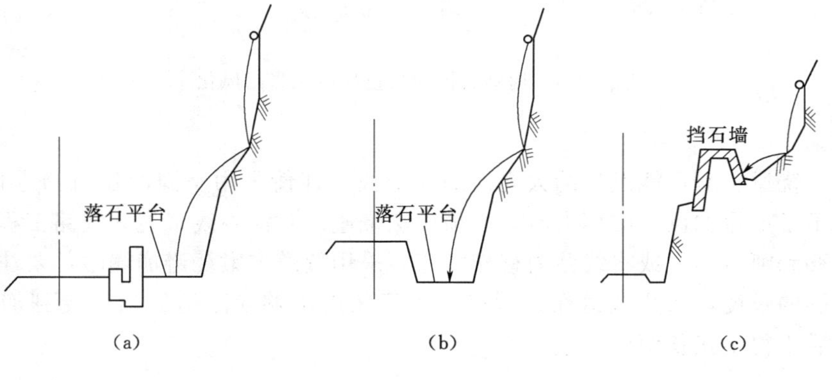

图 10.7 拦截建筑物

（a）落石平台；（b）落石槽；（c）挡石墙

（3）支撑加固和镶补勾缝。邻近建筑物边坡的上方如有悬空的危岩或巨大块体的危石威胁到建筑物或行车的安全而又不便清除时，则可根据地形特点，采用浆砌片石垛、钢轨差别、支护墙、锚杆等方法支撑加固可能崩落的岩体；对岩体中的空洞、裂缝，用片石填补、混凝土灌注（图 10.8）。

（4）护面。对易风化的软弱岩层，可用沥青、砂浆或浆砌片石护面以防止其风化（图 10.9）。

（5）排水。水的作用增加了发生崩塌的可能性，所以要在可能发生崩塌的地段上方修建截水沟，以防止地表水流入崩塌区内；在崩塌地段地表岩石的节理、裂隙可用黏土或水泥砂浆填封，防止地表水下渗。

（6）刷坡。在危石突出的山嘴及岩层表面风化破碎的不稳定的山坡地段，可刷

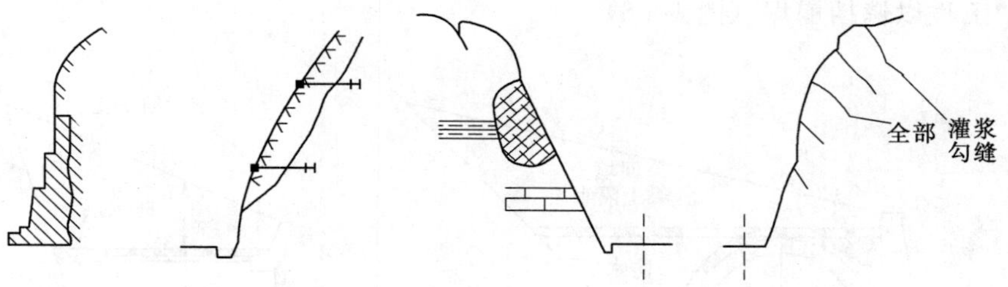

(a)　(b)　(c)　(d)

图 10.8　加固措施

(a) 支护墙；(b) 锚固；(c) 嵌补；(d) 灌浆、勾缝

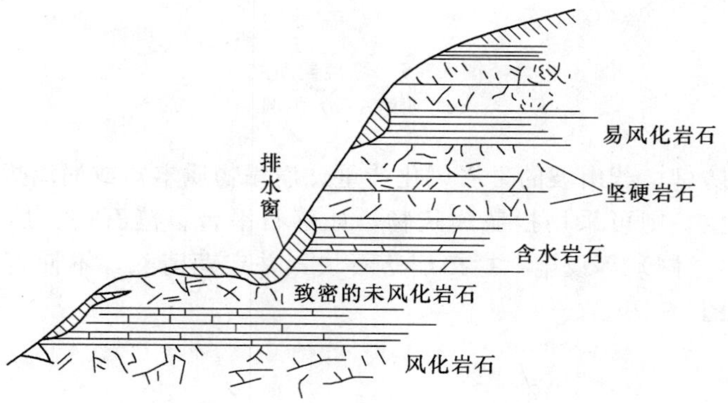

图 10.9　用砌石护面防止易风化岩层风化

缓山坡。

(7) 绕避。对可能发生的大规模崩塌地段，即使采用坚固的建筑物进行防御，也经受不了崩塌的巨大破坏力时，必须设法绕避。对河谷线来说，线路工程可以将线路改移到河对岸，或将线路内移作隧道。采用隧道方案绕避崩塌时，要注意使隧道有足够的长度，防止隧道在运营以后由于长度不够使隧道进出口受到崩塌的威胁，而后不得不接长明洞，造成资金浪费。

10.2　滑坡

斜坡上大量的岩（土）体，在一定的自然条件（地质结构、岩性和水文地质条件等）及其重力的作用下，部分岩（土）体失去稳定性，沿斜坡内部一个或几个滑动面（带）整体地向下滑动，且水平位移大于垂直位移的现象，称为滑坡。滑坡一般是缓慢、长期而间歇性进行的，持续时间可以是几年、几十年甚至百年以上，其过程分为蠕动变形和滑动破坏两阶段。有的滑坡开始时滑动缓慢，但后来滑动速度可以突然变快，以每秒几米甚至几十米的速度急剧下滑，这种滑坡又叫做“崩塌性滑坡”。

滑坡对工程建设的危害很大，轻则影响施工，重则破坏建筑。滑坡常使交通中断，影响公路的正常运输，甚至迫使交通线路改迁，导致房屋倒塌，还有的严重危害水利枢纽工程和其他工程的安全和正常使用。西南地区（云、贵、川、藏）是滑坡分布的主要地区，不仅滑坡的规模大，类型多，而且分布广泛，发生频繁，危害严重。云南省几乎每条公路上都有不同规模的滑坡发生，贵州的贵黄公路，四川的川藏公路、成阿公路、巴峨公路等均遭受过滑坡的严重危害。

由于滑坡经常干扰各项工程建设，耽误工期，浪费大量的人力、物力，因此对滑坡应给予足够的重视并加强相应的研究。有的滑坡易于识别，但有的受到自然界各种外动力地质作用的影响或破坏，往往较难鉴别。为了准确地鉴别滑坡，首先必须了解滑坡的形态特征及其内部结构。

10.2.1 滑坡的特征

一个典型的滑坡，在地表会显现出一系列滑坡的形态特征，这些形态特征成为正确识别和判断滑坡的主要标志（图 10.10）。

1. 滑坡体

滑坡发生后，滑动部分和母体完全脱开，这个滑动部分就是滑坡体。这部分岩（土）体虽然经受了扰动，但大体上仍保持有原来的层位和结构构造。滑坡体的规模大小不等，体积小的滑坡体只有十几立方米，大的可达几百万立方米甚至几千万立方米。

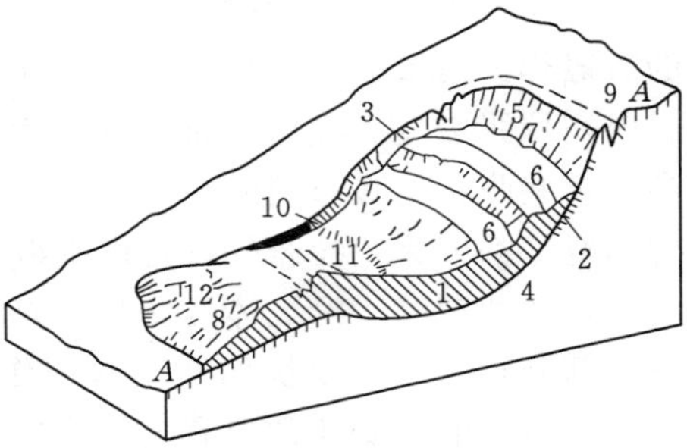

图 10.10 滑坡形态和结构

1—滑坡体；2—滑坡面；3—滑坡周界；4—滑坡床；5—滑坡后壁；6—滑坡台阶；7—滑坡封闭洼地；8—滑坡舌；9—张拉裂隙；10—剪切裂缝；11—鼓胀裂缝；12—扇形张裂缝

2. 滑动面

滑坡向下滑动时，它和母体之间形成一个分界面，这个分界面称为滑动面。滑动面的形状随着斜坡岩（土）体的成分和结构的不同而异，在均质黏性土和软岩中，滑动面接近于圆弧形；如滑坡体沿着岩层层面或构造面滑动，滑动面多呈直线形或折线形；多数滑坡的滑动面由直线和圆弧复合而成，其后部经常呈弧形，前部呈近似水平的直线形。

滑动面大多数位于黏土夹层或其他软弱岩层内，如页岩、泥岩、千枚岩、片岩、风化岩等。由于滑动时经过摩擦，滑动面常常是光滑的，有时有清楚的擦痕。同时，滑动面附近的岩（土）体遭受风化破坏也较严重。许多滑坡的滑动面常常有地下水活动，在滑动面的出口附近常有泉水出露。滑动面附近的岩（土）体通常是潮湿的，有的甚至达到饱和状态。

3. 滑坡周界

平面上滑坡体与周围母体的分界线称滑坡周界。

4. 滑坡床

滑动面下稳定不动的岩（土）体称为滑坡床。

5. 滑坡后壁

滑坡滑动后，滑坡体后部和母体脱开的分界面暴露在外面的部分，称为滑坡壁，其坡度较陡，多在 60°～80°。滑坡后壁呈弧形向前延伸，形态上呈圈椅状，也称滑坡圈谷。后壁高矮不等，矮的几米，高的几十米甚至数百米。

6. 滑坡台阶

在滑坡体上部由于各段岩（土）体运动速度的不同所形成台阶状的滑坡错台，称为滑坡台阶，常成为积水洼地。每一滑坡台阶由滑坡平台及陡壁组成。

7. 滑坡封闭洼地

滑坡下滑后，滑体和后壁之间拉开的位置形成沟槽，相邻土楔形呈反坡地形，成为四周高，中间低的封闭洼地，洼地内有地下水出露或地表降水汇集，可形成清泉、湿地或水塘，这种水塘称为滑坡湖。

8. 滑坡鼓丘和滑坡舌

滑坡体向前滑动时如受到阻碍，就会形成隆起的小丘，称为滑坡鼓丘。滑坡体的前部向前伸出如舌头状，称为滑坡舌或滑坡头。

9. 滑坡裂隙

在滑坡运动时，由于滑坡体各部分的移动速度不均匀，在滑坡体内部及表面产生的裂缝称为滑坡裂隙。根据受力情况不同，滑坡裂缝可以分为 4 种：

（1）拉张裂缝。在斜坡将要发生滑动的时候，由于拉力的作用，在滑坡体的后部产生一些张口的弧形裂缝，与滑坡壁的方向大致吻合或平行，一般呈连续分布，长度和宽度都较大。拉张裂缝是产生滑坡的前兆。

（2）剪切裂缝。滑坡体两侧和相邻的不动岩（土）体发生相对位移时，或滑坡体中央部分较两侧滑动快而产生剪切作用，都会形成与滑动方向大体上平行的裂隙，剪切裂缝的两侧还常伴有羽毛状裂缝。

（3）鼓张裂缝。滑坡体在下滑过程中，如果滑动受阻或上部滑动比下部快，则滑坡下部会向上鼓起并开裂，这些裂缝通常是张口的，其方向垂直于滑动方向，有时交互排列成网状，分布较短，深度也较浅。

（4）扇形张裂缝。分布在滑坡体的中、下部，特别在滑坡舌部分较多，这是因为滑坡体滑到下部，向两侧扩散，形成许多张开的裂缝。在中部的裂缝与滑动方向接近平行，在滑舌部分的则呈放射状。

这些裂缝是滑坡不同部位受力状况和运动差异性的反映，对判别滑坡所处的滑动阶段和状态等很有帮助。如滑坡区纵向很长，上部剪切裂缝明显，下部不明显、则属推移式滑坡；反之，如滑坡体从下而上出现拉张裂缝，而滑坡体下部剪切裂缝发育完全，上部断续，则这种滑坡多属牵引式滑坡。

10. 滑动带

滑动面以上部分受滑动揉皱的地带，称为滑动带，厚度由几厘米到几米。

11. 滑坡轴

滑坡体滑动速度最快的纵向线称为主滑线，或称为滑坡轴，滑坡轴代表整个滑坡的滑动方向，一般位于滑坡体上，最大、滑床凹槽最深（滑坡体最厚）的纵断面上，在平面上可为直线或曲线。

此外，在滑坡体上还常见一些特殊的地貌、地物特征，这些也可作为确定滑坡存在的重要参考依据。例如，滑坡体上房屋开裂甚至倒塌，滑坡周界处“双沟同源”现象（图 10.11）；滑坡体表面坡度比周围未滑动斜坡坡度更缓；滑坡体上的“醉林”“马刀树”等现象。树木东倒西歪的现象称为醉林（图 10.12），这种现象显示不久前此地曾发生比较剧烈的滑坡。因受滑坡滑动影响而歪斜的树木，当滑坡体固定后又继续向上生长，故树体下部歪斜而上部直立，这种现象称为马刀树（图10.13）。

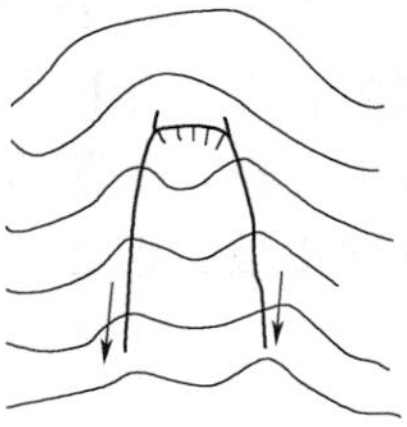

图 10.11 双沟同源

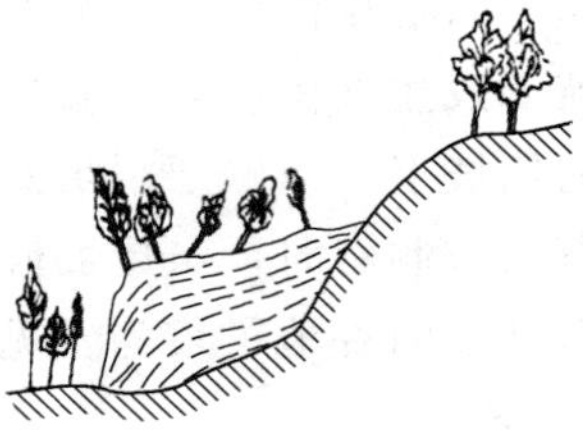

图 10.12 醉林

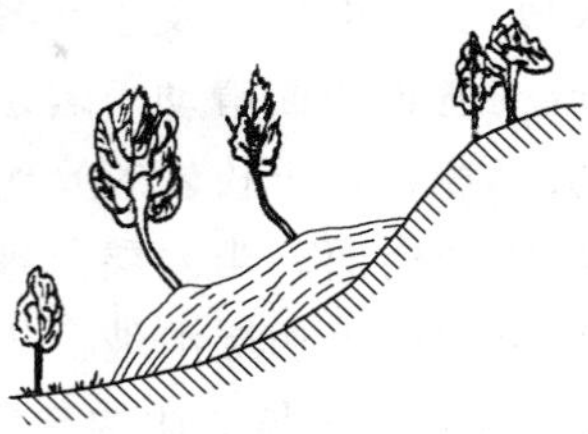

图 10.13 马刀树

10.2.2 滑坡分类

为更好地研究、治理滑坡，并为工程建筑物的合理设置提供依据，对滑坡进行分类是必要的。目前滑坡的分类方法较多，现介绍几种常用的分类。

1. 按滑坡滑动时力的作用分类

（1）推移式滑坡。滑体上部局部破坏，上部滑动面局部贯通，向下挤压下部滑体，最后使整个滑体滑动。这类滑坡主要是由于斜坡上部不恰当地加荷（修建建筑物、填堤、弃渣等）或在自然因素作用下，斜坡的上部先变形滑动，并挤压推动下部斜坡向下滑动。推移式滑坡的滑动速度一般很快，但其规模在通常情况下不再有较大发展。推移式滑坡一般用卸荷的办法来整治。

（2）牵引式滑坡。滑坡体下部先失去平衡发生滑动，逐渐向上发展，使上部滑体受到牵引而跟随滑动。这类滑坡主要是由于坡脚受河流冲刷或人工开挖使斜坡下部先变形滑动，从而使斜坡的上部失去支撑，带动斜坡上部相继向下滑动，好像火车头牵引车厢，一节一节牵引着运动。牵引式滑坡的滑动速度比较缓慢，但会逐渐向上延伸，规模越来越大，一般用支挡的办法来治理。

2. 按组成滑坡的主要物质成分分类

（1）堆积层（包括残积、坡积、洪积等成因）滑坡。这些堆积层常由崩塌、塌方、滑坡或泥石流等所形成，是线路工程中经常碰到的一种滑坡类型，多出现在河谷缓坡地带或山麓的坡积、残积、洪积及其他重力堆积层中。堆积层坡度的产生往往与地表水和地下水的直接影响有关。滑坡体一般多沿下伏的基岩顶面、不同地质年代或不同成因堆积物的接触面以及堆积层本身的松散层面滑动。当堆积层是由于滑体下部结构松散湿软而滑动时，运动往往急剧；如由于其上部受土中水浸湿，则常沿较干燥的不透水层的顶面滑动。滑坡体厚度一般从几米到几十米。

（2）黄土滑坡。它的产生常与裂隙及黄土对水的不稳定性有关，多见于河谷两岸高阶地的前缘斜坡上，常成群出现且大多为中、深层滑坡。大部分深、中层滑坡在滑动时变形急剧，速度快，规模和动能大，破坏力强，具有崩塌性，危害较大。

（3）黏土滑坡。黏土滑坡的滑动面呈圆弧形，滑动带呈软塑状。黏土的干湿效应明显，干缩时多张裂，遇水后又呈软塑或流动状态，抗剪强度急剧降低，所以黏土滑坡主要发生在平原或较平坦的丘陵地区的黏土层（如成都黏土、红黏土以及山西一些黏土岩的残积土等），这些黏土多具有网状裂隙，除在黏土层内滑动外，还常沿下伏基岩或其他土层层面滑动。黏土滑坡一般以浅层滑坡居多，但有时滑坡体的厚度也可达十几米。

（4）岩层滑坡。发生在各种基岩岩层中的滑坡，称为岩层滑坡，多沿岩层层面或其他构造软弱面滑动。岩层滑坡多发生在由砂岩、页岩、泥岩、泥灰岩以及片理化岩层（片岩、千枚岩等）组成的斜坡上，以顺层滑坡最为多见，滑动面是岩层层面或软弱结构面。当岩层节理顺着山坡倾斜时，虽层面倾斜背向山坡，但在一定条件下也可能产生切层滑坡。岩层滑坡在河谷地段较为常见。

3. 按滑动面与地质构造特征分类

（1）均质滑坡。又叫同类土滑坡，多是发生在均质土体或破碎的、经强烈风化的岩体中的滑坡。滑动面不受岩体中结构面的控制，多为近圆弧形滑面，在黏土岩和土体中常见。

（2）顺层滑坡。这类滑坡沿着斜坡岩层面或软弱结构面发生滑动，特别当松散土层与基岩的接触面的倾向与斜坡的坡面一致时更为常见，它们的滑动面常呈平坦阶梯面（图 10.14）。高陡斜坡上岩层的顺层滑坡往往滑动很快，犹如山崩。

（3）切层滑坡。这类滑坡的滑动面切割了不同岩层，并形成滑坡台阶，多是发生在一组或两组节理面形成贯通滑动面倾向坡外的滑坡（图 10.15）。在破碎的风化岩层中所发生的切层滑坡常与崩塌类似。

(a)　　(b)

图 10.14　顺层滑坡示意图

(a) 沿岩层层面滑动；(b) 沿坡积层与基岩交界面滑动

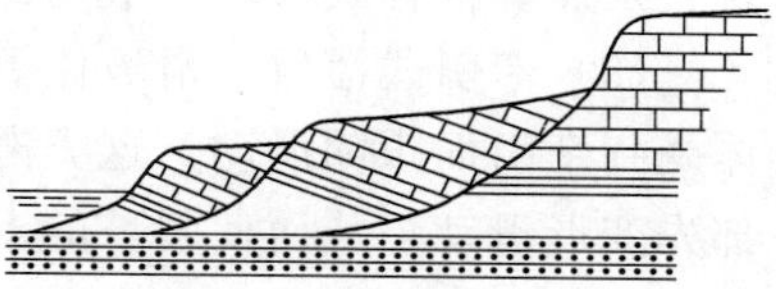

图 10.15　切层滑坡示意图

4. 按滑坡体的体积分类

（1）小型滑坡。滑坡体体积小于 3 万 m^3。

（2）中型滑坡。滑坡体体积为 3 万～50 万 m^3。

（3）大型滑坡。滑坡体体积为 50 万～300 万 m^3。

（4）特大型滑坡。滑坡体体积大于 300 万 m^3。

5. 按滑坡体的厚度分类

（1）浅层滑坡。滑坡体厚度小于 6m。

（2）中层滑坡。滑坡体厚度为 6～20m。

（3）深层滑坡。滑坡体厚度为 20～30m。

（4）超深层滑坡。滑坡体厚度大于 30m。

6. 按滑坡形成的年代分类

（1）新滑坡。由于开挖山体所形成的滑坡。

（2）古滑坡。久已存在的滑坡，其中又可分为死滑坡、活滑坡及处于极限平衡状态的滑坡。

10.2.3 滑坡的影响因素及力学分析

1. 滑坡的影响因素

凡是引起斜坡岩（土）体失稳的因素都称为滑坡因素，这些因素可使斜坡外形发生改变、岩（土）体性质恶化以及增加附加荷载等，从而导致滑坡的产生。影响滑坡形成和发展的因素比较复杂，概括起来主要表现在地形地貌、地层岩性、地质构造、水的作用、地震、人为因素及其他因素等方面。

（1）地形地貌。斜坡的高度、坡度和形态影响着斜坡的稳定性，高而陡峻的斜坡较不稳定，因为地形上的有效临空面为岩（土）体提供了滑动的空间，成为滑坡形成的重要条件。边坡的断面尺寸同边坡的稳定性也有很大的关系，边坡越陡，其稳定性就越差，越易发生滑动。如果坡高和边坡的水平长度都相同，但一个是放坡到顶，而另一个却是在边坡中部设置一个平台，由于平台对边坡起了反压作用，就增加了边坡的稳定性。此外滑坡若要滑动，其前沿就必须要有一定的空间，否则滑坡就无法向前滑动，山区河流的冲刷、沟谷的深切以及不合理的大量切坡都能形成高陡的临空面，为滑坡的发育提供了良好的条件。

（2）地层岩性。沉积物和岩石是产生滑坡的物质基础。不同的岩土，它们的抗剪强度、抗风化和抗水的能力都不相同，松散沉积物尤其是黏土与黄土容易发生滑坡，坚硬岩石较难发生滑坡。如坚硬致密的硬质岩石，它们的抗剪强度较大，抗风化的能力也较高，在水的作用下岩性也基本不发生变化，因此，由它们所组成的边坡往往不容易发生滑坡。基岩区的滑坡常和页岩、黏土岩、泥岩、泥灰岩、板岩、千枚岩、片岩等软弱岩层的存在有关。当组成斜坡的岩石性质不一，特别是当上层为松散堆积层，而下部是坚硬岩石时，则沿两者接触面最容易产生滑坡。

（3）地质构造。滑坡的产生与地质构造关系极为密切。滑动面常常是构造软弱面，如层面、断层面、断层破碎带、节理面、不整合面等。另外，岩层的产状也影响着滑坡的发育，如果岩层向斜坡内部倾斜，斜坡比较稳定；如果岩层的倾向和斜坡坡向相同，就易于滑坡发育。特别是当倾斜岩层中有含水层存在时，滑坡最易形成，同时这些部位又易于风化，抗剪强度也低。所以当边坡的岩性、构造和产状等易于滑坡的发育，并有一定的外部条件引起边坡的岩性、构造和产状等发生变化时，就能发生滑坡。

实践表明，在一些不良地质条件下滑坡往往容易发生，如当较陡的边坡上堆积有较厚的土层，而其中有遇水软化的软弱夹层或结构面时；当斜坡上有松散的堆积层，而下伏基岩是不透水的岩层，且岩层面的倾角大于20°时；当松散堆积层下的基岩是易于风化或遇水会软化岩层时；当地质构造复杂，岩层风化破碎严重，软弱结构面与边坡的倾向一致或交角小于45°时；当黏土层中网状裂隙发育，并有亲水性较强的（如伊利土、蒙脱土）软弱夹层时；当原古老滑坡地带可能因工程活动而引起滑坡复活时等。

如前所述，边坡的岩土性质、结构、构造和产状对边坡的稳定性往往起着决定性的作用。但仅仅具备上述内部条件，还只是具备了滑坡的可能性，还不足以立即发生滑坡，必须有一定的外部条件的补充和触发，才能导致滑坡发生。

（4）水的作用。绝大多数滑坡的发生发育都有水的参与，调查表明：90%以上的滑坡与水的作用有关。水的来源主要有大气降水、地表水、地下水、农田灌溉的渗水、高位水池和排水管道等的漏水等。一旦水进入斜坡岩（土）体内，将产生一系列的诱发因素，如增加岩土的重度和软化作用，降低岩土的抗剪强度；产生静水压力和动水压力；冲刷或潜蚀坡脚，对于不透水层的上覆岩（土）层起了滑润作用；当地下水在不透水层顶面上汇集成层时，还对上覆地层产生浮力等。总之，水的作用将改变组成边坡岩土的性质、状态、结构和构造等。因此，不少滑坡在旱季接近稳定，而一到雨季就急剧活动，形成了“大雨大滑，小雨小滑，无雨不滑”的现象，这生动地说明了雨水和滑坡的关系。

（5）地震。地震可诱发滑坡，此现象在山区非常普遍。地震首先将斜坡岩（土）体结构破坏，可使粉砂层液化，从而降低岩（土）体抗剪强度。同时，地震波在岩（土）体内传递，使岩（土）体承受地震惯性力，增加滑坡体的下滑力，促使滑坡的发生。

2008年5月12日，发生在我国四川省的汶川大地震，给灾区人民带来了重大的伤亡。强烈地震还诱发了大量崩塌、滑坡等山地灾害发生，是灾区除地震直接导致的破坏之外最为严重的一类成灾方式。崩塌、滑坡掩埋城镇、农田，破坏电站、公路、桥梁等基础设施，给灾区造成了巨大的损失。如北川县城西，地震诱发斜坡上部200多万立方米的坡体下滑，造成旧城区部分房屋被埋，死亡1600人。同时崩塌、滑坡还造成江河堵塞，产生堰塞湖，形成次生山地灾害链等潜在威胁，给灾后重建带来严重的危害。调查表明，汶川地震诱发了8000多处崩塌、滑坡（图10.16和图10.17）。

图10.16 大规模滑坡，掩埋公路及桥梁

图10.17 大型滑坡掩埋公路，侵占岷江河道

（6）人为因素及其他因素。人为因素主要是指人类工程活动不当引起滑坡，主要有：在兴建土建工程时，由于切坡不当，斜坡的支撑被破坏，或者在斜坡上方任意堆填岩土方、兴建工程、增加荷载，都会破坏斜坡原来的稳定状态；人为地破坏表层覆盖物，增强地表水下渗作用，或破坏自然排水系统以及排水设备布置不当，泄水断面大小不合理而引起排水不畅，漫溢乱流，使坡体水量增加；引水灌溉或排水管道漏水使水渗入斜坡内，促使滑动因素增加。

此外，海啸、风暴潮、冻融、大爆破以及各种机械振动都可诱发滑坡。因为地面震动不仅增加了土体下滑力，而且会破坏土体的内部结构。

当上述条件同时具备时，滑坡几乎是难以避免的。

2. 滑坡形成的几何边界条件

滑坡形成的几何边界条件是指构成可能滑动岩体的各种边界面及其组合关系。几何边界条件通常包括滑动面、切割面和临空面。其性质及所处的位置不同，在稳定性分析中的作用也是不同的。

（1）滑动面。滑动面一般都是斜坡岩体中最薄弱的面，它明确地分割了滑坡体与滑坡床之间的连接，是对边坡稳定起决定作用的一个重要的边界条件。滑动面可能是基岩侵蚀面，上覆第四纪松散沉积物作为滑坡体，滑坡体沿着滑动面向下滑动；在基岩内部产生的滑坡一般是某一软弱夹层面作为滑动面，如在砂岩中夹着的页岩层；有的倾角很小的断层带也可成为滑动面；在均质土层中，滑动面也常常是两种岩性有差异的接触面。有的滑坡有明显的一个或几个滑动面，有的滑坡没有明显的滑动面，而是由一定厚度的软弱岩土层构成的滑动带。

（2）切割面。切割面是指起切割岩体作用的面，分割了滑坡体与其周围岩土（母岩）之间的连接，如平面滑动的侧向切割面。由于失稳岩体不沿该面滑动，因而切割面不起抗滑作用。所以在稳定性系数计算时，常忽略切割面的抗滑能力，以简化计算。滑动面与切割面的划分有时也不是绝对的，如楔形体滑动的滑动面，就兼有滑动面和切割面的双重作用，应结合实际情况作具体分析。

（3）临空面。临空面是滑坡体滑动后的堆积场所，是滑坡体向下游滑动时能够自由滑出的面。临空面的存在为滑动岩体提供活动空间，常由地面或开挖面组成。

滑动面、切割面、临空面是滑坡形成必备的几何边界条件，分析它们的目的是用来确定边坡中可能滑动岩体的位置、规模及形态，定性地判断边坡岩体的破坏类型及主滑方向。为了分析滑坡几何边界条件，要对边坡岩体中结构面的组数、产状、规模、岩体结构面的组合关系以及这种组合与坡面的关系进行分析研究。初步确定作为滑动面和切割面的结构面的形态、位置及可能滑动的方向。

3. 滑坡形成的力学条件

常见的滑动面的形态有直线形、折线形、弧形等。现以圆弧形滑动面为例，进行滑坡受力状态分析（图 10.18），以说明滑坡形成的力学条件。假设滑动面为圆弧形，圆心为 O，OD 为半径，滑体的自重 W 是使滑坡体产生滑动的力，沿滑动面 AD 弧存在着抵抗滑动的抗剪应力 τ_f。

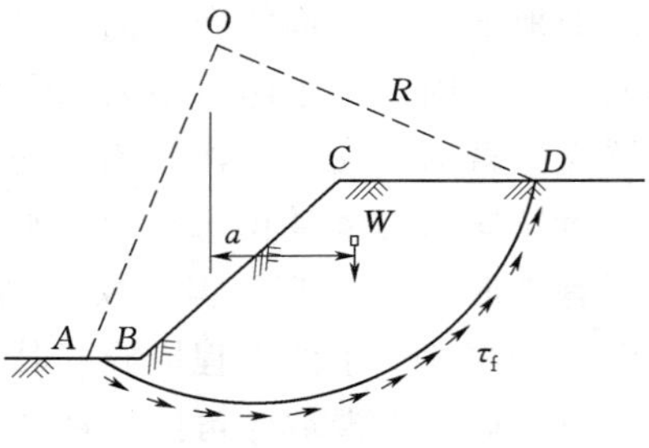

图 10.18 滑坡的受力状态

当斜坡岩（土）体处于极限平衡状态时，所有作用在滑动体上的力矩应处于平衡状态，所以

$$Wa = \sum \tau_f R$$

令

$$k = \frac{\text{抗滑力矩}}{\text{下滑力矩}} = \frac{\sum \tau_f R}{Wa}$$

式中 k——稳定系数，有时也被称作安全系数。当 $k>1$ 时，斜坡稳定；当 $k=1$ 时，斜坡处于极限平衡状态；当 $k<1$ 时，滑体下滑。

由此可以得出滑坡产生的力学条件：在贯通的滑动面上，总下滑力矩大于总抗滑力矩。通常形成贯通的滑动面是一个渐进的过程：首先最危险滑动面附近的某些点的剪应力超过该点的抗剪强度，该点处发生剪切破坏形成裂隙，随后此裂隙不断扩展，最终沿潜在的滑动面全部贯通断裂，滑坡随即发生。

10.2.4　滑坡防治的原则和方法

防治滑坡应当贯彻“早期发现，预防为主；查明情况，对症下药；综合整治，有主有从；治早治小，贵在及时；力求根治，以防后患；因地制宜，就地取材；安全经济，正确施工”的原则，才能达到事半功倍的效果。防治滑坡的措施很多，但是具体采用哪种方法比较经济合理，则应考虑滑坡的具体的地质条件、滑坡的特征，分析滑坡产生的主要因素及次要因素，因地制宜地选用某种防治方法，才能达到合理可靠地处理滑坡的目的。

选择场址时，应通过收集资料、调查访问和现场踏勘，查明该地区是否有滑坡存在，并对场地的整体稳定性作出判断，对场地有直接危害的大、中型滑坡应以避开为宜。当线路工程（如铁路、公路）遇到严重不稳定斜坡地段，处理又很困难时，则可采用防御绕避措施。防治滑坡的措施和方法主要有防渗与排水、支挡加固、削坡减载等。

1. 防渗与排水

水是促使滑坡发生和发展的主要因素，应尽早消除或减少地表水和地下水对滑坡的危害。排除地表水是整治滑坡不可缺少的辅助措施，而且应是首先采取并长期运用的措施。其目的是拦截、旁引滑坡外的地表水，避免地表水流入滑坡区，或将滑坡范围内的雨水及泉水尽快排除，阻止雨水、泉水进入滑坡体内。因此，可在滑坡边界处设环形截水沟，滑坡内修筑树枝状排水沟。此外还应整平地面，堵塞、夯实滑坡裂缝，防止地表水渗入滑坡内。在滑坡体及四周植树种草等方法也有显著效果。

对于地下水，可疏而不可堵，主要工程措施是采用截水盲沟，拦截和旁引滑坡外围的地下水。盲沟的迎水面应是渗水的，并作反滤层；背水面是隔水的，防止水渗入滑坡体内，为了防止地表水和泥砂渗入盲沟内，沟顶部可设隔水层。另外还可设置支撑盲沟，支撑盲沟既有支撑作用又有排水作用，这种方法一般在滑坡床较浅、滑坡体内有大量积水或地下水分布层次多的情况下采用。支撑盲沟常见的结构类型有拱形、“Y”形和其他类型等。此外还有盲洞、渗管、渗井、垂直钻孔等排除滑坡体内地下水的工程措施。其具体方法有以下 4 种：

（1）截。在滑坡体可能发展的边界 5m 以外的稳定地段设置环形截水沟（或盲沟），以拦截和旁引滑坡范围外的地表水和地下水，使之不进入滑坡区（图 10.19 和图 10.20）。

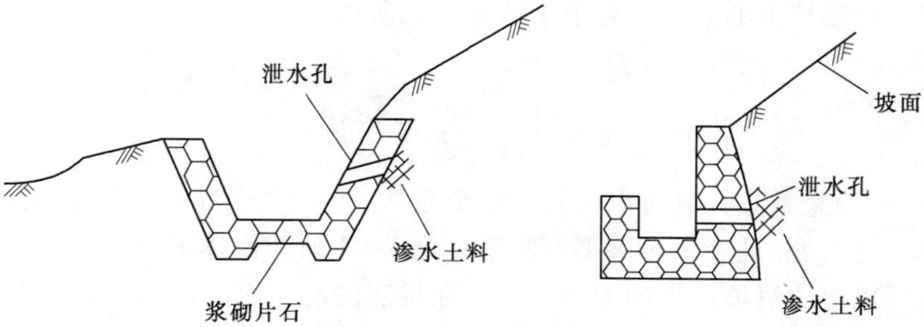

图 10.19　截水沟

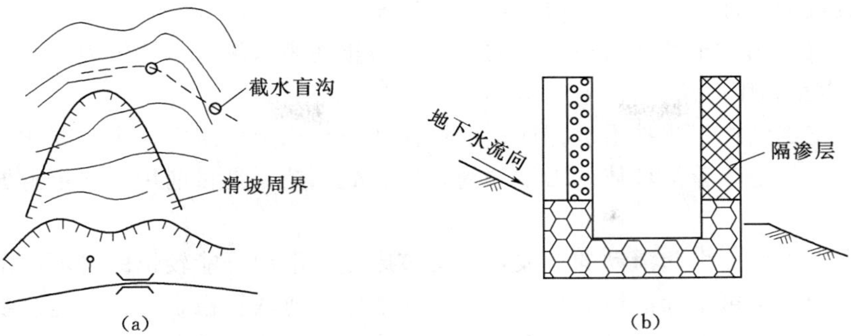

图 10.20 截水盲沟
(a) 平面布置；(b) 隔渗层

(2) 排。在滑坡区内充分利用自然沟谷，布置成树枝状排水系统，或修筑盲洞（泄水隧洞）、支撑盲沟及布置垂直孔群和水平孔群等手段排除滑坡范围内的地表水和地下水（图 10.21 和图 10.22）。

例如，瑞士阿尔卑斯山布朗沃德的村庄位于一个 3～4km 范围的巨型滑坡上，其移动体厚达 150m，覆盖了高过主要河谷的大台地，沿山坡向下增加，并且已危及坐落在接近下部的旅游中心。由于非稳定区的地形以及巨大的规模，要整体稳定是不可能的。因此在非稳定体上打了一排大钻孔，孔中充填砾石，然后由在接近滑

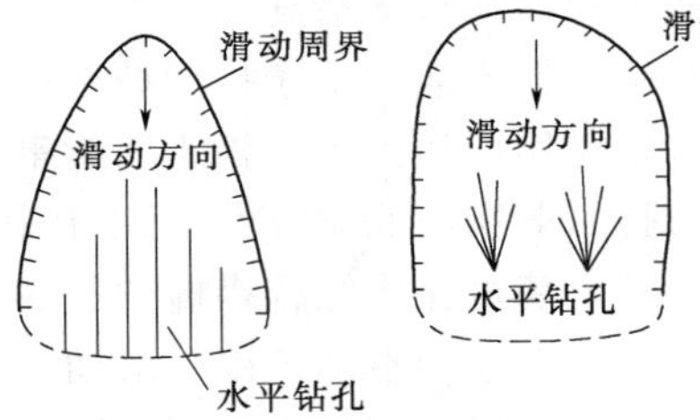

图 10.21 平孔排水平面布置

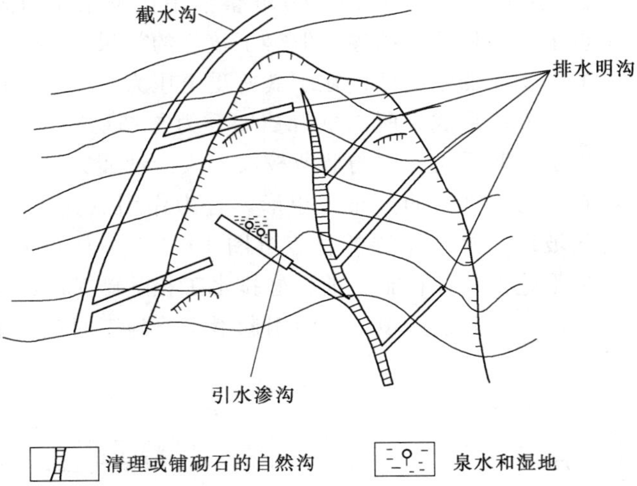

图 10.22 树枝状排水系统平面布置示意图

面上部布置一些水平排水子管连接这些钻孔，在排水区范围内，滑动位移减少且阻止了滑坡前部的侵蚀。这是一个排水措施稳定大型滑坡的例子。

(3) 护。在滑坡体上种植草皮及种植蒸发量大的树木，或在滑坡上游严重冲刷地段修筑“丁”坝，以改变水流流向，及在滑坡前缘抛石、铺石笼等手段防止地表

水对滑坡坡面的冲刷或河水对滑坡坡脚的冲刷。

（4）填。用黏土填塞滑坡体上的裂缝，防止地表水渗入滑坡体内。

2. 支挡加固

设置支挡结构以支挡滑坡体或把滑坡体锚固在稳定地层上，由于能比较少地破坏山体，有效地改善滑坡体的力学平衡条件，故“挡”是目前用来稳定滑坡的有效措施之一。

因失去支撑而引起滑动的滑坡，或滑坡床陡、滑动可能较快的滑坡，采用修筑支挡工程的办法可增加滑坡的重力平衡，使滑体迅速恢复稳定。支挡建筑物种类主要有抗滑土垛、抗滑片石垛、抗滑挡土墙、抗滑桩、锚杆等。

（1）抗滑土垛。抗滑土垛是在滑坡下部填土，以增加全体抗滑部分的重量。如在滑坡上部减重，将弃土移于下部做土垛，则可增加斜坡的稳定性。抗滑土垛一般只能作为整治滑坡的临时措施。

（2）抗滑片石垛。抗滑片石垛一般用于滑体不大、自然坡度平缓、滑动面位于路基附近或坡脚下部较浅处的滑坡。抗滑片石垛主要是依靠片石垛的重量，以增加抗滑力的一种简易抗滑措施。片石垛可用片石干砌或竹笼、木笼堆成。

（3）抗滑挡土墙。由于抗滑挡土墙施工时对山体平衡破坏小，稳定滑坡的收效较快，所以应用广泛。抗滑挡土墙属重型支挡工程，是防治滑坡常用的有效措施之一，常与排水等措施联合使用。对于中小型滑坡可以单独采用，对于大型复杂滑坡，抗滑挡土墙可作为综合措施的一部分，同时还要做好排水等措施。设置抗滑挡墙时必须弄清滑坡的滑动范围、滑动面层数及位置、推力方向和大小等因素，并要查清挡墙基底情况，否则会造成挡墙变形，甚至挡墙随滑体滑动，使工程失效。

抗滑挡墙按其受力条件、墙体材料及结构可分为片石片瓦的、混凝土的、实体的、装配式的和桩板式的等。在以往山区滑坡整治中，采用重力式的较多，近年来，在一些工程中也采用了桩板式挡墙，取得了较好的效果。

抗滑挡墙与一般挡土墙的主要区别在于其所受土压力大小、方向和合力作用点不同。由于滑坡的滑动面已形成，所以抗滑挡墙受力与挡墙高度和墙背形状无关，主要由滑坡推力所决定。其受力方向与墙背较长一段滑动面方向有关，即平行墙后的一段滑动面的倾斜方向。推力的分布为矩形，合力作用点为矩形的中点。因此，重力式抗滑挡墙有胸坡缓、外形矮胖的特点（图 10.23）。为了保证施工安全，修筑抗滑挡墙最好在旱季施工，并在施工前做好排水工程，施工时必须跳槽开挖，禁止全拉槽。开挖一段应立即砌筑回填，以免引起滑动。施工时应从滑体两边向中间

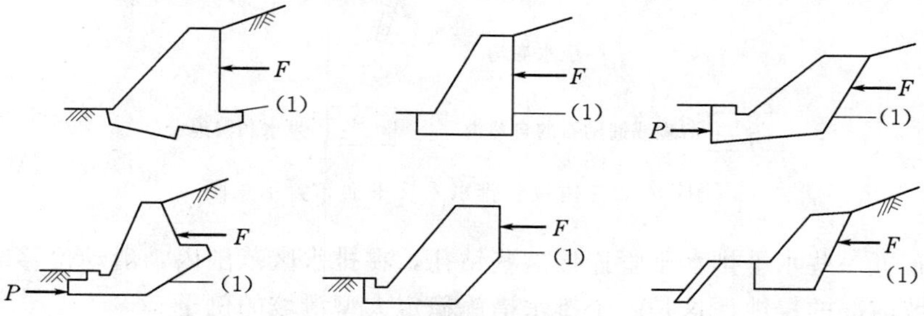

图 10.23　抗滑挡墙的主要结构形式

(1)—滑动面；F—滑坡推力；P—被动土压力

进行，以免中部推力集中，推毁已成挡土墙。

(4) 抗滑桩。抗滑桩是一种用桩的支撑作用稳定滑坡的有效抗滑措施，一般适用于非塑体浅层和中厚层滑坡前缘，对于这种滑坡如用重力式支挡建筑物圬工量过大，施工困难，而抗滑桩设置位置灵活，可以分散使用，省时省料，破坏滑体很少，便于施工，并能立即产生抗滑作用。所以在国内外整治滑坡的工程中，已逐步推广使用。

抗滑桩按制作材料分，有混凝土桩、钢筋混凝土桩及钢桩；按断面形式分，有圆柱、管桩、方桩及“H”形桩；按布置形式分，有间隔式、密排式、单排式及多排式（图 10.24）；按施工方法分，有打入法、钻孔法、挖孔法等。

对于浅层滑坡或路基边坡滑坡，可用混凝土桩或混凝土钻孔桩（图 10.25）使滑体稳定。对于岩层整体性强、滑动面明确的浅层或中厚层滑坡，当修建抗滑挡土墙瓦工量大，或因开挖坡脚易引起滑动时，可在滑坡前缘设置混凝土或钢筋混凝土钻孔桩。对于推力较大的大型滑坡，可采用大截面的挖孔桩，采用分排间隔设桩或与轻型抗滑挡土墙结合的形式，以分散滑坡推力，减小每级抗滑建筑物的圬工体积。

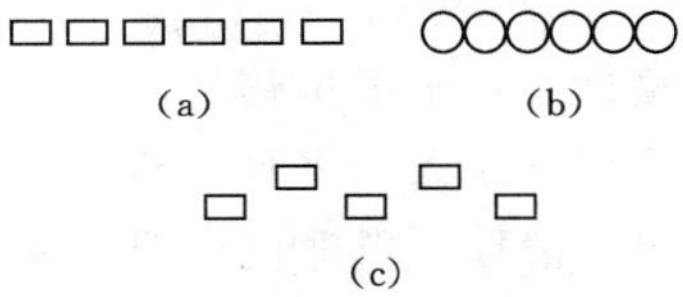

图 10.24 抗滑桩的平面布置和形式

(a) 间隔排式单桩；(b) 密排式单桩；(c) 品字形排桩

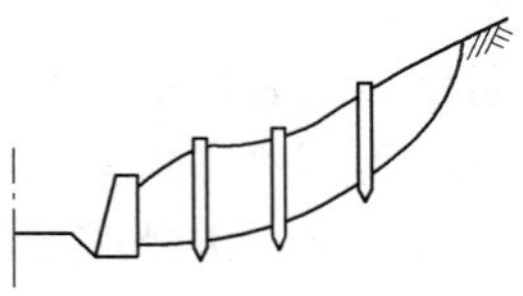

图 10.25 抗滑桩示意图

(5) 锚杆。锚固工程是近 20 多年来发展起来的新型抗滑加固工程，包括锚杆加固和锚索加固。通过对锚杆或锚索预加应力，增大了垂直滑动面的法向压应力，增加了滑动面的抗滑强度，从而阻止了滑坡的发生。锚杆加固是通过锚杆把斜坡上被软弱结构面切割的板状岩体组成一稳定的结合体，并利用锚杆与岩体密贴所产生的摩阻抗力来阻止岩块向下滑移的一种拦挡措施。对一些顺层滑坡，由于坡脚开挖路堑或半路堑，可能牵引斜坡上部产生多级滑坍，难于清理，如事先采用锚杆加固可以阻止斜坡岩层产生滑动。

3. 削坡减载

所有头重脚轻的滑坡以及有可能产生滑坡的高而陡的斜坡，都可将滑坡上部或斜坡上部的岩（土）体削去一部分，减轻上部荷载，这样可减小滑坡或斜坡上的滑动力，因而增加了稳定性。若将上部削除的岩土堆于坡脚处（图 10.26），还可以增加滑坡或斜坡内的抗滑力，进一步提高滑坡或斜坡的稳定性。减重后应验算滑面从残存滑体薄弱部分剪出的可能性。对于小型滑坡可采取全部清除的方法。

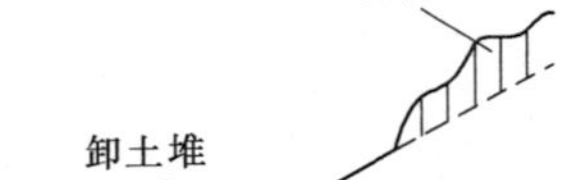

图 10.26 减与压示意图

除此之外，还可以采用改良土质的方法，目的是提高岩（土）体的抗滑能力，一般有电化学加固法、硅化法、水泥胶结法、冻结法、焙烧法、石灰灌浆法及电渗排水法等。土质改良的方法在我国应用尚不广泛，有待进一步研究和实践。

10.2.5　崩塌与滑坡的关系

滑坡和崩塌常常相伴而生，两者产生于相同的地质构造环境、相同的地层岩性构造条件，且有着相同的触发因素，容易产生滑坡的地带也是崩塌的易发区。崩塌、滑坡在一定条件下可互相诱发、互相转化。有时岩（土）体的重力运动形式还会介于崩塌和滑坡之间，以致人们无法凭运动形式区别此现象是崩塌还是滑坡。因此地质科学工作者称此为滑坡式崩塌或崩塌型滑坡。另外，滑坡和崩塌也有着相同的次生灾害和相似的发生前兆。

崩塌与滑坡有相似性也有区别，其区别主要表现在以下几方面：

（1）崩塌发生之后，崩塌物常堆积在山坡坡脚，呈锥形体，结构零乱，毫无层序；而滑坡堆积物常具有一定的外部形状，滑坡体的整体性较好，反映出层序和结构特征。也就是说，在滑坡堆积物中，岩（土）体的上下层位和新老关系没有多大的变化，仍然是有规律的分布。

（2）崩塌体完全脱离母体（山体），而滑坡体则很少是完全脱离母体的，多数部分滑体仍残留在滑床之上。

（3）崩塌发生之后，崩塌物的垂直位移量远大于水平位移量，其重心位置降低了很多；而滑坡则不然，通常是滑坡体的水平位移量大于垂直位移量，多数滑坡体的重心位置降低不多，滑动距离却很大。同时，滑坡下滑速度一般比崩塌速度慢。

（4）崩塌堆积物表面基本上看不见裂缝分布。而滑坡体表面，尤其是新发生的滑坡，其表面有很多具有一定规律性的纵横裂缝。如分布在滑坡体上部（也就是后部）的弧形拉张裂缝；分布在滑坡体中部两侧的剪切裂缝（呈羽毛状）；分布在滑坡体前部的横张裂缝，其方向垂直于滑坡方向，即受压力的方向；分布在滑坡体中前部和大量分布在滑坡舌部的扇形张裂缝（滑坡前缘的放射状裂缝）等。

思考与练习

1. 什么是不良地质现象？
2. 什么是崩塌？简述影响崩坡形成的因素及崩塌的特征。
3. 崩塌有哪些主要的防治工程措施？
4. 什么是滑坡，其基本要素有哪些？
5. 试述滑坡的形成条件。
6. 滑坡有哪些主要的工程防治措施？
7. 崩塌与滑坡有什么样的关系？

第11章 泥石流及防治

学习要点：泥石流的概念、形成条件与分类；泥石流地区道路位置的选择，泥石流的防治措施。

11.1 泥石流的形成条件与分类

泥石流是山区特有的一种自然地质现象。是由于降水（暴雨、融雪、冰川融化）而形成的一种挟带大量泥沙、石块等固体物质，突然暴发，历时短暂，来势凶猛，具有强大破坏力的特殊洪流。泥石流的组成成分是水体和岩石破坏产物。

泥石流与一般的洪水不同，暴发时山谷轰鸣，地面震动，巨量的水体携带着几十万立方米甚至几百万立方米的砂石，依仗着陡峻的山势，沿着峡谷深涧，前推后拥地猛冲下来，在很短时间内将大量的泥砂石块冲出沟，横冲直撞、漫流堆积，破坏性极大。泥石流常冲毁交通线路和耕地，堵塞河道，大的泥石流甚至会掩埋村庄、摧毁城镇，破坏沿途一切工程建筑物，给人民生命财产和国民经济建设造成严重危害。

泥石流主要分布在北纬30°～50°之间的山地，这一纬度带中的中国、日本、美国、俄罗斯、法国、意大利等国家，都是泥石流高发国家。我国是一个多山的国家，山区面积占全国总面积的70%左右，是世界上泥石流发生最多的国家之一。我国西南、西北、华北、中南、东北等山区均有泥石流危害，遍及23个省区，尤其以西南、西北山区最多。甘肃全省82个县市就有40个县内有泥石流危害，泥石流分布范围约占全省面积的15%。1981年7月9日凌晨1点钟，凉山州城洛利子依达沟爆发泥石流，泥石流密度达2340kg/m^3，流速达13.4m/s，最大泥深10.6m，84万m^{3}固体物质冲入大渡河，将宽120m、水深急流的大渡河拦腰截断4小时，并冲毁成都端桥台，剪断2号桥墩，冲毁桥梁2孔，将行使至此的442次列车的机车及两节客车车厢冲入大渡河，造成数百人丧生，直接经济损失2000多万人民币。

在国外，1970年5月30日秘鲁乌阿斯卡雷山区大地震引起大规模山崩，巨石连同泥砂，冰水形成泥石流，从3570m的高度奔泻而下，以30km/h的速度冲毁了山下部分城镇，5万居民丧生，80多万人无家可归。1973年7月，苏联中亚小阿拉木图河谷突然发生强烈泥石流，其发生原因与位于阿尔泰山区冰积土上的冰川湖有关。高山冰川融解后，积于湖中的水突然涌入河谷，巨大水流向阿拉木图市方向倾泻，水流沿途捕获泥土、砂石及体积达 $45m^3$、重达 120t 的巨大漂砾，形成了一股具有巨大能量的泥石流，一瞬间摧毁了沿途所有防护物。而使阿拉木图市免遭破坏的是中心高 112m、宽 500m 的专门石坝。这次泥石流的强度之大，使原来按 100 年设计的泥石流库一次就堆满了 3/4。由此可见泥石流的破坏力之大。

泥石流危害着山区的工农业生产和人民生活，防治泥石流的研究工作具有重要意义。

11.1.1　泥石流的形成条件

泥石流与一般洪流的不同之处在于它含有大量的固体物质。根据泥石流的这个特征，要形成泥石流必须具备一定的条件：首先，该流域内应有丰富的固体物质，并能源源不断地补给泥石流；其次，该地区要有陡峻的地形和较大的沟床纵坡；最后，在该流域的中、上游，应有由强大的暴雨或大量冰雪消融及湖泊的溃决等形式补给的充沛水源。凡是具备这三种条件的地区，就会有泥石流出现。此外，泥石流的形成除与山区的自然条件有关外，尚和人类生产活动有密切关系。

1. 地质条件

在泥石流形成区内有大量易于被水流侵蚀冲刷的疏松土石堆积物，是泥石流形成的最重要的条件。凡泥石流十分活跃的地区都是地质构造复杂、断裂褶皱发育、新构造运动强烈、地震烈度大的地区。这些原因致使地表岩层破碎，产生各种物理地质灾害（如山崩、滑坡、崩塌等）。

地质条件决定了这些松散固体物质的来源。组成泥石流松散固体物质的类型、数量和位置，取决于泥石流流域内的地质环境条件。泥石流松散固体物质的来源包括岩体风化破碎堆积物、崩滑物质、洪积物等。若形成区的物质供应区内有大量松散堆积物质且分布广、厚度大，或岩石风化剧烈，构造活动频繁、断裂节理发育，岩石遭受剧烈作用切割破碎，会产生大量滑坡、崩塌等现象。由人类活动产生的大量松散物质，如废泥土或石渣等，也给泥石流发生提供了丰富的物质资源。

2. 地形条件

泥石流流域的地形特征也是形成泥石流的重要条件。形成泥石流的地形条件要求大气降水能迅速汇聚，并拥有巨大动能。一般是山高沟深，地势陡峻，沟床纵坡大及流域形状便于水流汇集的地区。为此流域上游应有一个汇水面积较大，地形、沟床坡度比较陡的区域。

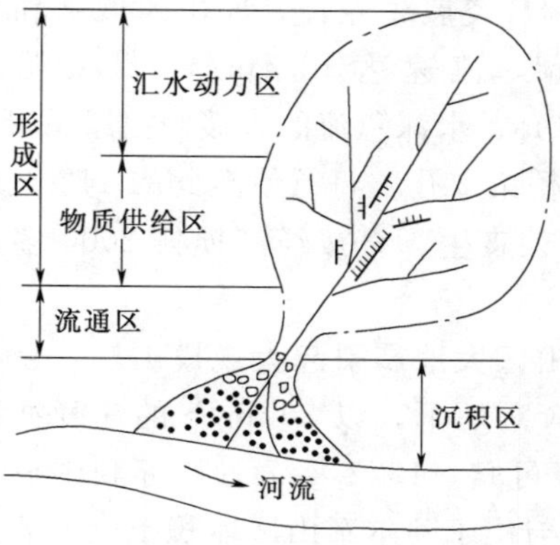

图 11.1　典型泥石流沟示意图

典型的泥石流流域从上游到下游一般可分为三个区，即形成区、流通区和沉积区（图 11.1）。

（1）泥石流形成区。泥石流形成区一般在泥石流沟的中上游，由汇水区和松散物质供给区组成。完整的泥石流流域，上游多为三面环山、一面有出口的瓢状或斗状围谷。汇水区山坡坡度常在 30°以上，是迅速汇集水源，形成洪峰径流的地方，该区域地形越陡植被越少，水流汇集越快。松散物质供给区一般位于汇水区下部，常常是坡面侵蚀强烈，两岸岩体破碎，崩塌、滑坡等不良地质发育的地区，可为泥石流提供大量松散物质。其沟床纵坡一般大于 14°，松散物质稳定性差，当遇到大洪峰时，可能形成泥石流。

（2）泥石流流通区。泥石流流通区一般位于泥石流沟中下游，在地形上多为狭窄而幽深的峡谷，谷壁陡峻（坡度在 20°～40°），谷床狭窄，沟谷横断面形状呈 U 形。流通区是泥石流流动所通过的地段，由于其多为狭窄而深切的峡谷或冲沟，谷壁陡峻而纵坡降较大，常出现陡坎和跌水，所以泥石流物质进入本区后具极强的冲刷能力。大股泥石流常常迅速通过峡谷直泄山外，小股泥石流到此地有时出现壅高停积现象；当后来的泥石流继续推挤时，才会一拥而出，成为破坏力很大的泥石流。流通区形似颈状或喇叭状，非典型的泥石流沟可能没有明显的流通区。

（3）泥石流沉积区。泥石流流域的下游是泥石流物质的停积场所，一般位于山口外或山间盆地边缘，地形较平缓处。由于地形豁然开阔平坦，泥石流的动能急剧变小，最终停积下来，形成扇形、锥形或带形的堆积体，统称洪积扇。当洪积扇稳定而不再扩展时，泥石流对其破坏力减缓直至消失。

3. 水源条件

水不仅是泥石流的组成部分和搬运介质，同时也是启动松散物质（如浸泡软化松散物质，降低其抗剪强度，产生浮力，推动瓦解松散物质等）和产生松散物质（如诱发崩塌、滑坡等）的主要因素。

形成泥石流的水源决定于该地区的水文气象条件。泥石流形成必须有强烈的地表径流，地表径流是暴发泥石流的动力条件。形成泥石流的突发水源主要来自集中暴雨、冰雪融水和湖库溃决三种形式。我国广大山区形成泥石流的水源主要来自暴雨。雨量和强度愈大，所形成的泥石流规模也就愈大。我国大部分地区降雨量都集中在 5—9 月，雨季降雨量占全年降雨量的 60％～90％，并且常以集中暴雨的形式出现，如汶川地震造成多次泥石流灾害，大段公路路基被掩埋或被淹，多座桥梁被毁，隧道进出口被埋。图 11.2 为震后的瀑布山庄，泥石流于 2008 年 6 月 24 日暴发，掩埋了公路。图 11.3 为汶川地震后泥石流掩埋路基及部分桥梁。

在高山冰川分布地区，冰川积雪的大量消融也会为形成泥石流提供大量水源，

图 11.2 泥石流掩埋公路

图 11.3 泥石流掩埋路基及部分桥梁

冰川湖或由山崩、滑坡堵塞而成的高山湖的突然溃决，往往会形成规模极大的泥石流。这样的灾害在西藏东南部是很常见的。因此，泥石流在时间上多发生在降雨集中的雨季或高山冰雪消融季节，主要是在每年的夏季。

4. 人为因素

除自然条件外，人类的建设活动也是导致泥石流形成的一个因素。在山区建设中，由于开发利用不合理，会破坏了地表原有的结构和平衡，会造成水土流失，产生大面积塌方、滑坡等现象。这就为形成泥石流提供了固体物质，使已趋稳定的泥石流沟复活，向恶化方向发展。

从形成泥石流的条件中可以看出，泥石流流域内固体物质的产生过程（即岩石性质的变化，岩体的破碎）是一个漫长的逐渐积累的过程，而这些固体物质补给泥石流又常常是以突然性的山崩、滑坡、崩塌等方式来实现。当这些固体物质崩落在陡峻的沟谷中与湍急的水流相遇时，才能形成泥石流。总之，固体物质的积累过程（包括水对固体物质的浸润饱和和搅拌过程），较之泥石流的突然爆发，是一个缓慢的孕育过程。当这个过程完成，随之而来的就是来势凶猛的泥石流了。而这一特点对于人们认识泥石流的分布规律、暴发率及其特征，具有重要意义。

根据泥石流的形成条件，泥石流具有一定的区域性和时间性的特点；在空间分布上，泥石流主要发育在温带和半干旱山区以及有冰川分布的高山地区；在时间上，泥石流大致发生在较长的干旱年头之后（积累了大量的固体物质），而多集中在强度较大的暴雨年份（提供了充沛的水源动力）或高山区冰川积雪大量消融时期。

11.1.2 泥石流的分类

由于泥石流产生的地形地质条件有很大差别，故泥石流的性质、物质组成、流域特征及其危害程度等，也随地形地质条件的不同而变化。目前对泥石流类型的划分目前尚未统一，仍处于探索过程中。多年来，各相关研究单位和相关行业部门，大多建立有自己的泥石流分类及分类标准。其中常见主要分类形式有以下几种。

1. 按泥石流所含固体物质成分分类

按泥石流所含固体物质成分分类，可分为泥流、泥石流和水石流。

（1）泥流。所含固体物质以黏土、粉土为主（占 80%～90%），仅有少量岩屑碎石，黏度大，呈不同稠度的泥浆状。这种泥石流主要分布于甘肃的天水、兰州、西宁等黄土高原山区和黄河的各大支流，如渭河、建水、洛河、径河等地区。

（2）泥石流。由大量黏性土和粒径不等的砂粒、石块组成，是一种比较典型的泥石流类型。在基岩裸露剥蚀强烈的山区产生的泥石流多属此类。这种泥石流在我国主要发生在西藏波密、四川西昌、云南东川、贵州遵义等地区。

（3）水石流。由水和大小不等的砂粒、石块组成。其固体物质主要是一些坚硬的石块、漂砾、岩屑及砂等，粉土和黏土含量很少，一般小于 10%。水石流主要分布于石灰岩、石英岩、大理岩、白云岩、玄武岩及坚硬的砂岩地区，如陕西华山、山西太行山、北京西山、辽宁东部山区的泥石流多属此类，这与形成区的地质岩性有关。

2. 按泥石流地貌特征分类

按泥石流地貌特征分类，可分为标准型泥石流、沟谷型泥石流、山坡型泥石流。

(1) 标准型泥石流。具有明显的形成区（多在流域的上游地段，形成泥石流的固体物质和水源主要集中在此区）、流通区、沉积区三个区段。形成区多崩塌、滑坡等地质灾害，地面坡度陡峻；流通区较稳定，沟谷断面多呈“U”形；沉积区一般呈现扇形，流域面积一般为十几平方千米至几十平方千米，沉积物棱角明显。此类泥石流破坏能力强，规模较大。

(2) 沟谷型泥石流。流域呈狭长形，流域上游水源补给较充分。形成区分散在河谷的中、上游；固体物质补给远离堆积区，沿河谷既有堆积又有冲刷，形成逐次搬运的“再生式泥石流”；沉积物棱角不明显，如图 11.4 (a) 所示。形成沟谷式泥石流的固体物质主要来自中游地段的滑坡和塌方。此类泥石流破坏能力较强，周期较长，规模较大。

(3) 山坡型泥石流。沟小流短，流域面积小，一般不超过 1km^2。沟坡与山坡基本一致，流域呈斗状，没有明显的流通区，形成区直接与堆积区相连，如图 11.4 (b) 所示。洪积扇坡陡而小，沉积物棱角分明；这种泥石流冲击力大，淤积速度较快，但规模较小。

3. 按泥石流流体性质分类

按泥石流流体性质可分为黏性泥石流和稀性泥石流。

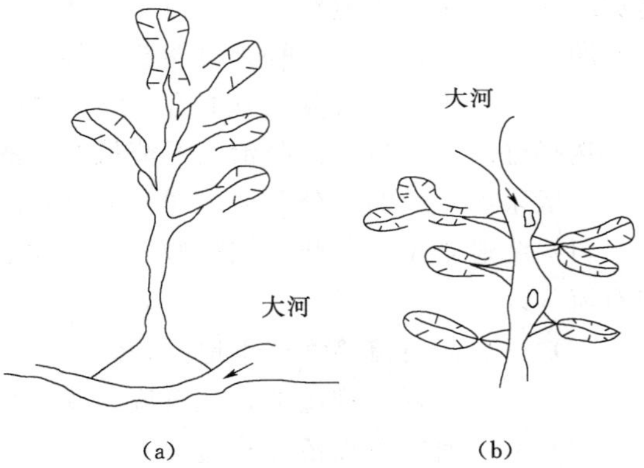

图 11.4　泥石流流域示意图
(a) 沟谷型泥石流流域示意图；(b) 山坡型泥石流流域示意图

(1) 黏性泥石流。又称结构泥石流，含有大量的细粒物质（黏土和粉土）。固体物质含量占 40%～60%，最高可达 80%。水和泥砂、石块凝聚成一个黏稠的整体，并以相同的速度作整体运动，而大石块犹如航船一样漂浮而下。这种泥石流的运动特点主要是具有很大的黏性和结构性。黏性泥石流在开阔的堆积扇上运动时，不发生散流现象，而是以狭窄的条带状向下奔泻。停积后仍保持运动时的结构，堆积体多呈长舌状或岛状。黏性泥石流在运动过程中有明显的阵流现象，使得堆积扇的地面坎坷不平。这与由一般洪水或冰水作用形成的山麓堆积扇显著不同。黏性泥石流流经弯道时，有明显的外侧超高和爬高现象及截弯取直动作，在沟槽转弯处，它并不一定循沟床运行，而往往直冲沟岸，甚至可以爬越高达 5～10m 的阶地、陡坎或导流堤坝而泄出。同时，这种泥石流往往以“突然袭击”的方式骤然暴发，持续时间短，破坏力大，常在几分钟或几小时内把几万甚至几百万立方米的泥砂石块和巨砾搬出山外，能够造成巨大灾害。

(2) 稀性泥石流。稀性泥石流是水和固体物质的混合物。其中水是主要成分，固体物质占 10%～40%。固体物质中，黏土和粉土含量少，因而不能形成黏稠的整体，有很大的分散性。这种泥石流的搬运介质主要是水。石块以滚动或跳跃方式前进，具有强烈的下切作用。在运动过程中，水与泥砂组成的泥浆速度远远大于石块运动的速度。固、液两种物质运动速度有显著的差异，属紊流性质。稀性泥石流在堆积扇地区呈扇状散流，岔道交错，改道频繁，将堆积扇切成一条条深沟。这种泥石流的流动过程是流畅的，不易造成阻塞和阵流现象。停积之后，水与泥浆即慢慢流失，粗粒物质呈扇状散开，表面较平坦。稀性泥石流有极强烈的冲刷下切作用，常在短暂的时间内把黏性泥石流填满的沟床下切成几米或十几米的深槽。

以上分类是我国泥石流最常见的几种泥石流分类方法。除此之外，还有多种分类方法，如按泥石流的成因分类有冰川型泥石流和降雨型泥石流；按泥石流流域大小分类有大型泥石流、中型泥石流和小型泥石流；按泥石流发展阶段分类有发展期泥石流、旺盛期泥石流和衰退期泥石流等。

11.2　泥石流的防治

11.2.1　泥石流地区道路位置的选择

山区道路选线一般都是利用山坡坡脚至河岸间的坡地或阶地沿河前进，因此穿越泥石流地区是难以避免的。如何合理地选择交通线路的位置就成为一个十分重要的问题。如果选线不当，轻则可能造成很多泥石流病害点，重则使整段线路无法正常使用，所付出的代价是无法估量的。从根本掌握泥石流的特征及其发生发展规律，选择好线路的位置是防治泥石流最有效的措施。

一般来说，铁路、公路通过泥石流区，应遵循以下原则：

（1）绕避处于发育旺盛期的特大型、大型泥石流或泥石流群，以及淤积严重的泥石流沟。

（2）远离泥石流堵河严重地段的河岸。

（3）线路高程安排应考虑泥石流的发展趋势。

（4）峡谷河段以高桥大跨通过。

（5）宽谷河段，线路位置及高程应根据主河床与泥石流沟淤积率、主河摆动趋势确定。

（6）线路跨越泥石流沟时，应避开河床纵坡由陡变缓的位置和平面上的急弯部位，不宜压缩沟床断面，改沟并桥或沟中设墩；桥下应留足净空。

（7）严禁在泥石流扇上挖沟设桥或作路堑。

11.2.2　泥石流的防治措施

泥石流的发生和发展原因很多，因此对泥石流的防治应根据泥石流的特征、破坏强度和工程建筑的要求等条件来拟定，并采取综合防治措施。

目前泥石流的防治措施很多，归纳起来有水土保持、穿过和跨越、排导和拦挡等方法。若是处于严重发育地段且属大型的泥石流，一般绕避为好，如无法绕避，则应在调查泥石流活动规律后，选择有利部位，采用适宜的建筑物通过。泥石流的整治是在研究了泥石流的发生条件，发展阶段，流域特征、规模、活动规律及其对工程建筑物的影响程度的基础上，因地制宜地采用各种不同的方法进行处理的。

1. 水土保持

这种方法是在泥石流的上游汇水区做好水土保持工作，如进行植树造林，种植草皮等工作，以巩固土壤，使其不受冲刷、减少水土流失；调整地表径流，横穿斜坡修建导流堤，筑排水沟系，如截水沟等，以疏干土壤或使土壤不受浸湿，使水不沿坡度较大处流动，以降低水流流速；加固岸坡，如沟头防护、岸边防护、边坡防护，在易产生坍塌、滑坡的地段做一些支挡工程以加固土层，稳定边坡，防止岩土被冲刷导致崩塌，尽力减少固体物质来源。

2. 穿过和跨越

穿过工程是指修建隧道、明洞和渡槽，从泥石流沟下方通过，另外还可修建用于排放泥石流的护路廊道。穿过工程是铁路和公路通过泥石流地区的又一主要工程形式。跨越是指修建桥梁、涵洞，从泥石流沟上方跨越通过，让泥石流在其下方排泄，以避防泥石流。跨越工程是铁道部门和公路交通部门为了保障交通安全常用的措施。

3. 排导

排导主要用于泥石流下游的洪积扇上，目的是防止泥石流漫流改道，使泥石流按设计意图顺利排泄，减小冲刷和淤积的破坏，以保护附近的居民点、工矿点和交通线路。排导工程包括排导沟、排洪道、导流堤、渡槽、急流槽、束流堤等。

排洪道是排导泥石流的工程建筑物，能起到顺畅排泄泥石流的作用。根据泥石流的特点，排洪道应尽可能直线布置。为了便于大河带走泥石流宣泄下来的固体物质，排洪道出口与大河交接处应以锐角为宜（图 11.5）；排洪道与大河衔接处的标高应高于同时间的大河水位，至少应高出 20 年一遇的大河洪水位，以免大河顶托而导致排泄道淤积。排洪道的纵坡、横断面、深度等设计，要根据当地情况具体考虑。

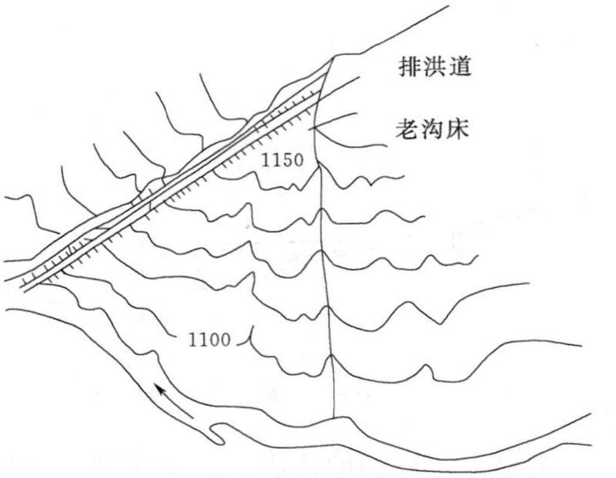

图 11.5 排洪道与大河交接以锐角平交

导流堤是在可能受到泥石流威胁的范围内有建筑物时修筑的，以确保建筑物的安全。导流堤的平面位置是位于建筑物的一侧，并且必须从泥石流出口处筑起（图 11.6）。

4. 拦挡

拦挡是主要用于泥石流上游形成区后缘的工程设施，用以控制泥石流的固体物质量和雨洪径流，削弱泥石流的流量、下泄总量和能量，以减少泥石流对下游的冲刷、撞击和淤埋等危害。设置停淤场，将泥石流中固体物质导入停淤场，以减轻泥石流的动力作用。在泥石流沟中修筑各种形式的拦渣坝，拦渣坝常见的有重力式挡墙和格栅坝两种（图 11.7 和图 11.8），以拦截泥石流中的石块。其中格栅坝是一种特殊类型的坝，这种坝是用钢构件和钢筋混凝土构件装配而成的形似栅状的建筑

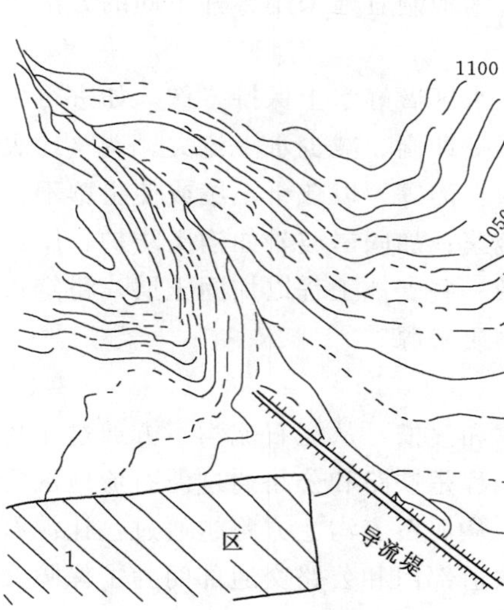

图 11.6 导流堤的平面示意图

物，能将稀性泥石流、水石流所携带的大石块经格栅过滤停积下来，形成天然的石坝，以缓冲泥石流的动力作用，同时使沟段得以稳定。

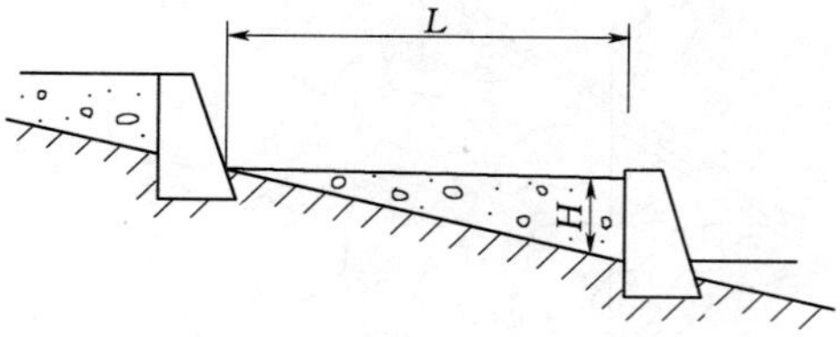

图 11.7 重力式挡墙

图 11.8 格栅坝

泥石流拦挡坝的作用，一是拦蓄泥砂石块等固体物质，减弱泥石流的规模；二是固定泥石流沟床，平缓纵坡，减小泥石流流速，防止沟床下切和谷坡坍塌。为了防止规模巨大的泥石流破坏城市，往往需要修筑高大的泥石流拦挡坝。如苏联为了保护阿拉木图市免遭泥石流的威胁，于 1971 年在小阿拉木图河谷建了一座中心高 112m、宽 500m 的石坝。该高坝抵御住了 1973 年 7 月突然发生的巨大的泥石流的冲击，使城市免遭破坏。在这次泥石流发生后，人们又采取了措施增大坝体，使坝高加至 145m，加宽至 550m。

泥石流的防治是一项艰难而持久的工作，须根据被整治对象的具体情况，考虑泥石流的形成条件、具体特征、发生危害的规模及其类型差别等多种因素，因地制宜地选用上述防治措施中的一项或多项，对泥石流进行综合治理，这样才能够有效地控制泥石流造成的危害。一般来说，在以坡面侵蚀及沟谷侵蚀为主的泥石流地区，应以种植植物措施为主，辅以工程措施；在崩塌、滑坡强烈活动的泥石流形成区，应以工程措施为主，兼用种植植物措施；而在坡面侵蚀和重力侵蚀兼有的泥石流地区，则采用综合治理效果最佳。

思考与练习

1. 什么是泥石流？泥石流有哪些类型？
2. 形成泥石流需要什么条件？
3. 试说明泥石流地段道路选线的原则和泥石流的防治措施。

第 12 章

岩溶及工程地质问题

学习要点：岩溶的概念、形态特征和形成条件；岩溶地区的工程地质问题及防治措施。

12.1 岩溶

岩溶又称喀斯特，是指可溶性岩层，如碳酸盐类岩（石灰岩、白云岩）、硫酸盐类岩层（石膏）和卤素类岩层（岩盐）等，受水的化学和物理作用产生的沟槽、裂隙和空洞，以及由于空洞顶板塌落使地表产生陷穴、洼地等特殊的地貌形态和水文地质现象的总称。

岩溶在我国分布广泛，有的岩溶发育在岩盐类岩石（如岩盐、钾盐）中，有的发育在硫酸盐类岩石（如石膏、硬石膏）中，但以碳酸盐类岩石中发育的岩溶现象最为普遍，如石灰岩、白云岩等在我国西南各省几乎到处可见。岩溶地质现象奇丽壮观、引人入胜，尤其是广西桂林的岩溶现象尤为著名，素有“桂林山水甲天下”的美誉，是世界游览胜地之一。在我国广西、贵州、云南、四川、湖南、湖北等地，都有大面积连续分布的碳酸盐岩，如贵州面积51%、广西面积33%的地质，都是出露的碳酸盐岩，这些都是著名的岩溶地区。此外，在我国华南、华东、华北以及青海、西藏等地，也有大量碳酸盐岩分布。因此，我国是一个岩溶发育的国家，全国陆地碳酸盐岩分布面积为344.3万km^2，出露面积为90.7万km^2。

岩溶与工程建设关系密切。地表水、地下水对可溶岩进行溶解和冲刷，在岩石内造成空洞，使岩石结构发生变化和破坏，形成了一系列独特的地貌景观和特殊的地下水类型，降低了原有岩石的强度，导致了较复杂的地质问题。在修建水工建筑时，由于岩溶所造成的库水渗漏，轻则造成水资源或水能损失，重则使水库完全不能蓄水而导致水库失效。在岩溶地区开挖隧道时，常遇到溶洞充填物坍塌，暗河和溶洞封存水突然涌入，溶洞充填物不均匀沉降导致衬砌开裂等问题。当施工遇到大型溶洞时，洞中高填方或桥跨施工困难，造价昂贵，不仅延误工期，有时甚至需改变线路方案。如天生桥隧道开挖到山体内部，遇到一个高100m（路基下高度大于50m）、宽120m、长90m的大洞穴，如建筑物悬空，在技术上很难处理，所以被迫加设弯道绕避。此外，岩溶地面塌陷，风化表土不均匀沉降或岩溶漏斗覆盖土潜移，都会对工程建筑造成危害。因此，充分认识岩溶作用及岩溶现象，对岩溶地区的工程建筑有着重要意义。

12.1.1 岩溶的形态及形成条件

1. 岩溶的形态特征

岩溶形态是可溶岩在被溶蚀过程中的地质表现，分为地表岩溶形态和地下岩溶形态。地表岩溶形态有溶沟（槽）、石芽、漏斗、溶蚀洼地、坡立谷、溶蚀平原等。地下岩溶形态有落水洞（井）、溶洞、暗河、天生桥等（图 12.1）。

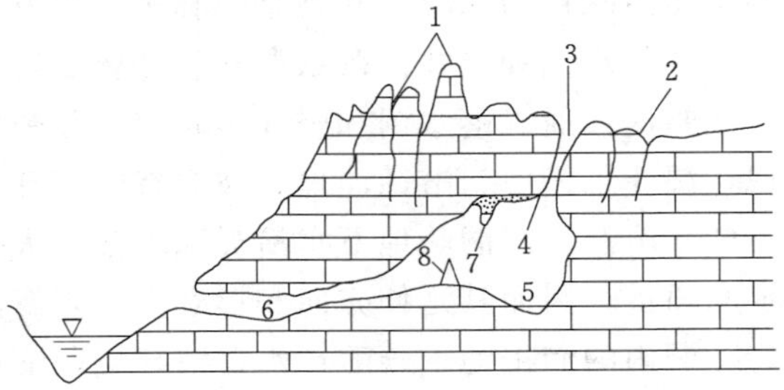

图 12.1 岩溶形态示意图

1—石林；2—溶沟；3—漏斗；4—落水洞；5—溶洞；6—暗河；7—钟乳石；8—石笋

（1）溶沟和石芽。地表水沿地表岩石低洼处或沿节理进行溶蚀和冲刷，在可溶岩表面形成的沟槽称为溶沟，溶沟是微小的地形形态。溶沟将地表刻切成参差状，起伏不平，这种地貌称为溶沟原野，在溶沟原野中的溶沟间距一般为 2～3m，其宽、深可由数十厘米至数米不等。当沟槽继续发展以致各沟槽互相沟通，在地表上残留下一些石笋状的岩柱，这种岩柱被称为石芽。石芽一般高 1～2m，多沿节理有规则排列（图 12.2）。如果溶沟继续向下溶蚀，石芽逐渐高大，沟坡趋近于直立且发育成群，远观像石芽林，称为石林。如云南路南县的石林奇观，堪称世界之最，其中石芽最高达 30m 以上，峭壁林立，千姿百态。

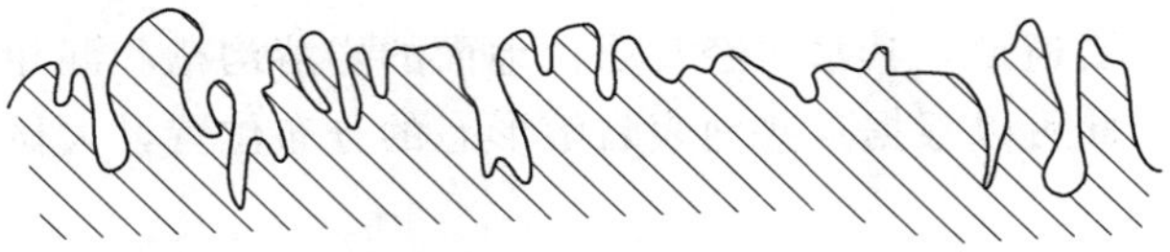

图 12.2 溶沟石芽断面示意图

（2）漏斗。漏斗是由地表水的溶蚀和冲刷，并伴随塌陷作用而在地表形成的漏斗状形态，平面为圆形或椭圆形，直径几米至几十米或更大，深度为 1～15m 左右。漏斗常成群地沿一定方向分布，沿构造破碎带方向排列。漏斗是地表水沿岩石裂隙下渗过程中，逐步溶蚀岩石，使上部岩石顶板塌落而形成的，故其底部常有坍塌物或由流水带来的物质堆积。漏斗底部常有裂隙通道，通常为落水洞的生成处，将地表水能直接引入深部的岩溶化岩体中。如果漏斗底部的通道被堵塞，则漏斗将会积水而形成湖泊。

（3）溶蚀洼地。以溶蚀作用为主形成的一种封闭、半封闭洼地称为溶蚀洼地。溶蚀洼地多由地面漏斗群不断扩大汇合而成，面积有几十平方米至几万平方米不等。溶蚀洼地周围常有溶蚀残丘、峰丛、峰林，底部有漏斗和落水洞。

（4）坡立谷和溶蚀平原。坡立谷是一种大型封闭洼地，也称溶蚀盆地，面积有几平方千米至几百平方千米不等，坡立谷进一步发展则形成溶蚀平原。坡立谷谷底平坦，常有较厚的第四纪沉积物，谷周为陡峻斜坡，谷内有岩溶泉水形成的地表流水流至落水洞后降至地下，故谷内常有沼泽、湿地或小型湖泊。如广西一带溶蚀洼地很多，其直径几百米至两三千米，洼地底部有厚约 2～3m 的红土覆盖，其表面有耕地分布。

（5）峰丛、峰林和孤峰。峰丛、峰林和孤峰，这三种形态是岩溶作用极度发育的产物。有溶蚀作用初期，山体上部被溶蚀，下部仍相连的现象通称峰丛；峰丛进一步发展成分散的、仅基底岩石稍许相连的石林，称为峰林；耸立在溶蚀平原中孤立的个体山峰称为孤峰，它则是峰林进一步发展的结果。

（6）落水洞和竖井。落水洞和竖井皆是地表通向地下深处的通道，其下部多与溶洞或暗河连通。落水洞和竖井是岩层裂隙受流水溶蚀、冲刷扩大或坍塌而成，常出现在漏斗、槽谷、溶蚀洼地和坡立谷的底部，或河床的边部，呈串珠状排列。

（7）溶洞。溶洞是地下水沿裂隙溶蚀扩大而形成的各种洞穴。溶洞早期作为岩溶水的通道，因而其延伸方向和形态多变，溶洞内常有钟乳石、石笋和石柱等岩溶产物。洞内的滴水为重碳酸钙水，因环境改变释放出二氧化碳，使碳酸钙沉淀而形成钟乳石、石笋和石柱等岩溶产物。溶洞形态多变，洞身曲折、分岔，断面不规则。地面至潜水面之间，因地表水垂直下渗，溶洞以竖向形态为主；而在潜水面附近，地下水多为水平运动，溶洞则多为水平方向迂回曲折延伸的洞穴。

规模较大的溶洞长达几十公里，洞内宽处如大厅，窄处似长廊。如美国肯塔基州的猛犸洞长达 240km，为世界之冠。水平溶洞有的不止一层，如江苏宜兴善卷洞，该洞有上、中、下三层，每层相互连通。上洞、中洞属同一水平溶洞系统，都很开阔，可容数百人；下洞中发育有近 100m 的地下河，沿地下河行舟可以直通地面。

（8）暗河。在岩溶地区地下沿水平溶洞流动的河流称作暗河。暗河是地下岩溶水汇集和排出的主要通道，其水源经常是由地面的岩溶沟槽和漏斗经落水洞流入暗河内的地表水。因此可以根据这些地表岩溶形态的分布位置，大概地判断暗河的发展和延伸方向。

溶洞和暗河会对各种建筑物特别是地下工程建筑物造成较大危害，应予以特别重视。

（9）天生桥。天生桥是溶洞和暗河洞道塌陷，而局部洞道顶板不塌陷，从而形成的一个横跨水流的石桥，称为天生桥。它常为地表跨过槽谷或河流的通道。

（10）土洞。在坡立谷和溶蚀平面内，可溶性岩层常为第四纪土层所覆盖。由于地下水位降低或水动力条件改变，在真空吸蚀及淋滤、潜蚀、搬运作用下，使上部土层下陷、流失或坍塌，形成大小不一、形状不同的土洞。

2. 岩溶的形成条件

岩溶的形成是水对岩石的溶蚀作用结果。因而其形成条件是必须有可溶于水而且是透水的岩石，同时必须有流动的水源。造成岩溶的物质基础有两个方面：岩体和水质。

（1）岩体。形成岩溶的岩体首先必须是可溶解的，岩石的可溶性取决于岩石的成分和结构。根据岩石的溶解度，能造成岩溶的岩石可分为三类：碳酸盐类岩石，如石灰岩、白云岩和泥灰岩；硫酸盐类岩石，如石膏和硬石膏；卤素类岩石，如岩盐。这三类岩石中以碳酸盐类岩石的溶解度最低，但当水中含有碳酸时，其溶解度将剧烈增加。在岩石中，碳酸盐类矿物分布最广的有方解石和白云石，其中方解石的溶解度比白云石大得多。第二类为硫酸盐类岩石，其溶解度远远大于碳酸盐类岩石，硬石膏在蒸馏水中的溶解度大约等于方解石的190倍。第三类是卤素类岩石，如岩盐，其溶解度比前两类岩石都大。就可溶性岩石在我国分布的情况来看，以碳酸盐类岩石，特别是石灰岩分布最广，次为石膏和硬石膏，以岩盐最少。其中石灰岩和白云岩分布广泛，经过长期溶蚀，岩溶现象十分显著。

岩体不仅是由可溶解的岩石组成，而且必须具有透水性能，才有岩溶发展的可能。岩石的透水性取决于岩石的裂隙度与孔隙度。岩体的透水性要注意两个方面：一是可溶岩石本身的透水性，这就是说在岩石内要有畅通水流的孔隙；二是在岩体内要有裂隙，这些裂缝往往成为地下水流畅通的通道，是造成岩溶最大发育地，裂隙类型很多，以构造裂隙和层理裂隙对岩溶的影响最大。

（2）水质。岩体中是有水的，特别是在地下水位以下的岩体。天然水有溶解能力，这是由于水中含有一定量的侵蚀性 CO_2。当含有游离 CO_2 的水与其周围岩的碳酸钙（$CaCO_3$）作用时，碳酸钙被溶解，这时化学作用如下：

$$CaCO_3 + CO_2 + H_2O \rightleftharpoons Ca^{2+} + 2HCO_3^-$$

这种作用是可逆的，即溶液中含有的部分 CO_2 在反应后处于游离状态，这些游离 CO_2 含量相当于水中固体 $CaCO_3$ 处于平衡状态时一定的 HCO_3^- 含量，平衡状态时的游离 CO_2 量称为平衡 CO_2。如果水中游离 CO_2 含量比平衡所需的数量要多，那么，这种水与 $CaCO_3$ 接触时，就会发生 $CaCO_3$ 的溶解，消耗在与碳酸钙发生反应上的这部分碳酸称作侵蚀性 CO_2。

确定水中的侵蚀性 CO_2 是有意义的，因为水中含有侵蚀性 CO_2 越多，则水的溶蚀能力越强。在我国发生岩溶，几乎都是在石灰岩层中产生的，如果水中含有过多侵蚀性 CO_2，这里岩溶发育必然是剧烈的。但是水中侵蚀性 CO_2 的含量随水的活动程度不同而不同，因此必须着重研究水在岩体中的活动性。

（3）水在岩体中的活动方面。水在可溶岩体中的活动是造成岩溶的主要原因，它主要表现为水在岩体中流动时，地表水或地下水不断交替，因而造成水流一边对其周围岩体进行溶蚀，一边对其围岩进行冲刷。

水的溶蚀能力是岩溶发育的必要条件，纯水几乎不具溶蚀能力，地下水或地表水主要来源于大气降水的补给，而大气中是含有大量 CO_2，这些 CO_2 溶解于大气降水中，使水中含有碳酸。水中含侵蚀 CO_2 越多，则水的溶蚀能力就越强，就会大大增强水对可溶岩的溶解速度。由于水中 CO_2 主要来自土壤层中微生物不断制造的 CO_2，因此岩溶强度随深度增大而变弱。此外，随着水温增高，进入水中的 CO_2 扩散速度增大，使岩溶现象变快，故热带可溶岩溶蚀速度比温带、寒带更快。

岩溶地区地下水的循环交替运动也是形成岩溶的必要条件。因为停滞不动的地下水，对岩石的溶解很快达到饱和，就会失去继续溶蚀的能力。只有当水处于不断的流动状态，才能不断地溶解岩石中的可溶成分，并使其随水流走，长此以往便会形成一系列的岩溶地貌。而地表水则沿地表的可溶岩石表面的凹槽流动，一方面溶解围岩，另一方面利用流水动力冲刷围岩，于是产生了岩沟、岩槽和石芽。地下水在向地下流动的过程中，与岩石相互作用而不断地耗费了具有侵蚀性的二氧化碳，造成地下水的溶解能力随深度的加深而减弱。再加上深部水的循环较慢，水的溶解能力及冲刷能力大大减少，使深部的岩溶作用减弱。

在岩溶地区，地下水对围岩的溶解作用和冲刷作用是同时进行的。在一些裂隙或小溶洞中，溶蚀作用占主要地位。而在一些大的地下暗河中，地下水的冲刷能力很强，这时溶解作用则属于次要地位。

(4) 岩溶的垂直分带。在岩溶地区，地下水流动有垂直分带现象，因而形成的岩溶也有垂直分带的特征。岩溶水在地下可分为四个运动特征明显的带，即垂直循环带、季节循环带、水平循环带和深部循环带（图 12.3）。各带岩溶发育特征也不相同。

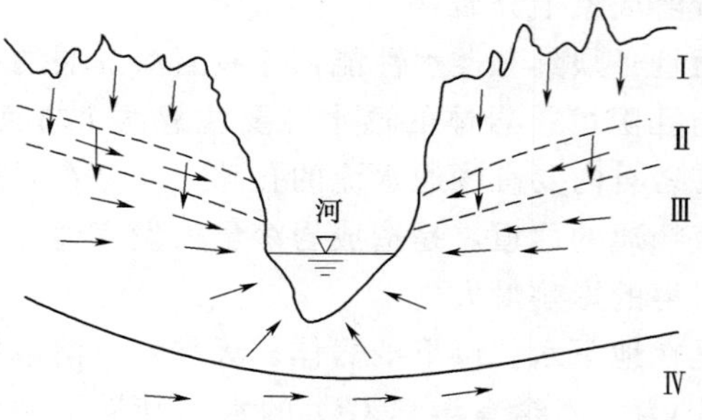

图 12.3 岩溶水垂直分带

Ⅰ—垂直循环带；Ⅱ—季节循环带；Ⅲ—水平循环带；Ⅳ—深部循环带

1）垂直循环带。垂直循环带又称包气带，指可溶岩区地表面到雨季潜水位之间的地带。处于垂直循环带的落水洞一般深度大于宽度，下部多与溶洞或暗河连通，是地表水渗向地下的通道，有时可以将地表河流部分或全部导入地下，形成伏流或暗河。当落水洞稍具规模后，流水对洞壁和洞底的机械侵蚀也可促进落水洞加深、加大。

落水洞附近地面，常被暂时性流水和地下水侵蚀成漏斗状洼池，称作溶蚀漏斗。溶蚀漏斗一般大致呈圆形或椭圆形，直径几米至几十米，深度为十几米到几十米。由溶蚀作用与陷落作用形成的漏斗，一般规模较大，有时直径或深度都达数百米。溶蚀漏斗发育的地区，地表宛如蜂窝状，当地面漏斗群不断扩大汇合，可在地表形成溶蚀洼池，面积由数十平方米至数万平方米不等。地表大型的封闭洼池形成坡立谷，也称溶蚀盆地，面积由数平方千米到数百平方千米不等，进一步发展则成为溶蚀平原。坡立谷谷周为陡峻斜坡，谷底平坦且常有较厚的第四纪沉积物。谷中还可见残留的未被溶蚀掉的孤峰。有时地表河流在谷周转入地下，形成伏何。但是必须注意，在垂直循环带内如果有透水性差的凸镜体岩层存在时，则形成“悬挂水”或称“上层滞水”。

2）季节循环带。季节循环带又称过渡带，指雨季潜水位与旱季潜水位之间的地带。在雨季，该带充满地下水，地下水向河床方向沿岩层面、节理面或断裂带做近水平运动，并不断将裂隙溶蚀扩大，形成近水平方向的洞穴，称为溶洞。在旱季、潜水位下降，重力水在该带向下渗透，形成落水洞。随着季节循环，溶洞和落水洞交错连接，形成复杂的、高低曲折的、时宽时窄的地下洞穴系统。

3）水平循环带。水平循环带又称饱水带，指旱季潜水位至河床下一定深度范围内的地带。该带常年有水，地下水主要向河床方向做水平运动，将可溶岩溶蚀成水平方向的溶洞，这些溶洞常常相互贯通形成暗河。溶洞形态各异，有时宽如大厅、有时窄如长廊。在地壳长期稳定的地区，溶洞得到充分发育，在同一标高上的溶洞层往往形成许多溶洞，沿河可见暗河河口与枯水位等高并流入河流的现象。当地壳抬升，原溶洞层抬升到潜水位以上。溶洞中常有后期渗流水中碳酸钙沉积形成的石钟乳、石笋、石柱等（图 12.4），有时还伴有大量的溶洞洞顶坍塌堆积。

在溶洞发育的地区，随着溶洞的扩展，成片溶洞因上部岩层失去支撑而坍塌，在地表形成大片洼地，也称为溶蚀洼地（图 12.5）。在下二叠纪石灰岩洼地中，残留着许多上二叠纪的玄武岩。大面积岩溶塌陷也能在地表形成坡立谷。

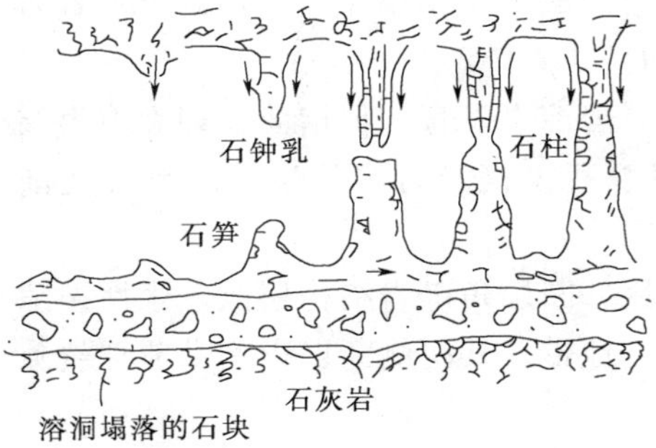

图 12.4　石钟乳、石笋、石柱生成示意图

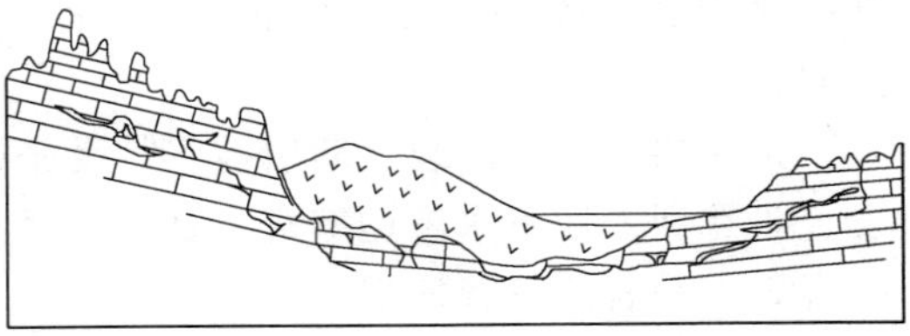

图 12.5　云南石林的一个溶蚀洼地

4）深部循环带。深部循环带内地下水的流动方向取决于地质构造和深循环水。由于地下水很深，且不向河底流动而排泄到远处。这一带水的交替强度极小，岩溶发育速度与程度很低，但在很深的地方也会出现在很长的地质时期中缓慢的形成岩溶现象。这种岩溶形态一般仅为蜂窝状的小洞，或称溶孔。

12.1.2 岩溶的发育规律

岩溶发育规律也是岩溶的分布规律。岩溶发育主要受气候、岩性及岩层产状、地质构造和地壳运动的影响，呈有规律的分布。

1. 气候的影响

气候是影响岩溶发育的一个重要因素。在温暖潮湿的热带、亚热带地区，岩溶发育较快，在寒冷干燥的高纬度或高海拔地区岩溶则不发育。虽然温度升高使水中CO_2含量减少，但温度升高一倍，其化学反应速度增加十倍。此外温暖潮湿的地区植被发育，土层厚，生物化学作用强烈，导致地下水中CO_2含量增高，有的地方可达到1000mg/L以上，为岩溶发育提供了充分的条件。例如，我国广西中部可溶岩年溶蚀量为 0.12～0.3mm，长江流域为 0.06mm，河北西北部为 0.02～0.03mm，其速度相差最高可达10倍。

2. 岩性及岩层产状的影响

岩石成分、成层条件和组织结构等直接影响岩溶的发育程度和速度。在可溶岩中，岩性越纯，结晶越好，溶岩越发育。一般厚层岩石含不溶物较少，故比薄层岩石更易于岩溶发育。当可溶与非可溶岩石组合出现时，如上覆为可溶岩石，下伏为不透水的非可溶性岩石，则在两者接触截面处，岩溶发育。当岩层产状水平或倾斜时，则有溶洞发育；当岩层产状直立时，会有漏斗、落水洞发育。

3. 地质构造的影响

岩溶发育与可溶岩节理裂隙的分布有关。所以，岩溶与地质构造关系密切，常沿地质构造节理裂隙发育部位呈带状分布。

可溶岩背斜核部承受张应力，垂直张节理发育，地下水沿张节理垂直下渗，然后向两翼运动。沿背斜轴部的岩溶多以漏斗、落水洞、竖井等垂直洞穴为主。在背斜倾伏端，节理裂隙发育，岩溶也发育。

向斜核部为地下水汇集地点，当向斜轴与沟谷一致时，地表水和地下水共同向轴部汇集，并沿轴向流通，或向河流排泄，所以向斜轴部岩溶以水平溶洞或暗河为主。同时，向斜轴部也发育有各种垂直裂隙，会形成溶洞、漏斗、落水洞等垂直岩溶形态。向斜仰起端节理裂隙发育，岩溶也发育。

褶曲翼部岩层倾斜，是地下水的径流通道，岩溶也发育。但褶曲节理裂隙由核部向翼部逐渐减弱，所以翼部岩溶没有核部发育程度高，岩溶从核部向翼部逐渐减弱。

正断层属张性断裂、断层破碎带受张拉作用，断层角砾岩结构松散，张性裂隙发育，有利于地下水渗透溶解，是岩溶强烈发育地带。其两侧断层影响带节理裂隙发育，也是岩溶发育地带。

逆断层属压性断裂，断层破碎带受挤压作用，断层角砾岩挤压紧密，有的甚至挤压成糜棱岩或断层泥，地下水不易流通，所以岩溶发育较差。在逆断层主动盘的断层影响带内，节理裂隙发育，并受下伏断层破碎带隔水的影响，该影响带内地下水富集，岩溶发育。扭性断层为张扭性时，岩溶发育强烈；为压扭性时，岩溶发育差。

4. 地壳运动的影响

地下水侵蚀基准面受地壳升降运动影响。当地壳处于稳定时期，侵蚀基准面稳定不变，地下水以水平运动为主，岩溶主要发育成水平的溶洞、暗河。当地壳处于抬升时期，侵蚀基准面下降，地下水以垂直运动为主，岩溶也主要发育落水洞等垂直岩溶形态。当地壳抬升、稳定交替进行时，在地壳剖面上也形成垂直的落水洞与水平的溶洞交替出现的现象。有时可出现多层水平溶洞，中间由落水洞相通。它们分别反映了地壳不同的稳定和抬升阶段，并与阶地高程有关系。

12.2　岩溶的工程地质问题与防治

12.2.1　岩溶的工程地质问题

随着社会建设的日益发展，必然会有更多的工程建筑物需要在岩溶地区兴建，因而碰到一些较复杂的地质问题，所遭遇的地质问题也是多方面的。岩溶等工程地质问题对各项工程建筑均有不同程度的影响及危害。

1. 溶蚀岩石强度大为降低

岩溶水溶蚀可溶岩体，可使岩体产生孔洞。最常见的是岩体中有溶孔或小洞。所谓溶孔，是指在可溶岩石内部溶蚀有孔径不超过 20～30cm、一般小于 1～3cm 的微溶蚀的空隙。岩石遭受溶蚀会使岩石结构松散，从而降低岩石强度和增大岩石的透水性能。

2. 造成基岩面不均匀起伏

因石芽、溶沟、溶槽的存在，使地表基岩参差不齐、起伏不均匀。这就造成了地基的不均匀性以及交通的难行。因此，如利用石芽或溶沟发育的地区作为地基，必须做出处理。

3. 漏斗对地面稳定性的影响

漏斗是包气带中与地表接近部位所发生的岩溶和潜蚀作用的现象。当地表水的一部分沿岩土缝隙往下流时，水便对孔隙和裂隙进行溶蚀和机械冲刷，使其逐渐扩大成漏斗状的垂直洞穴，称为漏斗。这种漏斗在表面近似圆形，深度可达几十米，表面口径由几米到几十米。另一种漏斗是由于溶洞顶的塌落作用而形成的，崩落的岩块堆于洞穴底部呈一漏斗状洼地。这类漏斗因其塌落的突然性，使地表建（构）筑物面临遭到破坏的威胁。

4. 溶洞和土洞对地基稳定性的影响

分析溶洞和土洞对地基稳定性的影响必须考虑如下三个问题：

（1）溶洞和土洞分布密度和发育情况。一般认为，对于溶洞或土洞分布密度很大，溶洞或土洞的发育处在地下水交替最积极的循环带内，洞径较大，顶板薄，并且裂隙发育的地区，不宜选择作为建筑场地和地基。对于场地虽有溶洞和土洞，但溶洞或土洞是早期形成的，已被第四纪沉积物所充填，并已证实目前这些洞已不再活动的地区，可根据洞的顶板承压性能，决定其是否可作为地基。因此可见，石膏或岩盐溶洞地区不宜选择作为天然地基。

（2）溶洞或土洞的埋深对地基稳定性的影响。一般认为，溶洞特别是土洞，如埋深很浅，则溶洞的顶板可能不稳定，甚至会发生塌落。如若洞顶板厚度 H 大于溶洞最大宽度 b 的 1.5 倍时（即 $H>1.5b$），而溶洞顶板岩石比较完整、裂隙较少，岩石也较坚硬时，则该溶洞顶板作为一般地基是安全的。如若洞顶板岩石裂隙较多，岩石较为破碎，上覆岩层的厚度如能大于溶洞最大宽度 b 的 3 倍时（即 $H>3b$），则溶洞的埋深是安全的。上述评定是对溶洞和一般建（构）筑物的地基而言，不适用于土洞、重大建（构）筑物和震动基础的建设。对于这些地质条件和特殊建筑物基础稳定所必需的稳定土洞或溶洞顶板的厚度，需进行地质分析和力学验算，以确定溶洞或土板顶板的稳定性。

（3）抽水对土洞和溶洞顶板稳定性的影响。一般认为，在有溶洞或土洞的场地，特别是在土洞大片分布的区域，如果进行地下水的抽取，由于地下水位大幅度下降，保持多年的水位均衡遭到急剧破坏，大大减弱了地下水对土层的浮托力。再者由于抽水时加大了地下水的循环，动水压力会破坏一些土洞顶板的平衡，从而引起了一些土洞顶板的破坏和地表塌陷。一些土洞顶板塌落又会引起土层振动，或加大地下水的动水压力，震波或动水压力传播于近处的土洞，又将导致附近一些土洞顶板破坏，以致地表塌陷危及地面的建（构）筑物的安全。

12.2.2 岩溶发育地区修筑道路应注意的问题

1. 选线

在岩溶地区选线，要想完全绕避是大不可能的。尤其是在我国中南和西南岩溶分布十分普遍的地区，更不可能。因此，宜遵循认真勘测、综合分析、全面比较、避重就轻、兴利防害的原则。根据岩溶发育和分布规律，注意以下几点：

（1）在可溶性岩石分布区，路线应该选择在难溶岩石分布区通过。

（2）路线方向不宜与岩层构造线方向平行，而应与之斜交或垂直通过，因暗河多平行于岩层构造线发育。

(3) 路线应尽量避开河流附近或较大断层破碎带，不可能时，亦宜垂直或斜交通过，以免由于岩溶发育或岩溶水丰富而威胁路基的稳定。

(4) 路线应尽可能避开可溶岩与非可溶岩或金属矿床的接触带，因这些地带往往岩溶发育强烈，甚至岩溶泉成群出露。

(5) 岩溶发育地区选线，应尽量在土层覆盖较厚的地段通过，因一般覆盖层起到防止岩溶继续发展，增加溶洞顶板厚度和使上部荷载扩散的作用。但应该注意覆盖土层内有无土洞的存在。

(6) 桥位宜选在难溶岩层分布区或无深、大、密的溶洞地段。

(7) 隧道位置应避开漏斗、落水洞和大溶洞，并避免与暗河平行。

2. 岩溶区地基稳定性评价

岩溶区的地基，一般应进行稳定性评价，以便必要时采取措施处理。但如果基础底面下土层的厚度大于地基压缩层的厚度，且不具备形成土洞的条件时，可不考虑岩溶对地基稳定性的影响。以下情况，也可不考虑岩溶对地基稳定性的影响：①基础底面下土层的厚度小于地基压缩层的厚度，但溶洞内已被密实的沉积物填满而又无被水冲蚀的可能；②洞体较小，基础尺寸大于溶洞的平面尺寸，又有足够的支承；③洞体顶板岩石较坚固完整，其顶板具有一定的安全厚度。至于溶洞顶板安全厚度的验算，目前尚无一个满意的办法，还有待于进一步研究。下面介绍几种目前已有的算法。

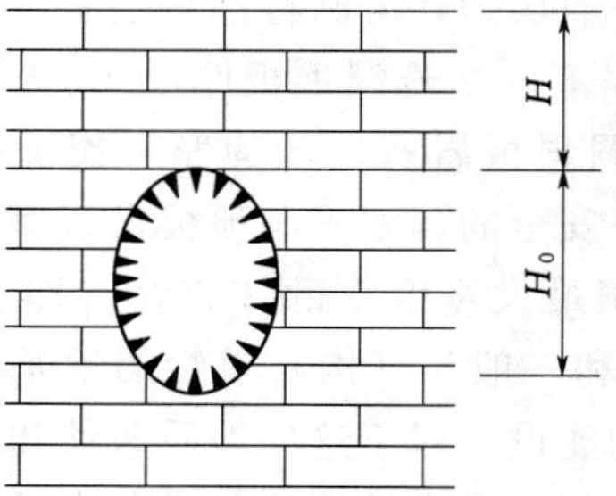

图 12.6　利用顶板坍塌物填塞溶洞估算顶板安全厚度

(1) 利用顶板坍塌物填塞溶洞估算顶板安全厚度（图 12.6）。该方法认为洞顶坍塌后，塌落体体积会增大，当塌落到一定高度 H 时，洞体就自行填满，无需再考虑其对地基的影响。塌落高度再加适当的安全系数便为顶板安全厚度。

设溶洞体积为 V_0，发生的坍塌体积为 V，岩石的胀余系数（即坍塌体的膨胀系数）为 k（一般石灰岩 $k=1.2$）。按上述假定可得

$$V \cdot k = V_0 + V$$

$$V = \frac{V_0}{k-1}$$

如溶洞断面接近矩形，则得顶板塌落高度为

$$H = \frac{H_0}{k-1} \tag{12.1}$$

这个方法适用于顶板岩层风化严重、裂隙发育，有坍塌可能的溶洞。

(2) 按梁板受力情况估算顶板安全厚度。当溶洞顶板和支座岩层比较完整，层理较厚，强度较高，洞跨较大，弯矩是主要控制条件时，可按梁板受力情况估算顶板安全厚度。

设溶洞宽度为 l，溶洞顶板受总荷重（包括自重和附加荷载）为 q，梁板宽度（路基或桥基底宽）为 b。

根据抗弯验算：

$$\frac{6M}{bH^2}\leqslant[\sigma]$$

可得

$$H=\sqrt{\frac{6M}{b[\sigma]}} \tag{12.2}$$

式中 $[\sigma]$——岩体的允许抗弯强度（石灰岩为其允许抗压强度的 1/8）；

M——弯矩，当顶板跨中有裂缝，两端支座处岩石坚固完整时，按悬臂梁计算，$M=\frac{1}{2}ql^2$；当顶板一支座处有裂缝，而顶板其他地方完整时，按简支梁计算，$M=\frac{1}{8}ql^2$；当顶板岩层完整时，按两端固定梁计算，$M=\frac{1}{12}ql^2$。

所得 H 再加适当的安全系数，便为顶板的安全厚度。

（3）利用剪切概念估算顶板安全厚度。当溶洞顶板岩层完整，层理较厚，强度较高，但洞跨较小，剪力是主要控制条件时，可按顶板受剪力情况估算顶板安全厚度，如图 12.7 所示。

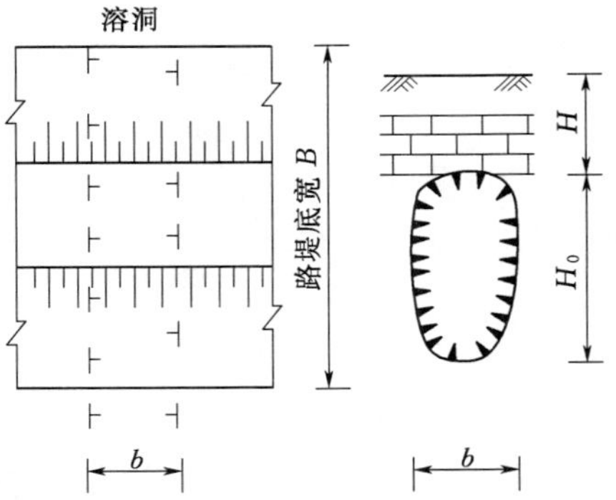

图 12.7 利用剪切概念估算顶板安全厚度

设路基或桥基范围内的溶洞顶板总荷重（包括自重和附加荷载）为 q，该范围内的顶板抗剪力为 T。

根据极限平衡条件 $q-T=0$ 而 $T=\tau HL$，顶板厚度为

$$H=\frac{q}{\tau L} \tag{12.3}$$

式中 τ——岩体的允许抗剪强度，石灰岩一般为其抗剪强度的 1/12；

L——溶洞的平面周长。在图 12.7 中，$L=2(B+b)$。

所得 H 再加适当的安全系数，便为顶板的安全厚度。

12.2.3 岩溶的工程处理

几十年来，在大量的路桥工程实践中，已经积累了许多处理岩溶的宝贵经验。这些经验可大体概括为疏导、跨越、加固、堵塞、钻孔充气与恢复水位等。

（1）疏导。对岩溶水宜疏不宜堵。一般可以明沟、泄水洞等加以疏导。

（2）跨越。以桥涵等建筑物跨越流量较大的溶洞、暗河。

（3）加固。为防止溶洞塌陷和处理由于岩溶水引起的病害，常采用加固的方法。如洞径大，洞内施工条件好，可用浆砌片石支墙加固；如洞深而小，不便洞内加固，可用大块石或钢筋混凝土板加固，或炸开顶板，挖去填充物，换以碎石等换土加固；利用溶洞、暗河作隧道时，可用衬砌加固等。

（4）堵塞。对基本停止发展的干涸溶洞，一般以堵塞为宜。如用片石堵塞路堑

边坡上的溶洞，表面以浆砌片石封闭。对路基或桥基下埋藏较深的溶洞，一般可通过钻孔向洞内灌注水泥砂浆或混凝土等加以堵塞。

（5）钻孔充气。是为防止真空吸蚀作用引起地面塌陷的一种措施。通过钻孔，可消除岩溶在封闭条件下所形成的真空腔的作用。

（6）恢复水位。是从根本上消除因地下水位降低造成地面塌陷的一种措施。

思考与练习

1. 什么是岩溶？岩溶有哪些形态特征？
2. 试述岩溶形成条件。
3. 岩溶地区的主要工程地质问题有哪些？常用的防治措施是什么？

第13章

地震及工程防震

学习要点：掌握地震的概念，地震的类型；掌握地震震级与地震烈度的概念及分类；了解地震所造成的地质和道路桥梁灾害以及道路桥梁的防震原则。

13.1 地震概述

13.1.1 地震的概念

地震是一种地质现象，是地壳构造运动的一种表现。地下深处的岩层，由于某种原因导致的突然破裂、塌陷以及火山爆发等而产生振动，并以弹性波的形式传递到地表，这种现象称为地震。由于地震作用，地表会产生一系列的地质现象，如地面隆起及陷落，滑坡及山崩，褶皱和断裂，地下水的流失与集中，喷水冒沙等。

13.1.2 地震的类型

1. 按成因分类

(1) 构造地震。由于地质构造作用所造成的地震称为构造地震。这种地震与构造运动的强弱直接有关，一般分布于新生代以来地质构造运动最为剧烈的地区。构造地震是地震的最主要类型，约占地震总数的90%。这种类型地震绝大部分都是浅源地震，由于它距地表很近，对地面的影响最显著，一些巨大的破坏性地震都属于这种类型。

(2) 火山地震。由于火山喷发和火山下面岩浆活动而产生的地面震动称为火山地震。在世界一些大火山带都能观测到与火山活动有关的地震。火山地震约占地震总数的7%。火山与地震均为现代地壳运动的一种表现形式，二者往往出现在同一地带。

(3) 陷落地震。由于洞穴崩塌、地层陷落等原因发生的地震，称为陷落地震。这种地震能量小、震级小，发生次数也很少，仅占地震总数的5%，多在岩溶发育地区，由于溶洞陷落而引起，危害小，影响范围不大。

(4) 人工诱发地震。人工诱发地震是由人类工程引起的地震。大型水库的修建、大规模人工爆破、大量深井注水及地下核爆炸试验等都能引起地震。由于近几十年来人类工程活动规模愈来愈多，愈来愈大，人工诱发地震问题已日益引起人们的关注。

2. 按震源深度分类

（1）浅源地震。地震深度小于 70km 的称为浅源地震。

（2）中源地震。地震深度为 70～300km 的称为中源地震。

（3）深源地震。地震深度大于 300km 的称为深源地震。

3. 按震级大小分类

（1）微震。震级小于 2～2.5 级的地震。

（2）有感地震。震级在 2～4 级的地震。

（3）破坏性地震。震级在 5～6 级的地震。

（4）强烈地震或大地震。震级大于或等于 7 级的地震。

13.1.3　震源、震中和地震波

地壳或地幔中发生地震的地方称为震源。震源在地面上的垂直投影称为震中。震源与地面的垂直距离，称为震源深度。震中可以看作地面上振动的中心，震中附近地面振动幅度最大，远离震中地面振动减弱。

地面上某一点到震源的直线距离，称为该点的震源距。地面上某一点到震中的直线距离，称为该点的震中距。震中距在 100km 以内的地震，称为地方震；震中距在 100～1000km 之间的地震，称为近震；震中距大于 1000km 的地震，称为远震。震源、震中、震中距及震源距如图 13.1 所示。

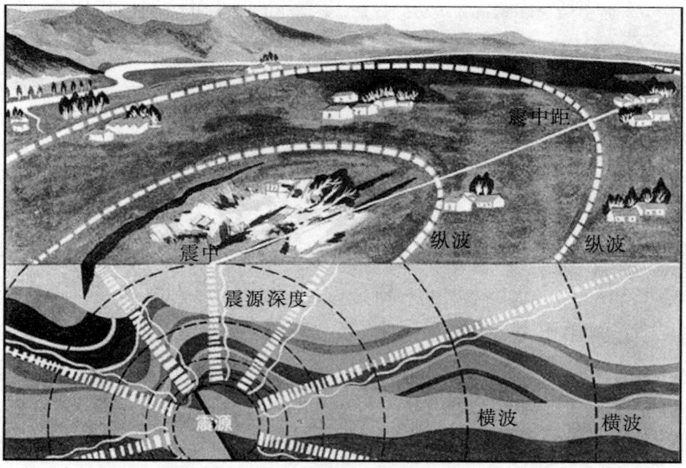

图 13.1　地震、震中、震中距和震源距示意图

地震时，震源释放的应变能以弹性波的形式向四面八方传播，这就是地震波。地震波会给人类建筑物带来巨大的破坏，同时地震波也是人们得以研究地球内部构造的一种手段。地震波包括两种类型，即在介质内部传播的体波和限于界面附近传播的面波。

体波有纵波与横波两种类型。纵波（P 波）是由震源传出的压缩波，波的前进方向与质点的振动方向一致，一疏一密向前推进，所以又称疏密波。它周期短、振幅小，传播速度快，但引起震动的破坏力较小。横波（S 波）是由震源传出的剪切波，波的前进方向与质点的振动方向垂直，传播时介质体积不变，但形状改变。其周期较

长、振幅较大。其传播速度较小，为纵波速度的 0.5～0.6 倍，但震动的破坏力较大。

面波（L 波）是体波达到界面后激发的次生波，只是沿着地球表面或地球内的边界传播。面波随着震源深度的增加而迅速减弱，震源愈深面波愈不发育。面波有瑞利波与勒夫波两种。面波传播速度最慢，平均速度约为 3～4km/s。

面波对地表的破坏力最大，自地表向下迅速减弱。一般情况下，横波和面波到达时振动最强烈。建筑物破坏通常是由横波和面波造成的。随着震中距的增加，振动逐渐减弱，因而震中距愈大，地震造成的破坏程度愈小，直至消失。受破坏最严重的是震中区，也称为极震区。

13.2 地震的震级与地震烈度

地震能否使某一地区的建筑物受到破坏，主要取决于地震本身的大小和该区距震中的距离的远近，距震中愈远则受到的振动愈弱。所以需要有衡量地震本身大小和某一地区振动强烈程度的两个尺度，这就是震级和烈度，它们之间有一定联系，但却是两个不同尺度。

13.2.1 地震震级

地震震级是表示地震本身大小的尺度，是由地震所释放出来的能量大小所决定的，地震释放出来的能量愈大则震级愈大。由于一次地震所释放的能量是固定的，每次地震只有一个震级。如四川汶川大地震，震级为 8.0 级。

地震释放能量大小可根据地震波记录图的最高振幅来确定。由于远离震中波动会衰减，且不同地震仪的性能不同，记录的波动振幅也不同，所以必须以标准地震仪和标准震中距的记录为准。

目前，国际上比较通用的是里氏震级（常用 M_L 表示）。震级每差一级，地震释放的能量就相差 32 倍之多。

按震级的大小，地震可分为微震（震级小于 2 级），有感地震（震级 2～5 级），中强地震（震级 5～7 级）和强震（震级大于 7 级）。微震只有仪器才能记录到，有感地震一般人可以感觉到，中强地震能对建筑物造成不同程度的破坏，而强震往往具有巨大的破坏性。

13.2.2 地震烈度

地震震级是根据地震仪记录推算地震时释放的能量而划分的，表示某次地震释放能量的大小。但在历史上是没有地震仪记录的。甚至在今天，地震仪的使用也不是非常普及。而地震的强弱是靠一些地物破坏现象和人等生物的感觉来判别的，也就是说确定地震的大小需要用一些宏观现象作为依据，因而就引出了另一个地震破坏程度的概念，即地震烈度。

地震烈度表明地震对具体地点的实际影响，它不仅仅取决于地震能量，同时也受震源深度、震中距离、地震波的传播介质及表土性质等条件的影响。

地震烈度是根据地震时人的感觉，器物动态，建筑物毁坏程度及自然现象的表现等宏观现象判定的。按地震时破坏程度的不同，地震的强弱排列成一定的次序作为确定地震烈度的标准，这就是地震烈度表。由于地震烈度是以宏观现象为依据进行划分的，往往给人一种不够精确的印象。为此需要通过大量的客观实践、地震数据观测总结出地震烈度与地震最大加速度的关系，以便地震烈度在工程上应用。目前我国已制定出地震烈度表。

地震烈度表将地震烈度分为 12 度，每一烈度均有相应的地震加速度和地震系数以及相应的地震情况，作为确定地震烈度的标准。我国现行的地震烈度表见表 13.1。

表 13.1　　中国地震烈度表（GB/T 17742—2008）

地震烈度	人的感觉	房屋震害			其他震害现象	水平向地震动参数	
		类型	震害程度	平均震害指数		峰值加速度/(m/s^2)	峰值速度/(m/s)
Ⅰ	无感						
Ⅱ	室内个别静止中的人有感觉						
Ⅲ	室内少数静止中的人有感觉		门、窗轻微作响		悬挂物微动		
Ⅳ	室内多数人、室外少数人有感觉，少数人梦中惊醒		门、窗作响		悬挂物明显摆动，器皿作响		
Ⅴ	室内绝大多数、室外多数人有感觉，多数人梦中惊醒		门窗、屋顶、屋架颤动作响，灰土掉落，个别房屋墙体抹灰出现细微裂缝，个别屋顶烟囱掉砖		悬挂物大幅度晃动，不稳定器物摇动或翻倒	0.31 (0.22～0.44)	0.03 (0.02～0.04)
Ⅵ	多数人站立不稳，少数人惊逃户外	A	少数中等破坏，多数轻微破坏和/或基本完好	0.00～0.11	家具和物品移动；河岸和松软土出现裂缝，饱和砂层出现喷砂冒水；个别独立砖烟囱轻度裂缝	0.63 (0.45～0.89)	0.06 (0.05～0.09)
		B	个别中等破坏，少数轻微破坏，多数基本完好	0.00～0.11			
		C	个别轻微破坏，大多数基本完好	0.00～0.08			
Ⅶ	大多数人惊逃户外，骑自行车的人有感觉，行驶中的汽车驾乘人员有感觉	A	少数毁坏和/或严重破坏，多数中等破坏和/或轻微破坏	0.09～0.31	物体从架子上掉落；河岸出现塌方，饱和砂层常见喷水冒砂，松软土地上地裂缝较多；大多数独立砖烟囱中等破坏	1.25 (0.90～1.77)	0.13 (0.10～0.18)
		B	少数中等破坏，多数轻微破坏和/或基本完好	0.09～0.31			
		C	少数中等和/或轻微破坏，多数基本完好	0.07～0.22			

续表

地震烈度	人的感觉	房屋震害			其他震害现象	水平向地震动参数	
		类型	震害程度	平均震害指数		峰值加速度/(m/s²)	峰值速度/(m/s)
Ⅷ	多数人摇晃颠簸，行走困难	A	少数毁坏，多数严重和/或中等破坏	0.29～0.51	干硬土上亦出现裂缝，饱和砂层绝大多数喷砂冒水；大多数独立砖烟囱严重破坏	2.50（1.78～3.53）	0.25（0.19～0.35）
		B	个别毁坏，少数严重破坏，多数中等和/或轻微破坏				
		C	少数严重和/或中等破坏，多数轻微破坏	0.20～0.40			
Ⅸ	行动的人摔倒	A	多数严重破坏或/和毁坏	0.49～0.71	干硬土上多处出现裂缝，可见基岩裂缝、错动，滑坡、塌方常见；独立砖烟囱多数倒塌	5.00（3.54～7.07）	0.50（0.36～0.71）
		B	少数毁坏，多数严重和/或中等破坏				
		C	少数毁坏和/或严重破坏，多数中等和/或轻微破坏	0.38～0.60			
Ⅹ	骑自行车的人会摔倒，处不稳状态的人会摔离原地，有抛起感	A	绝大多数毁坏	0.69～0.91	山崩和地震断裂出现，基岩上拱桥破坏；大多数独立砖烟囱从根部破坏或倒毁	10.00（7.08～14.14）	1.00（0.72～1.41）
		B	大多数毁坏				
		C	多数毁坏和/或严重破坏	0.58～0.80			
Ⅺ		A	绝大多数毁坏	0.89～1.00	地震断裂延续很长；大量山崩滑坡		
		B					
		C		0.78～1.00			
Ⅻ		A	几乎全部毁坏	1.00	地面剧烈变化，山河改观		
		B					
		C					

注 “个别”为10%以下；少数为10%～45%；“多数”为40%～70%；“大多数”为60%～90%；“绝大多数”为80%以上。

13.3 道路工程震害及防震原则

13.3.1 工程震害

1. 地表破坏造成的影响

地震对地表造成的破坏可归纳为地面断裂、地基效应和斜坡破坏三种基本类型。

（1）地面断裂。地震造成的地面断裂和错动，能引起断裂附近及跨越断裂的建筑物发生位移和破坏。

（2）地基效应。地震使建筑物地基的岩土体产生振动压密、下沉、振动液化及疏松底层发生塑性变形，从而导致地基失效、建筑物破坏。

（3）斜坡破坏。地震使斜坡失去稳定，发生崩塌、滑坡等各种变形和破坏，引起在斜坡上或坡脚附近建筑物位移或破坏。

2. 地震对建筑物的影响

地震力是由地震波直接产生的惯性力。它作用于建筑物能使建筑物变形和破坏。地震力的大小决定于地震波在传播过程中质点简谐振动所引起的加速度。地震力对地表建筑物的作用可分为垂直方向和水平方向两个振动力。竖直力使建筑物上下颠簸；水平力使建筑物受到剪切作用，产生水平扭动或拉、挤。两种力同时存在、共同作用，但水平力危害较大，地震对建筑物的破坏，主要是由地面强烈的水平晃动造成的，垂直力破坏作用居次要地位。因此在工程设计中，通常只考虑水平方向地震力的作用。

13.3.2 道路工程的防震原则

1. 道路工程一般防震原则

地震激发滑坡、崩塌、泥石流等地质灾害，其危害不仅表现在地震当时发生这些灾害，以及由此引起的堵河、淹没、溃决所造成的灾害，还表现在因此而产生岩体震松、山坡裂缝，以致在地震发生后相当长的一段时间内，滑坡、崩塌、泥石流将连续不断。由于这些地质灾害对道路工程的危害极大，所以地震时可能发生大规模滑坡、崩塌的地段为抗震危险的地段，路线应尽量避开。

由于地震引起的在发震断层及其邻近地段的断裂错动和构造型地裂缝，是人力难以克服的，对道路工程的破坏无从防治。对这种地段只能采取两种办法：一是尽可能避开；二是不能避开时本着便于修复的原则设计道路，以便破坏后能及时修复。

软弱地基一般是指可触变（触变性是黏性土结构遭到破坏，强度降低，但随时间发展土体强度恢复的胶体化学性质）的软弱黏性土地基以及可液化的饱和砂土地基。它们在强烈地震作用下，由于触变或液化，承载力大大降低或完全消失，这种现象通常称为地基失效。软弱地基失效时，可能发生很大的变位或流动，不但不能支承建筑物，反而对建筑物的基础起推挤作用，会严重地破坏建筑物。除此而外，软弱地基在地震时容易产生不均匀沉陷，振动的周期长、振幅大，这些都会使其上的建筑物易遭破坏。

鉴于软弱地基的抗震性能极差，修建在软弱地基上的建筑物震害普遍严重。因此，软弱黏性土层和可液化土层不宜直接用作路基和构造物的地基，当无法避免时应采取抗震措施。

2. 平原地区道路工程常见震害及防震原则

（1）平原地区道路工程的常见震害。平原地区路基以路堤为主。易于发生震害的路堤在软土地基上的路堤、桥头路堤、高路堤及砂土路堤等，其中震害最多的是修筑在软土地基上的路堤。下面介绍一些平原地区路基常见的震害类型。

1）纵向开裂是最常见的路堤震害，多发生在路肩与行车道之间、新老路基之间。修筑在软弱地基上的路堤，纵向开裂可达到很大规模。

2）边坡滑动一般是由于路堤主体与边坡部分的密实度差别较大，震前坡脚又受过水浸，地震时土的抗剪强度急剧降低，而形成边坡滑动。

3）路堤坍塌多见于用低塑性粉土、砂土填筑的路堤。由于压实不够，又受水浸，在地震的振动作用下，土的抗剪强度急剧降低或消失，形成路堤坍塌，完全失去原来形状。

4）路堤下沉多发生在宽阔的软弱地基上，地震时，由于软弱黏性土地基的触变或饱和粉细砂地基的液化。路堤下沉，两侧田野地面发生隆起。

5）纵向波浪变形是路线走向与地震波传播方向一致时，因面波造成地面波浪起伏，使路基随之起伏，并在鼓起地段的路面上，产生众多的横向张裂缝。

6）桥头路堤的震害以连接桥梁等坚固构造物的路堤震害最为普遍，一般均较邻近路段严重，形式有下沉、开裂、坍塌等。

7）地裂缝造成的震害是由地裂缝造成的路基错断、沉陷、开裂，往往贯穿路堤的全高全宽。其分布完全受地裂缝带的控制，与路堤结构没有联系。在低湿平原与河流两岸，沿地裂缝带常有大量的喷水冒砂现象出现。

（2）平原地区道路工程的防震原则：

1）尽量避免在地势低洼地带或沿河岸、水渠修筑路基，不得已时，也应尽量远离河岸、水渠。

2）在软弱地基上修筑路基时，要注意鉴别地基中可液化砂土、易触变黏土的埋藏范围与厚度，并采取相应的加固措施。

3）加强路基排水，避免路侧积水。

4）严格控制路基压实，特别是高路堤的分层压实。尽量使路肩与行车道部分具有相同的密实度。

5）注意新老路基的结合。老路加宽时，应在老路基边坡上开挖台阶，并注意对新填土的压实。

6）尽量采用黏性土做填筑路堤的材料，避免使用低塑性的粉土或砂土。

7）加强桥头路堤的防护工程。

3. 山岭地区的道路工程常见震害及防震原则

（1）山岭地区道路工程的常见震害。山岭地区地形复杂，路基断面形式很多，防护和支挡工程也很多，此处以路堑、半填半挖和挡土墙为代表，介绍它们的主要震害。

1）路堑边坡的滑坡与崩塌。在Ⅶ度烈度区一般比较轻微，在大于Ⅷ度烈度区比较严重。岩质边坡主要震害类型是崩塌，松散堆积层边坡则多为崩塌性滑坡。崩塌常常发生在裂隙发育、岩体破碎的高边坡路段，崩塌性滑坡则多与存在软质岩石、地下水活动、构造软弱面等有关。

2）半填半挖的上坍与下陷。上坍是指挖方边坡的滑坡与崩塌，其情况与路堑边坡崩塌类似；下陷是指填方部分的开裂与沉陷，此种震害比较普遍而且严重。由于填方与挖方路基的密实度不一致，基底软硬不一致，地震时易沿填挖交界面出现裂缝和坍滑。

3）挡土墙的震害。挡土墙等抵抗土压力的建筑物，地震时由于地基承载力降低，土压力增大，所遭受的震害比较多。尤其是软土地基上的挡土墙、特别高的挡土墙、干砌片石挡土墙等遭受震害的实例更多。对于目前道路上大量使用的各种石砌挡土墙，遭受主要的震害类型有砌缝开裂、墙体变形与墙体倾倒。前两者主要见于Ⅶ～Ⅷ度烈度区，后者主要见于不小于Ⅸ度的烈度区。砌缝开裂是最常见的震害，主要与地震时地基的不均匀沉降和砂浆强度不够有关。墙体的膨胀变形主要与地震时墙背的土压力增大有关。墙体倒塌可能与地基软弱、地震力强、土压力增大等因素有关。

（2）山岭地区道路工程防震原则：

1）沿河路线应尽量避开地震时可能发生大规模崩塌、滑坡的地段。在可能因发生崩塌、滑坡而堵河成湖的地段，应估计其可能淹没的范围和溃决的影响范围，合理确定路线的方案和标高。

2）尽量减少对山体自然平衡条件的破坏和自然植被的破坏，严格控制挖方边坡高度，并根据地震烈度适当放缓边坡坡度。在岩体严重松散地段和易崩塌、易滑坡的地段，应采取防护加固措施。在高烈度区岩体严重风化的地段，不宜采用大爆破方式施工。

3）在山坡上应尽可能避免或减少半填半挖路基，如不可能，则应采取适当加固措施。在横坡陡于 1∶3 的山坡上填筑路堤时，应采取措施保证填方部分与山坡的结合，同时应注意加强上侧山坡的排水和坡脚的支挡措施。在更陡的山坡上，应用挡土墙加固，或以栈桥代替路基。

4）在地震烈度不小于Ⅶ度的烈度区内，挡土墙应根据设计烈度进行抗震强度和稳定性的验算。干砌挡土墙应根据地震烈度限制墙的高度。浆砌挡土墙的砂浆级别，较一般地区应适当提高。在软弱地基上修建挡土墙时，可视具体情况采取换土、加大基础面积、采用桩基等措施。同时，要保证墙身砌筑、墙背填土夯实与排水设施的施工质量。

4. 桥梁常见的震害及防震原则

（1）桥梁常见的震害。强烈地震时桥梁震害较多。1976 年河北唐山地震，震区桥梁十之三四都不同程度地遭到破坏，在汶川地震中桥梁的震害也非常严重。桥梁遭受震害的原因，主要是由于墩台的位移和倒塌，下部构造发生变形引起上部构造的变形或坠落。以及下部构造完整，上部构造滑出、脱落。这些与桥梁构造上的缺点有关，在今后桥梁的设计与建筑中应给予足够的重视。

在软弱地基上，桥梁的震害不仅严重，而且分布范围广。以 1976 年河北唐山地震为例，该地震在Ⅹ～Ⅺ度烈度区内，桥梁全部遭到极其严重的破坏。在地震烈度不小于Ⅸ度的烈度区内，由于砂土液化、河岸滑坡，普遍出现墩台滑移和倾斜、桥长缩短、桩柱断裂、桥梁纵向落梁、拱桥拱圈开裂或断裂等现象。除此而外，也有上部构造产生较大横向位移，甚至横向落梁。在Ⅷ度烈度区内，也有一部分桥梁遭到严重破坏。距Ⅶ度烈度区 100km 外，仍有桥梁遭到轻微损坏。

在一般地基上也可能产生某些桥梁震害，如墩台裂缝、因土压力增大或水平方向抵抗力降低而引起墩台的水平位移和倾斜等。但这些震害只出现在更高的烈度区内，如1923年日本关东地震，以及1976年河北唐山地震。值得注意的是，唐山地震时，在Ⅸ度烈度区内，建于砂、卵石地基上的两座多孔长桥，也遭到严重破坏，桥墩普遍开裂、折断，导致落梁。这可能是由于桥长与地震波长相近，在地震时桥梁基础产生差动，使得某些相邻桥墩向相反方向位移，造成某些桥孔的孔径有较大的增长或缩短的缘故。

(2) 桥梁防震原则：

1）勘测时查明对桥梁抗震有利、不利和危险的地段，按照避重就轻的原则，充分利用有利地段选定桥位。

2）在可能发生河岸液化滑坡的软弱地基上建桥时，可适当增加桥长、合理布置桥孔，避免将墩台布设在可能滑动的岸坡上和地形突变处，并适当增加基础的刚度和埋置深度，提高基础抵抗水平推力的能力。

3）当桥梁基础置于软弱黏性土层或严重不均匀地层上时，应注意减轻荷载、加大基底面积、减少基底偏心、采用桩基础；当桥梁基础置于可液化土层上时，基桩应穿过可液化土层，并在稳定土层中有嵌入足够的长度。

4）尽量减轻桥梁的总重量，尽量采用比较轻的上部构造，避免头重脚轻。对振动周期较长的高桥，应按动力理论进行设计。

5）加强上部构造的纵、横向联结，提高上部构造的整体性。选用抗震性能较好的支座，加强上、下部的联结，采取限制上部构造纵、横向位移或上抛的措施，防止落梁。

6）多孔长桥宜分节建造，化长桥为短桥，使各分节变形能互不影响。

7）用砖、石、瓦和素混凝土等脆性材料修建的建筑物，抗拉、抗冲击能力弱，接缝处易发生裂纹、位移、坍塌等病害，应尽量少用，并尽可能选用抗震性能好的钢材或钢筋混凝土建筑。

思考与练习

1. 地震按成因分哪些种类，其特点如何？
2. 地震震级与地震烈度有何区别？
3. 地震波分哪几类，各种传播的特点是什么？
4. 地震引发哪些地质灾害？
5. 道路、桥梁的地震破坏及抗震的原则是什么？

第14章

冻土及工程问题

学习要点：了解冻土的概念，世界与我国冻土的分布；掌握冻土的不同分类与冻土的工程性质；理解冻土区各类工程的主要工程问题和解决途径。

14.1 冻土概论

国内外对冻土的研究已有近百年的历史。冻土是一种含冰的负温地质体，季节冻土遭受反复冻融作用，多年冻土常年保持冻结状态。以冻土作为建筑物地基时，由于含冰与反复的冻融作用，使地基情况更为复杂，增大了地基的不稳定性，一般认为冻土地基属于不良地基类别，但保持冻结的地基既是阻止水渗透的屏障又为建筑物提供了强度保证。

我国位于欧亚大陆的东南部，就陆地而言，从北向南大致穿越了35个纬度（北纬53°～18°），东西相隔61个经度（东经135°～74°）。我国的地势西部高，东部低，辽阔的疆域和复杂的地形，使我国的冻土独具特色。

地球上多年冻土的分布面积约占陆地面积的23%，主要分布在俄罗斯、加拿大、中国和美国的阿拉斯加等地，其中我国的多年冻土分布面积约215万km^2，仅次于俄罗斯（1000万km^2）和加拿大（390万～490万km^2），约为美国多年冻土面积（140万km^2）的1.5倍。由此可见，我国是世界上第三冻土大国，约占世界多年冻土分布面积的10%，占我国国土面积的21.5%，主要分布在东北大、小兴安岭，西部高山和青藏高原等地。我国东北的多年冻土位于欧亚大陆高纬度多年冻土区的南缘，最南端达北纬46.5°；青藏高原的多年冻土位于同纬度多年冻土南界以南，属高海拔多年冻土，是世界上中低纬度地带海拔最高、面积最大的多年冻土区，面积约149万km^2，占中国多年冻土总面积的70%。

14.2 冻土的分类与工程性质

14.2.1 冻土的分类

多年冻土是一种对温度敏感和异变的地质体，是低温的多相体系。冻土有多种多样的分类，常见有以下几种：

(1) 按冻土生存时间分类，可分为多年冻土、隔年冻土、季节冻土与短时冻土。

(2) 按冻土平面分布连续性分类，可分为大片连续分布多年冻土、融区呈岛状分布多年冻土、岛状分布冻土。

1) 大片连续分布多年冻土。融区分布于大河、大江、大湖之下。

2) 融区呈岛状分布的多年冻土。融区与多年冻土相间分布，一般划分指标是多年冻土分布面积大于融区。

3) 岛状分布的冻土。冻土岛分布于融区中。

(3) 按冻土含冰量分类，可分为干寒土、少冰、多冰、富冰、饱冰与含土冰层。

(4) 按冻土形成条件分类，可分为共生冻土（与土层同时形成)、后生冻土（土层堆积之后形成)、多成因冻土等。

(5) 按季节融化层与多年冻土衔接与否分类，可分为衔接多年冻土、非衔接多年冻土。

(6) 按冻土硬度和密实度分类，可分为坚硬冻土，塑性冻土与松散冻土。

(7) 按母岩类型分类，可分为冻结坚硬岩石，冻结非泥质弱风化岩层，冻结强、中风化泥质岩，冻结黏性土、冻结砂砾石土。

1) 冻结坚硬岩石。一般含冰量较小，冻融过程形状、体积一般不发生明显变化。

2) 冻结非泥质弱风化岩层。在反复冻融作用下，孔隙、裂隙会不断扩张，强度减弱。

3) 冻结强、中风化泥质岩（泥岩、泥灰岩、泥灰片岩、页岩等)。常含大量冰透镜体、脉冰等，融化后呈泥状。

4) 冻结黏性土（黏土、亚黏土、亚砂土)。各种冰体均可在其中生存，为含冰量最大的松散土。

5) 冻结砂砾石土。为孔隙胶结冰、斑状冰与包裹冰主要分布母体。

以上分类彼此之间有着紧密的联系。多年冻土几种分类之间的关系如图 14.1 所示。

(8) 冻土按温度分类。冻土温度是指冻土年平均温度，它能较好地综合反映冻土形成历史与分布、厚度特征。它有以下作用：①冻土年平均温度能较好地反映冻土形成的历史；②冻土温度可反映冻土分布的连续性；③冻土温度可反映冻土自身的物理力学性质；④冻土温度制约着地基土的稳定性。

表 14.1 是根据低温冻土、中温冻土、高温冻土、极高温冻土指标对多年冻土进行的分类。此表可用来评估工程地基土。为使用方便，同时将所处地段的气温以及相对应的一般冻土厚度（从地表算起）也列入表中。

表 14.1　　多年冻土按温度分类

冻土名称	低温冻土	中温冻土	高温冻土	极高温冻土
冻土年平均地温/℃	<-2.0	-1.0～-2.0	-1.0～-2.0	≥-0.5
多年冻土厚度/m	>70～80	-1.0～-2.0	-1.0～-2.0	<30
所对应的气温/℃	<-5.5	-1.0～-2.0	-1.0～-2.0	≥-4

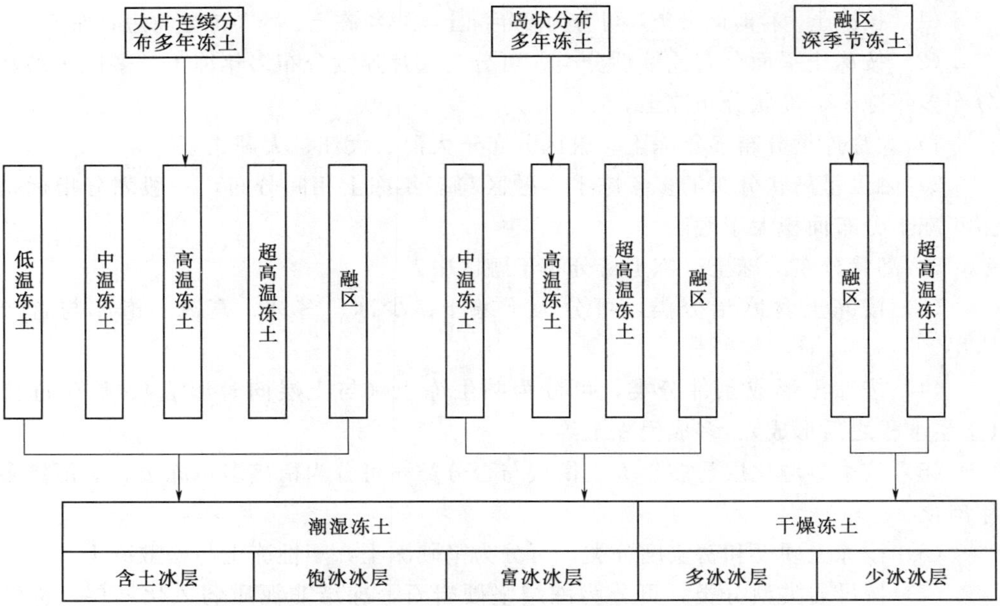

图 14.1　多年冻土分类关系图

(9) 冻土按工程分类。冻土按工程分类即以工程应用为目的的冻土分类，是在综合分析冻土的内在规律的基础上，并考虑与建筑物基础的相互联系，按其工程性质的好坏，将冻土人为地分成若干个等级。对于工程地质勘查和设计工作都有一定的指导意义。其分类原则有以下几条：

1) 冻土工程分类要能较充分反映多年冻土对工程建筑物破坏的主要因素。

2) 冻土工程分类除考虑工程性质上的差别外，更重要的是要能反映客观存在的差异，将冻土体组构与物理力学指标统一起来。

3) 分类既要适用于多年冻土，又要基本上适用于多年冻土之上的季节融化层。也就是说，可以同时评价同一垂直剖面上的多年冻土及其上的季节融化层的工程性质。

4) 注意科学性，以定量数据为依据，同时考虑现场应用可能性和现实性。

根据以上分类原则，按照冻土总含水量和融沉性将地基土划分为 5 个等级，见表 14.2。

表 14.2　　冻土工程分类

土的名称	含水量 ω/%	平均融沉系数 δ_0	融沉等级	融沉类别	冻土类型
碎（卵）石，砾、砂（粒径小于 0.075mm 的颗粒含量不大于 15%）	$\omega<10$	$\delta_0\leqslant 1$	Ⅰ	不融沉	少冰冻土
	$\omega\geqslant 10$	$1<\delta_0\leqslant 3$	Ⅱ	弱融沉	多冰冻土
碎（卵）石，砾、中砂（粒径小于 0.075mm 的颗粒含量不大于 15%）	$\omega<12$	$\delta_0\leqslant 1$	Ⅰ	不融沉	少冰冻土
	$12\leqslant\omega<15$	$1<\delta_0\leqslant 3$	Ⅱ	弱融沉	多冰冻土
	$15\leqslant\omega<25$	$3<\delta_0\leqslant 10$	Ⅲ	融沉	富冰冻土
	$\omega\geqslant 25$	$10<\delta_0\leqslant 25$	Ⅳ	强融沉	饱冰冻土

续表

土的名称	含水量 ω/%	平均融沉系数 δ_0	融沉等级	融沉类别	冻土类型
粉、细砂	$\omega<14$	$\delta_0\leqslant1$	Ⅰ	不融沉	少冰冻土
	$14\leqslant\omega<18$	$1<\delta_0\leqslant3$	Ⅱ	弱融沉	多冰冻土
	$18\leqslant\omega<28$	$3<\delta_0\leqslant10$	Ⅲ	融沉	富冰冻土
	$\omega\geqslant28$	$10<\delta_0\leqslant25$	Ⅳ	强融沉	饱冰冻土
粉土	$\omega<17$	$\delta_0\leqslant1$	Ⅰ	不融沉	少冰冻土
	$17\leqslant\omega<21$	$1<\delta_0\leqslant3$	Ⅱ	弱融沉	多冰冻土
	$21\leqslant\omega<32$	$3<\delta_0\leqslant10$	Ⅲ	融沉	富冰冻土
	$\omega\geqslant32$	$10<\delta_0\leqslant25$	Ⅳ	强融沉	饱冰冻土
黏性土	$\omega<\omega_P$	$\delta_0\leqslant1$	Ⅰ	不融沉	少冰冻土
	$\omega_P\leqslant\omega<\omega_P+4$	$1<\delta_0\leqslant3$	Ⅱ	弱融沉	多冰冻土
	$\omega_P+4\leqslant\omega<\omega_P+15$	$3<\delta_0\leqslant10$	Ⅲ	融沉	富冰冻土
	$\omega_P+15\leqslant\omega<\omega_P+35$	$10<\delta_0\leqslant25$	Ⅳ	强融沉	饱冰冻土
含土冰层	$\omega_P+35\geqslant\omega$	$\delta_0>25$	Ⅴ	融陷	含土冰层

14.2.2 冻土的工程性质

在这个多相体系中，水和冰是最易相变的，其工程地质特性的变化是冻土各相随环境温度变化的综合反映。环境温度的变化究其原因一般包括两个方面：一方面，主要是通过热传导使土体增温或降温，从而影响到冻土的稳定性；另一方面，在热交换过程中，体系与环境发生不可忽略的物质交换，而物质交换又带来更大的能量交换，冻土体除了温度变化之外，其结构与构造还受到很大的扰动，工程性质随之也发生变化。冻土体是在一个开放体系中发生变化的。

多年冻土与自然界中其他岩土相比，因其温度和含冰特性而具有特殊的工程性质。然而在外部荷载（如路基填土）作用下，由于土体中水分在冻结过程中的重分布伴随着压力产生，使土粒结构、密度发生变化形成冻胀；当冻土融化时，在自重和外荷载作用下产生排水固结，土层压缩变形造成沉降。多年冻土区随着气候冷暖变化，路基及地基土产生周期性冻、融变形，这种变形由于受多重因素影响，特别是冰水作用，其发生、发展过程均与季节冻土地区不同。冻土的工程性质主要有以下几个方面。

1. 融沉特性

冻土融化过程中，在自重压密作用下会不断地产生排水固结下沉，即冻土的融沉性。融沉过程中，不仅冻土中冰转变为水时，相变体积会缩小，还会产生孔隙水的消散与排泄。由融沉特性引起的构筑物下沉是冻土区工程的主要病害表现形式。

冻土的融沉性与冻土的粒度成分、含冰量、密度、孔隙水的消散条件等有密切关系。大量的现场与室内试验结果表明：不论何种土质，在允许自由排水条件下，冻土融沉系数随冻土含水量的增加而急剧地增加，而且随着冻土干密度的增大而减小；在相同的含水状况下，冻结粉质亚黏土、粉质黏土的融沉性最强，重黏土和细砂次之，砾石土最小。对于粗粒土来说，土中粉黏粒含量小于或等于12%时，融沉性一般变化不大，其值均小于 3%～4%，当粉黏粒含量大于 12%时，融沉性则随粉黏粒含量的增加而急剧增大。

2. 冻胀特性

随着多年冻土季节融化层冻结过程而发生土中水分冻结，产生土体体积膨胀的现象称为土体的冻胀性。它取决于土体的粒度成分、矿物成分、含水量、冻结条件等。冻胀的主要表现是土层不均匀升高，当路基土层产生冻胀时会导致路基开裂、路面裂缝及破损。如果公路桥涵基础修建在冻胀土中，就会受到冻胀力的作用，当恒载不能克服冻胀力时，桥涵基、桩将被隆起导致结构物破坏。

冻胀沿冻结深度的分布是不均匀的：表层（0～30cm）约占总冻胀量的 3%～25%；中间（30～70cm）约占 21%～56%；下层（>70cm）约占 1.2%～8%。一般来说，当达到最大冻结深度的 50%～70%时，其冻胀量达到峰值，冻胀量占总冻胀量的 80%～90%。土的分散性越大，其冻胀性越大，颗粒粒径为 0.005～0.074mm 的粉黏粒具有最大的冻胀性。当土体的密度较小时，冻胀性随密度增大而增大，当土体的干密度超过时，冻胀性则随土体密度增大而减小。一般来说，冻胀量随土体中负温的降低而增大，黏性土剧烈冻胀土温为－1～－7℃，砂土为－0.5～－3℃，此范围内可达到总冻胀量的 80%～90%。附加荷载对土体的冻胀会产生抑制作用，随着附加荷载强度的增加，土体的冻胀量会相应地减小。

3. 冰（水）害特性

温度是引起冻土地基融沉、冻胀的主要原因。但若土中无水或含水量很小，虽有温度的升降，土是不会产生融沉与冻胀的，即“融而不沉”或“冻而不胀”，只有土的含水量大于某一数值后，土才明显地出现融沉与冻胀，该界限分别称为土的起始融沉含水量和起始冻胀含水量。其值随土质而异，当地基土的含水量超过最佳含水量 ω_0 时，融沉、冻胀将随含水量的加大而递增，冻胀时若有水分补给就更为剧烈。由此可见，地基土的融沉与冻胀完全就是土中冰的融化与水的冻结作用，冰（水）是冻害之源。

4. 多年冻土的热稳定性

顾名思义，冻土就是冻结状态的岩土体。冻土处于负温状态，其得以保存的条件与温度息息相关，具有温度敏感的特性。随着温度的变化，冻土中冰的含量和冰水之比也会发生变化，从而其各种性质也发生变化，也就是说，冻土是一种具有较强可变性质的地质体。

研究表明，对于松散土，其冻结温度取决于土的矿物成分、水分和盐分。在其他条件相同的情况下，冻结温度随含水量的增加而升高，随含盐量的增大而降低。

冻土的热稳定性又称冻土的热惰性，是指任何一种冻土的热状况对外界条件变化响应的敏感程度。苏联学者的研究结果表明：冻土的热惰性可以用外界条件影响下多年冻土的融化速率定量表示，并且主要与冻土的温度及含冰量有关，前者决定冻土的热容量，后者决定冻土的相变热。

14.3　冻土的工程病害与防治

由于冻土的地质特性，冻土区的路基工程、路面工程、桥梁工程、涵洞工程、隧道工程、管道工程等往往会出现各种工程问题。其具体表现及防治措施如下。

1. 路基病害

主要是冻土路基在道路运营过程及路基设计使用年限内，路基产生超过路基容许变形的沉降变形、边坡滑塌、路基纵向裂缝、冻胀及积冰等病害。

路基病害的防治措施有以下几点：①冻土路段适当加大路基高度；②道路选线尽量选择少冰冻土带和融区；③使用浅色路面和浅色材料；④做好冻土路基的防水、排水工作；⑤保护边坡；⑥使用工业保温材料；⑦使用降温热管；⑧使用通风管；⑨抛石护坡；⑩使用遮阳板；⑪使用低架旱桥。

2. 沥青路面病害

裂缝是沥青路面固有的病害，在多年冻土区表现得更为严重。这类病害在多年冻土区所占比例最大，包括纵向裂缝、横向裂缝、网裂和龟裂。变形类病害在多年冻土区出现亦较多，包括小波浪、大变形、推移、车辙等病害。冻土区沥青路面多因施工环境恶劣、运营环境严酷，造成松散、坑槽类病害。

沥青路面病害防治措施有以下几点：①做好沥青路面结构设计，包括选材和结构层次；②沥青混合料应具有良好的低温抗裂性；③沥青混合料应孔隙小、密实度高以提高抗冻耐久性；④防治高原特殊气候条件下沥青混合料的快速老化；⑤沥青混合料应均匀不离析、摊铺易成型不推挤、碾压密实不松散。

3. 桥梁病害

冻土区桥梁的主要病害表现为冻土地基融化，桥基下沉；桥跳；地基土冻胀，基础冻拔、变形，进而引起桥墩和板梁的破坏。

桥梁冻害防治有以下措施：①加强桥基的工程地质勘探工作；②防治桥基冻胀；③防治桥基融化下沉；④防治桥台冻害；⑤防治桥跳。

4. 涵洞病害

冻土区常见的涵洞冻害主要有如下类型：涵凸涵跳；涵凹涵跳；涵洞洞口冻害；浆砌片石衬砌破坏；过水期水深入地基，地基融沉，土壤流失，造成涵洞坍塌；涵壁破裂倾覆；冰塞等。

涵洞冻害防治有以下措施：①正确选择涵洞类型，减少涵洞冻害；②涵洞基础类型要与冻土地基类型相适，与涵洞类型相匹配，尽量少挖，减少对多年冻土的扰动和破坏；③应确定基础的合理埋深；④防水防渗漏，防止涵洞进出口积水，适当加大涵洞轴向坡度和涵洞孔径，以保证径流畅通，不产生积水；⑤选择好有利于保护冻土的施工时间和施工工艺。

5. 隧道冻害

隧道的主要冻害表现为如下几个方面：混凝土衬砌层的破裂；渗漏水；排水沟（洞）被冻；隧道洞口路堑积雪和春融水结冰；突发性涌水（突水）等。

隧道冻害的根源是水和含水岩土的反复冻融作用。因此，冻害防治原则是“防水、排水、防冻胀”，做法上采用“多道防护、综合治理”。隧道冻害防治有以下措施：①对寒区隧道内冻结含水围岩，尤其是富水的破碎带和含水裂隙围岩采用围岩注浆；②对多年冻土区隧道工程采用洞内与洞外防水、排水技术；③应用保温材料是冻土区隧道工程减少围岩冻结深度与多年冻土（岩）融化深度的一种有效措施；④做好隧道选型，提高衬砌层强度；采用锅炉蒸汽加热、电缆加热、太阳能加热等是冻土区隧道防治冻害的有效方法和急救措施；⑤对突发涌水情况，应加强破碎围岩的监测，及时发现和处理，避免冻害发生。

6. 冻土区管线病害

冻土区管线主要病害有以下几种：

（1）管线因土层冻胀而断裂。埋入地中的通信线路，中小直径油气管道，小口径的给排水、采暖管道均可能因土层冻胀隆起而被扯断。

（2）管道因土层冻胀差异而断裂。在不同冻胀性土层交界处，刚形体与柔性土壤的过渡带等、管线最易因冻胀差异而断裂。

（3）管线因土温快速下降的收缩力而断裂。

（4）悬架输电线、通信线因积冰荷载而压断。在平缓地面上的和浅埋地下的管线可能因放线过紧，没有留足温差变形和冻融变形的伸缩线，或者接头焊接不牢而被拉断。

（5）管线因冻融滑塌、融冻泥石流作用而破坏。

（6）明线因柱杆在冻融作用下倾倒而拉断。

（7）管线因所依附的结构物（桥涵隧）的冻害而受损。

管道工程冻害防治主要措施：正确选择敷设方式；保温、防水、加热；选适宜的基础类型等。

思考与练习

1. 冻土如何分类？

2. 冻土的工程性质有哪几个方面？

3. 冻土区的工程问题有哪些？如何防治？

第 15 章

工程地质勘察的主要方法

学习要点： 工程地质勘察的目的和任务，工程地质勘察的基本方法；常用的工程地质原位测试方法，工程地质勘察报告的内容组成。

工程地质勘察是工程建设的基础工作，其目的是为满足工程设计、施工、特殊性岩土和不良地质处治的需要，采用各种勘察技术、方法，对场地的工程地质条件进行综合调查、研究、分析、评价以及编制工程地质勘察报告的全过程。

工程地质勘察的任务是运用工程地质学的理论和方法，正确处理工程与自然环境之间的关系，充分利用有利的工程地质条件，避免或改造不利的工程地质条件，以保证工程的稳定、安全、经济和正常使用。

工程地质勘察的基本方法有工程地质测绘、工程地质勘探、工程地质测试与长期观测、工程地质资料整理分析等。工程地质勘察必须符合国家、行业制订的现行有关标准、规范的规定。公路工程地质勘察的现行标准执行国家标准《公路工程地质勘察规范》(JTG C20—2011)。

15.1 工程地质测绘

工程地质测绘是工程地质勘察的基础工作，一般在勘察的初级阶段进行。它是通过搜集资料、现场调查、观察、量测、描绘等基础地质理论方法和遥感影像判释、地理信息系统、全球卫星定位系统等新技术、新方法获取与工程建设有关的各种地质要素和岩土工程资料，并把这些资料反映到相关图表上，分析其性质和规律，借以推断地下地质情况，为初步评价建设场地工程地质环境及场地稳定性，及后续布置勘探、测试工作等其他勘探方法提供依据。在地形地貌和地质条件较复杂的场地，必须进行工程地质测绘，但对地形平坦、地质条件简单且较狭小的场地，则可采用调查代替工程地质测绘。工程地质测绘是认识场地工程地质条件最经济、最有效的方法，高质量的测绘工作能相当准确地推断地下地质情况，起到有效地指导其他勘察方法的作用。

15.1.1 工程地质测绘的范围

工程地质测绘的范围应根据工程建设类型、规模、设计阶段，并考虑工程地质条件的复杂程度及对其研究程度等综合确定。原则上，测绘范围应包括场地及其邻近的地段。选择适宜的测绘范围，既能较好地查明场地的工程地质条件，又不至于浪费勘察工作量。

工程建设的类型、规模不同，自然地质环境相互作用的广度和强度也就不同，确定测绘范围时首先应考虑这一点。例如，大型水利枢纽工程的建设，由于水文和水文地质条件急剧改变，往往引起大范围自然地理和地质条件的变化，而这一变化甚至会导致生态环境的破坏和影响水利工程本身的效益及稳定性。对于此类工程的测绘范围必然很大，应包括水库上下游的一定范围，甚至上游的分水岭地段和下游的河口地段都需要进行调查。而一般仅在小范围内与自然地质环境发生作用，通常不需要进行大面积工程地质测绘。

在工程处于初期设计阶段时，为了能够对场地进行选择，一般都有若干个比较方案，这些场地相互之间有一定的距离。为了进行技术经济论证和方案比较，应把这些方案场地包括在同一测绘范围内，测绘范围显然是比较大的。但当建筑场地选定后，尤其是在设计的后期阶段，各地具体位置和尺寸均已确定，就只需在地段较小范围内进行大比例尺的工程地质测绘。

工程地质条件越复杂，研究程度越差，需要进行工程地质测绘范围就越大。公路工程地质测绘一般沿铁路中线或导线进行，测绘宽度多限定在中线两侧 200～300m 的范围。在测绘范围内，各种观测点的位置都能够与线路中线取得联系。在实际工作中，公路工程地质测绘的主要任务之一，就是把已经绘好的线路带状地形图编制成线路带状工程地质图。对于控制线路方案的地段、特殊地质及地质条件复杂的长隧道、大桥、不良地质等地点，应进行较大面积的区域测绘。区域测绘时，可按垂直和平行岩层走向（或构造线走向）的方向布置调查测绘路线。

15.1.2　工程地质测绘的内容

工程地质测绘和调查的内容包括工程地质条件的全部要素，主要有以下几个方面：

（1）地形、地貌。查明地形、地貌形态的成因和发育特征，以及地形、地貌与岩性、构造等地质因素的关系，划分地貌单元。

（2）地层、岩性。查明地层层序、成因类型、形成时代、厚度、接触关系、岩石名称、成分胶结物及岩石风化破碎的程度和深度等。

（3）地质构造。查明有关断裂、褶曲等构造的位置、走向、产状等形态特征和力学性质，并分析其对地貌形态，水文地质条件，岩体风化等方面的影响；查明岩层产状、接触关系、节理、裂隙等的发育情况；查明新构造活动的特点及地震活动情况。

（4）查明地下水的类型、补给来源、排泄条件及井泉的位置，含水层的岩土特征、埋藏深度、水位变化、污染情况及其与地表水的关系等。

（5）收集气象、水文、植被、土的最大冻结深度等资料，调查最高洪水位及其发生时间、淹没范围。

（6）查明岩溶、土洞、滑坡、崩塌、泥石流等不良地质现象的位置、形态特征、规模、类型及其发生、发展和分布的规律。

（7）调查人类活动对场地稳定性的影响，包括人工洞穴、地下采空、大挖大填、抽水排水及水库诱发地震等。

（8）查明变形和地区相关工程经验。

15.1.3 工程地质测绘的比例尺与精度要求

1. 工程地质测绘的比例尺

工程地质测绘的比例尺大小主要取决于设计要求。设计的初级阶段属于选址性质，往往有若干个比较场地，测绘范围较大，而对工程地质条件研究程度的详细程度并不高，所以采用的比例尺较小。但是，随着设计工作的进展，场地的选定，位置和尺寸愈来愈具体明确，测绘范围也逐渐缩小，而对工程地质条件研究的程度越来越高，所以采用的测绘比例尺就逐渐加大。当到设计后期阶段时，为了解决与施工、运营有关的专门地质问题，所选用的测绘比例尺可能很大。在同一设计阶段内，比例尺的选择取决于场地工程地质条件的复杂程度以及类型、规模及其重要性。工程地质条件复杂、规模巨大且又重要者，就需采用较大的测绘比例尺。

根据我国各勘察部门经验，将工程地质测绘不同阶段选用的比例尺分类如下：

（1）可行性研究勘察阶段 1∶50000～1∶5000，属小、中比例尺测绘。

（2）初步勘察阶段 1∶10000～1∶2000，属中、大比例尺测绘。

（3）详细勘察阶段 1∶2000～1∶200 或更大，属大比例尺测绘。

2. 工程地质测绘的精度要求

工程地质测绘的精度包含两层意思，即对野外各种地质现象观察描述的详细程度，以及各种地质现象在工程地质图上表示的准确程度。为了确保工程地质测绘的质量，精度要求必须与测绘比例尺相适应。且指野外地质现象能够在图上表示出来的详细程度和准确度。

对地质观察描述的详细程度是由单位绘图面积上观察点的数量和观察线路的长度来决定的。通常不论比例尺多大，都以图上 $1cm^2$ 范围内有一个观察点来控制观测点的平均数，比例尺增大，同样实际面积内的观察点就要相应增多。观察点不应均匀布置，而是地质条件复杂的地段多一些，条件简单的地段少一些，但所观察点都应布置在地质条件的关键位置。

为保证工程地质图的准确度，要求图上的各种界线准确无误，误差一般不应超过 2mm，所以大比例尺的地质测绘工作要采用仪器定位法。

15.1.4 工程地质测绘方法

工程地质测绘方法有像片成图法和实地测绘法。随着科学技术的进步，遥感等新技术也在工程地质测绘中得到广泛应用。

1. 像片成图法

像片成图法是利用地面摄影或航空（卫星）摄影的像片，在室内根据判释标志，结合所掌握的区域地质资料，确定地层岩性、地质构造、地貌、水系和不良地质现象等，将其描绘在单张像片上，并在像片上选择需要调查的若干地点和线路，然后据此做实地调查、进行核对修正和补充，最后将调查得到的资料转绘成工程地质图。当该地区没有航测等像片时，工程地质测绘主要依靠野外工作，即实地测绘法。

2. 实地测绘法

实地测绘法就是在野外对工程地质现象进行实地测绘的方法。实地测绘法常有线路穿越法、布线测点法和界线追索法三种。

(1) 路线穿越法。是沿着测区内选择的一些线路穿越测绘场地，将沿途遇到的地层、构造、地质现象、水文地质、地形地貌界线等信息填绘在（地形图）上，路线可以是直线也可以是折线。观察路线应选择在露头较好或覆盖层较薄的地方，观察线路方向应大致与岩层走向、构造线方向及地貌单元相垂直，这样可以用较少的工作量获得较多的工程地质资料。

(2) 布线观测点法。就是根据地质条件的复杂程度和测绘比例尺的要求，预先在地形图上布置一定数量的观测线路，然后根据观察目的和要求在这些线路上选择若干观测点。

(3) 界线追索法。是为了查明某些局部复杂构造，沿地层走向或某一地质构造线或某些不良地质界线方向进行布点追索的方法。这种方法是在上述两种方法的基础上进行，是一种辅助补充方法。

3. 遥感技术应用

遥感是一门新兴技术，分为航空遥感和航天遥感两种。

遥感技术的原理建立在电磁波辐射理论的基础上，电磁辐射是自然界普遍存在的一种物理现象。一切物体包括土、石等，由于它们的成分、结构、温度等特性各异，对各种电磁波的发射、吸收、反射、投射特点均不相同。遥感技术则是利用专门的灵敏仪器去探测物体发射或反射某种波长的电测波的能力，把仪器接收到的电磁辐射能量经过特殊转换或处理变成肉眼可见的形式。

目前，已在使用的有采用多光谱照相机的光遥感技术、采用红外扫描仪的红外遥感技术、采用测试雷达的微波遥感技术等，不同的遥感技术各有其效果较好的适用条件。近年来，我国正在大力发展效能更高的激光遥感技术。

遥感技术应用于工程地质测绘，能很大程度上节省地面测绘的工作量，具有省时、高质高效，减小劳动强度，节省工程勘察费用。

15.2　工程地质勘探

工程地质勘探是勘察过程中查明地质情况的重要手段之一。它是在地面工程地质测绘和调查所取得的各项定性资料的基础上，进一步对地表以下工程地质条件进行了解、确定，并取得岩土试样对场地的工程地质条件进行定量分析而进行的勘察工作。

常用的工程地质勘探手段有开挖勘探、地球物理勘探和钻探。在勘察过程中应根据勘察的目的及岩土的特性综合使用。

15.2.1　开挖勘探

开挖勘探就是用人工或简易机械对地层浅部土层挖掘坑、槽，以便直接观察岩土层的天然状态以及各地层之间的接触关系，并能取出原状土样进行分析试验的勘探方法，如图 15.1 所示。其优点是成本低，工具简单，进度快，能取得直观资料；

缺点是劳动强度大，勘探深度浅，且易受自然条件的限制。

在工程地质勘探中，常用的开挖勘探有坑探、槽探、井探、洞探等几种类型，其特点和用途见表15.1。

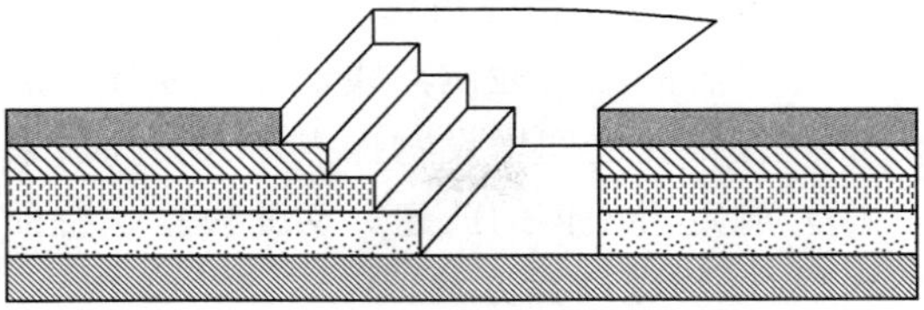

图15.1 开挖勘探

表15.1 **工程地质开挖勘探类型**

类型	特点	用途
探坑	由地表向下挖掘的方形或圆形坑，深度2～3m	局部剥除地表覆土，揭露基岩，确定地层岩性，载荷试验，渗水试验，取原状土样
浅井	从地表垂直向下的圆形或方形井，深5～15m	确定覆盖层及风化层的岩性厚度，取原状样，了解地层构造及断裂带
探槽	垂直于岩层或构造线走向挖掘成宽0.6～1.0m、深2～3m的长槽	追索构造线、断层、探查残积坡积层，风化岩石的厚度和岩性
竖井	形状与浅井相似，但深度可超过20m，一般在平缓山坡、漫滩、阶地等岩层较平缓的地方，有时需支护	了解覆盖层厚度及性质，构造线、岩石破碎情况、岩溶、滑坡等，岩层倾角较缓时效果较好
平洞	在地面有出口的水平坑道，深度较大，适用较陡的基岩岩坡	调查斜坡地质构造，对查明地层岩性、软弱夹层、破碎带、风化岩层时，效果较好，还可取样或做原位试验

15.2.2 地球物理勘探

地球物理勘探简称物探，它是根据各种岩石之间的密度、磁性、电性、弹性、放射性等物理性质的差异，选用不同的物理方法和物探仪器，测量工程区的地球物理场的变化，以了解其水文地质和工程地质条件的勘探和测试方法，如图15.2所示。

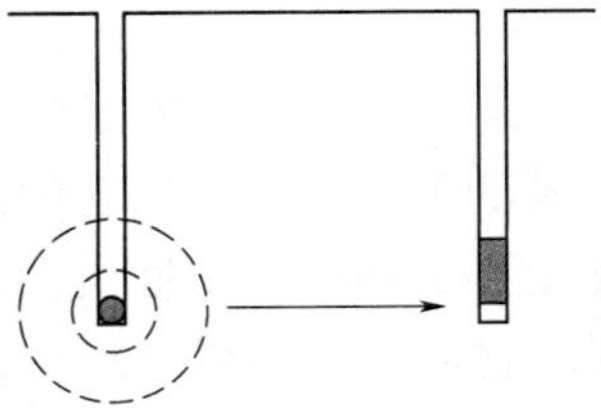

图15.2 地球物理勘探

1. 地球物理勘探特点

地球物理勘探是一种先进的勘探方法，它的优点是效率高，成本低，仪器和工具较轻便，能从较大范围分辨勘察地质构造和测定地层各种物理参数等。合理有效地使用物探可以提高地质工作质量、加快勘探进度、节省勘探费用。因此在勘探工作中应积极采用物探。

地球物理勘探是一种非直观的勘探方法，地球物理勘探资料往往具有多解性。例如，不同土、石可能具有某些相同的物理性质，或同一种土、石可能具有某些不同的物理性质，因此有时仅通过物探较难得出肯定的结论，必须使用钻探加以校核、验证，所以地球物理勘探有一定的适用条件。当物探与调查测绘、挖探、钻探密切配合时，对指导地质判断、合理布置钻孔、减少钻探工作量等方面都能起到良好的效果。恰当地运用多种物探方法，互相配合，进行综合物探，才能取得较好的效果。

2. 地球物理勘探适用场合

（1）了解隐蔽的地质界线、界面或异常点。

（2）在钻孔之间增设物探点，为钻探成果的内插、外推提供依据。

（3）测定岩土体的波速、动弹模量、特征周期、土对金属的腐蚀等参数。

3. 地球物理勘探方法

地球物理勘探按其所利用的土石物理性质的不同可分为电法勘探、地震勘探、声波探测、磁法勘探、触探与测井等。下面介绍前三种。

（1）电法勘探。电法勘探简称电探，是通过测定土、石导电性的差异，来判断地下地质情况的一种物探方法。在具备一定条件时，电法勘探能取得较好的效果，如地层之间具有一定的导电差异，所测地层具有一定的长度、宽度和厚度，相对的埋藏深度不太大；地形比较平坦，游散电流与工业交流电等干扰因素不大等。电探的种类很多，经常使用的有电阻率法、充电法、激发极化法和自然电场法等。

电探主要用于确定基岩深度，岩层分界线位置，地下水流向、流速，及寻找滑坡的滑动面等。

（2）地震勘探。地震勘探是近代发展变化最快的物探方法之一。它的原理是利用人工激发的地震波在弹性不同的地层内传播规律来勘探地下的地质情况。在地面某处激发的地震波向地下传播时，遇到不同弹性的地层分界面就会产生反射波或折射波返回地面，用专门的仪器可记录这些波，分析所得记录的特点，如波的传播时间、振动形状等，通过专门的计算或仪器处理，能较准确地测定这些界面的深度和形态，判断地层的岩性。

地震勘探适用于探测覆盖层厚度，岩层埋藏深度及厚度，断层破碎带位置及产状等；还可以根据弹性波传播速度推断岩石某些物理力学性质、裂隙和风化发育情况等。

（3）声波探测。声波探测是利用声波段在岩体中的传播特性及其变化规律，测试岩体（岩石）的物理力学性质。利用在应力作用下岩体发声特性还可对岩体进行稳定性监测。

15.2.3　钻探法

钻探是工程地质勘察中最常用的一类重要勘探手段，是通过钻机在地层中打孔，以采取岩芯或观察孔壁来探明深部地层的工程地质资料的勘探方法。钻孔的深度由数米至上百米。可在孔中预定位置采取土样，用以测定土的物理力学性质，也可直接在钻孔内对地层进行原位测试。它可以获得深部地层的可靠地质资料。

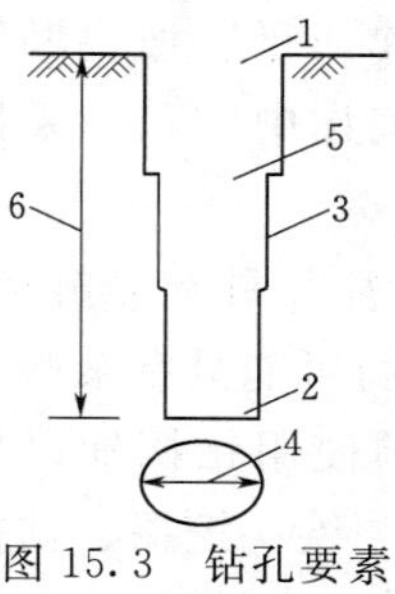

图 15.3　钻孔要素

1—孔口；2—孔底；3—孔壁；4—孔径；5—换径；6—孔深

钻孔的要素如图 15.3 所示。钻孔的上面口径较大，越往下越小，呈阶梯状。钻孔的上口称为孔口；底部称为孔底；四周侧部称为孔壁。钻孔断面的直径称为孔径；由大孔径改为小孔径称为换径。从孔口到孔底的距离称为孔深。

1. 钻孔勘探过程及钻进方法

钻探过程主要包括三个基本程序，首先是借助冲击力、剪切力、研磨和压力来破碎岩土；其次是采取岩土，就是用冲洗液把孔底碎屑冲到孔外，或者用钻具将样芯取出；最后是保全孔壁，不使其坍塌，保证钻探工作顺利进行，一般采用套管或泥浆护壁。

工程地质钻探，根据钻进时破碎岩土的方法可分为冲击钻、回转钻、冲击回转钻、振动钻等几种。

(1) 冲击钻是利用钻具的重力和冲击力，使钻头冲击孔底以破碎岩石。该法能保持较大的钻孔口径，但难以取得完整的岩芯。

(2) 回转钻是利用钻具回转，用钻头的切削刃或研磨材料削磨岩土，可分孔底全面钻进与孔底环状钻进（岩芯钻进）两种。工程地质勘探广泛采用岩芯钻进，该法能取得原状土样和较完整的岩芯。在土质地层中钻进时，有时为了有效完整地揭露标准地层，还可以采用勺型钻头或提土钻头进行钻进。

(3) 冲击回转钻也称综合钻进，钻进过程是在冲击与回转综合作用下进行的，它综合了前两种钻进方法的优点，以达到提高钻进效率的目的。冲击回转钻是在钻进过程中，对钻头施加一定的动力，对岩土产生冲击作用，使岩石的破碎速度加快，破碎粒度比回转剪切粒度增大。同时由于冲击力的作用使硬质钻头刻入岩石的深度增加，在回转中将岩石剪切掉。这样就大大提高了钻进效率。适用于各种不同的地层，能采取岩芯，在工程地质勘探中应用也较广泛。

(4) 振动钻是利用机械动力所产生的振动力，通过连接杆及钻具传到钻头周围的土层中，由于振动器高速振动，使土层的抗剪强度急剧降低，借振动器和钻具的重量，切削孔底土层，达到钻进的目的。它的钻进速度快，但主要适用于土层及粒径较小的碎、卵石层。

上述各种钻进方法的适用范围列于表 15.2 中。

表 15.2　　钻进方法的适用范围

钻探方法		钻进地层					勘察要求	
		黏性土	粉土	砂土	碎石土	岩石	直观鉴别采取不扰动土样	直观鉴别采取扰动试样
回转	螺纹钻探	○	△	△	—	—	○	○
	无岩芯钻探	○	○	○	△	○	—	—
	岩芯钻探	○	○	○	△	○	○	○
冲击	冲击钻探	—	△	○	○	△	—	—
	锤击钻探	△	△	△	△	—	△	○
振动钻探		○	○	○	△	—	△	○

注　○代表适用；△代表部分适用；—代表不适用。

2. 钻孔勘探的成果

(1) 通过钻探所采取的岩土标本、钻进速度及回水情况，可了解不同深度处岩石性质、地层分布、断层破碎带及岩层风化破碎情况。

(2) 可将在钻孔中采取的原状试样进行物理力学性质试验。

(3) 可在钻孔中观察地下水的水位及其动态变化，还可以在钻孔中进行水文地质试验。

(4) 可以在钻孔中进行孔壁摄影与钻孔录像，使勘察工作者能直接观察到地层的某些情况。还可以在钻孔中进行电测井等物理勘探工作。

（5）每个钻孔最后可得出一个钻孔柱状图，可反映出钻孔点各深度处的岩石性质、岩层界线、基岩面高程、地下水位等。如在一条勘探线上布置几个钻孔，然后将各钻孔柱状图的相同岩层、地层及构造线连接起来，即构成一个工程地质剖面图。

15.2.4 土试样的采取

工程地质钻探的主要任务之一是在岩土层中采取岩芯或原状土样。在采取试样过程中，应该保持试样的天然结构，如果试样的天然结构已受到破坏，则此试样已受到扰动，这种试样称为“扰动样”，这在工程地质勘察中是不容许的。除非有明确说明另有所用，否则必须作废。

由于土工试验所得出的土性指标要保证可靠，因此工程地质勘察中所取的试样必须是保持天然结构的原状试样。原状试样有岩芯试样和土试样。岩芯试样由于其坚硬性，天然结构难以破坏，而土试样则不同，很容易被扰动。因此，采取原状土样是工程地质勘察中的一项重要技术。但在实际勘探工程中，要取得完全不扰动的原状试样是不可能的。造成土样扰动的原因主要有三个方面：一是由于钻进工艺、钻具选用、取土方法选择等不够合理；二是采样过程造成的土体中应力条件发生了变化，引起土样内质点的相对位置的位移和组织结构的变化；三是采取土样时需用取土器采取，但不论采用何种取土器，它都有一定的厚度、长度和面积，当取土器切入土层时，会使土样产生一定的压缩变形。取土器壁越厚，造成的扰动越大。在采样过程中，应力求使试样扰动量缩小。

按照取样方法和试验目的，对土样的扰动程度分成四个等级，各级别的名称及可进行的试验项目见表15.3。

表15.3　　土试样质量等级划分

级别	扰动程度	试验内容
Ⅰ	不扰动	土类定名、含水量、密度、强度试验、固结试验
Ⅱ	轻微扰动	土类定名、含水量、密度
Ⅲ	显著扰动	土类定名、含水量
Ⅳ	完全扰动	土类定名

15.3 工程地质测试

工程地质测试是在地质勘探的基础上，为了进一步了解所勘探岩土的物理、力学性质，获取其基本性能指标并对其定量评价而采取的勘察手段，是解决某些复杂的工程地质问题的主要途径。

原位测试是工程地质勘察工作中重要的勘察手段。原位测试是指在岩土体原生位置上，在保持岩土体原有结构、含水量及应力状态尽量不被扰动和破坏条件下进行测定岩土各种物理力学性质指标；室内土工试验则将从野外所采取的试样尽量维持其天然状态下的性能送到实验室进行测试。两种测试方法各有其优缺点，原位测试的主要优点是，可以测定难以采取原状土样土层的工程力学性质，并且所测定的土体体积较大，因而更具代表性；很多原位测试方法可连续进行，因而可以得到完整的地层剖面及物理力学指标。

工程地质原位测试的主要方法有静载荷试验、静力触探试验、圆锥动力触探试验、标准贯入试验、十字板剪切试验、旁压试验等。

15.3.1 静载荷试验

静载荷试验包括平板载荷试验（PLT）和螺旋板载荷试验（SPLT）。平板载荷试验通过在一定面积承压板上，逐级向板下地基土施加荷载，以测求地基土强度与变形，该方法适用于地表和浅部各类地基土，如图 15.4 所示。螺旋板载荷试验则通过向旋入地下预定深度的螺旋形承压板施加压力，同时测量承压板相应沉降量，以求算地基土强度与变形指标，螺旋板载荷试验适用于深层地基土或地下水位以下地基土。

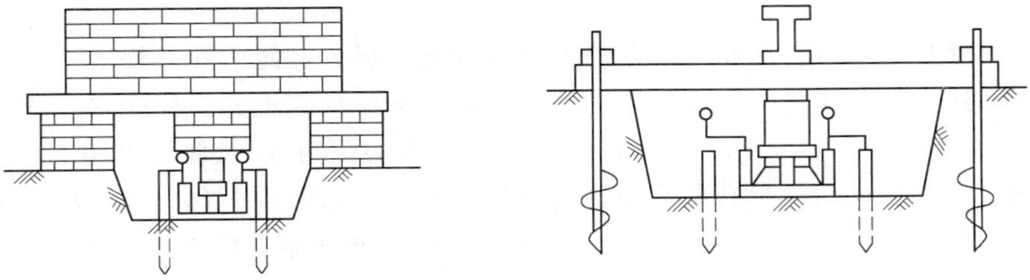

图 15.4 常用的浅层平板静载荷试验设备

1. 试验技术要点

(1) 开挖试验面时应避免对岩土扰动。试坑宽度应不小于承压板宽度或直径的 3 倍。在地下水位以下进行试验时，应事先将水位降至试验标高以下，安装设备，待水位恢复后再加荷试验。

(2) 试验时应采用圆形或方形刚性承压板，根据土体的软硬或岩体裂隙密度选用合适的尺寸。土的浅层平板载荷试验承压板面积不应小于 $0.25m^2$，对软土或粒径较大的填土不应小于 $0.5m^2$；土的深层平板载荷试验承压板面积不应小于 $0.5m^2$；岩石平板载荷试验承压板面积不应小于 $0.07m^2$。螺旋板板头面积可采用 $200\sim500cm^2$，对硬土可采用更小面积的板头。

(3) 为保持承压板和试验面的良好接触，在试验面上可铺设 1cm 左右的砂垫层。

(4) 加荷应分级进行，每级荷载增量为预计极限荷载的 1/10～1/8。

(5) 每加一级荷载后，按时间间隔 10min、10min、10min、15min、15min 测读沉降量，以后每隔 30min 测读一次沉降量。当连续两个小时内，每小时的沉降量小于 0.1mm 时，则可认为沉降已趋稳定，可加下一级荷载。

(6) 试验尽可能加荷到破坏荷载，当出现下列情况之一时，即可终止加载：

1) 承压板周围的土体有明显侧向挤出或发生裂纹。

2) 在某一级荷载下，24h 内沉降速率不能达到稳定标准。

3) 沉降量 (s) 急剧增大，荷载-沉降曲线 ($p-s$ 曲线) 出现陡降段，或相对

沉降量 $s/b \geqslant 0.06$（b 为承压板的宽度或直径）。

(7) 螺旋板载荷试验分为应力法和应变法。应力法使用油压千斤顶分级加荷，对每级荷载，均按上述第（5）条时间与稳定标准要求，记录载荷板沉降及稳定时间。每级荷载的大小对于砂土、中低压缩性的黏性土及粉土宜采用50kPa；对于高压缩性土宜采用25kPa。应变法同样采用油压千斤顶加荷，加荷速率取决于土层的压缩性。对于砂土、中低压缩性土层宜采用1～2mm/min，每下沉1mm测读一次压力；对于高压缩性土，宜采用0.25～0.5mm/min，每下沉0.25～0.5mm测读一次压力，直至土层破坏。

2. 试验成果应用

根据现场试验记录，绘制荷载-沉降曲线（$p-s$ 曲线）及沉降-时间曲线（$s-t$）或沉降-时间半对数曲线（$s-\lg t$ 曲线），确定地基承载力和地基土的变形模量等。

15.3.2　静力触探试验

静力触探（CPT）是将一定规格的金属圆锥形探头，使用静力按一定的速率压入土中，通过测量土体对探头的阻力，来判断、分析地基土的工程性质。目前常用的探头有：测试贯入阻力 p_s 的单桥探头，测试锥尖阻力 q_c 及侧壁摩阻力 f_s 的双桥探头，以及能同时测量孔隙水压力的两用（p_s-u）或三用（q_c-u-f_s）探头。

静力触探具有测试结果质量好、效率高、成本低等显著优点，适用于黏性土、粉土、砂土及含少量碎石的土层，但不适用于大块碎石类土层和基岩。

1. 试验技术要点

(1) 圆锥探头底面积宜采用 $10cm^2$ 或 $15cm^2$，单桥探头侧壁高度相应采用57mm或70mm，双桥探头侧壁面积宜为 $150～300cm^2$，锥尖锥角宜为60°。

(2) 探头应匀速垂直压入土中，贯入速率为1.2m/min。

(3) 探头传感器应经审定，室内审定重复性误差、线性误差、温度漂移、归零误差范围应为±0.5%～1.0%，现场归零误差不应超过3%。

(4) 深度记录误差不应大于触探深度的±1%。

(5) 当贯入深度超过50m时，应根据两侧触探孔的偏斜度，校正土的分层界线。

2. 试验成果应用

(1) 绘制各种贯入曲线：贯入阻力-深度（p_s-h）关系曲线、绘制锥尖阻力-深度（q_c-h）关系曲线、侧壁摩阻力-深度（f_s-h）关系曲线、摩阻比-深度（R_f-h）关系曲线。

(2) 根据贯入曲线的线性特征，划分土层和判定土类。

(3) 结合地区经验估算地基土的强度、压缩性、承载力、单桩承载力、沉桩可能性；评价饱和砂土和粉土的液化性。

15.3.3　圆锥动力触探试验

圆锥动力触探试验（DPT）是将一定质量的穿心锤，以一定的高度（落距）自由下落，将圆锥探头贯入土中，然后记录贯入土层一定深度所需的锤击数，并以此判断土的工程性质的现场试验。

圆锥动力触探试验的优点是设备简单、操作方便、功效较高、适应性广，并具有连续贯入的特点，对难以取样的砂土、粉土、碎石类土等，以及静力触探难以贯入的土层，动力触探是十分有效的勘探测试手段。圆锥动力触探的缺点是不能采样对土进行直接鉴别描述，试验误差较大，再现性差。

根据锤击能量，动力触探又可分为轻型、重型和超重型三种，见表 15.4。

表 15.4　　国内常用的动力触探类型

触探类型	落锤质量 / kg	落锤距离 /cm	探头规格	触探指标	触探杆外径 / mm
轻型	10±0.2	50±2	圆锥头锥角 60°，锥底直径 4.0cm，锥底面积 12.6cm^2	贯入 30cm 锤击数 N_{10}	25
重型	63.5±0.5	76±2	圆锥头锥角 60°，锥底直径 7.4cm，锥底面积 43cm^2	贯入 10cm 锤击数 $N_{63.5}$	42
超重型	120±1.0	100±2	圆锥头锥角 60°，锥底直径 7.4cm，锥底面积 43cm^2	贯入 10cm 锤击数 N_{120}	50～60

1. 试验技术要点

（1）应采用全自动落锤装置。锤的脱落方式有碰撞式和缩径式。前者动作可靠，但操作不当易反向撞出，影响试验成果；后者导向杆宜被磨损发生事故。

（2）触探杆连接后的最初 5m 的最大偏斜度不应超过 1%，大于 5m 后的最大偏斜度不应超过 2%。试验开始时，应保持探头与探杆有很好的垂直导向。锤击贯入应连续进行，不能间断，锤击速率一般为每分钟 15～30 击。在砂土和碎石类土中，锤击速率对试验结果影响不大，锤击速率可增加到每分钟 60 击。锤击过程应防止锤击偏心、探杆歪斜和探杆侧向晃动。每贯入 1m，应将探杆旋转一周半，使触探杆能保持垂直贯入，并减少探杆的侧向阻力。当贯入深度超过 10m 时，每贯入 0.2m，即应旋转探杆。

（3）当贯入 15cm，$N_{10}>50$ 击时即可停止试验；当 $N_{63.5}>50$ 击时即可停止试验，考虑改用超重型动力触探。

（4）N_{10} 和 $N_{63.5}$ 的正常范围为 3～50 击；N_{120} 的正常范围为 3～40 击。当锤击数超过正常范围，如遇软黏土层，可记录每击的贯入度；如遇硬土层，可记录一定锤击数下的贯入度。

2. 试验成果应用

圆锥动力触探试验的成果主要是锤击数（N_{10}、$N_{63.5}$ 和 N_{120}）和锤击数随深度变化的关系曲线。

（1）定性评价：土层的均匀性；查明土洞、滑动面和软硬土层界面；确定软弱土层或坚硬土层的分布；检验评估地基土加固与改良的效果。

（2）定量评价：确定砂土的孔隙比、相对密实度、粉土和黏性土的状态、土的强度和变形参数，评价天然地基土承载力或单桩承载力。

15.3.4 标准贯入试验

标准贯入试验（SPT）是用质量为 63.5kg 的穿心锤，以 76cm 的落距自由下落，将标准贯入器打入土中 30cm 的锤击数 N，评价土层的工程性质。

1. 试验技术要点

(1) 先用钻具回转钻至试验标高以上 15cm 处，清除残土并注意避免塌孔和对孔底土的扰动，始终保持孔内的水头高于孔四周土中的水头。

(2) 将贯入器和探杆拧紧后放入孔内，注意避免冲击孔底和保持探杆垂直，孔口要有导向器。

(3) 将贯入器打入土中，贯入速率应小于 30 击/min，贯入土中 15cm 后，开始记录 10cm 锤击数以及 30cm 累计击数 N。如 30cm 内击数超过 50，可记录 50 击的实际贯入深度，终止该点试验。

(4) 标准贯入试验可在钻孔全深度范围内等距进行，间距为 1.0m 或 2.0m，也可仅在砂土、粉土等欲试验的土层范围内等距进行。

2. 试验成果应用

标准贯入试验的主要成果有标贯击数 N，标贯击数 N 与深度的关系曲线，标贯孔工程地质柱状剖面图等。

锤击数 N 可估算黏性土的变形指标与软硬状态，砂土的内摩擦角与密实程度，划分岩石风化类型，估算地震时砂土、粉土液化的可能性和地基承载力等。

15.3.5　十字板剪切试验

十字板剪切试验（VST）是快速测定饱和软黏土层快剪强度的一种简易而可靠的原位测试方法，在沿海软体地区广泛应用。这种方法测得的抗剪强度值，相当于试验深度处天然土层的不排水抗剪强度，在理论上它相当于三轴不排水剪的总强度，或无侧限抗压强度的一半（$\varphi=0$）。

1. 试验简介

十字板剪切试验是将插入软土中的十字板头，以一定的速率旋转，测出土的抵抗力矩，从而换算土的抗剪强度。该试验适用于原位测定饱和软黏土的不排水总强度和估算软黏土的灵敏度。试验深度一般不超过 30m。为测定软黏土不排水抗剪强度随深度的变化，试验点竖向间距可取 1m 或根据静探等资料确定。

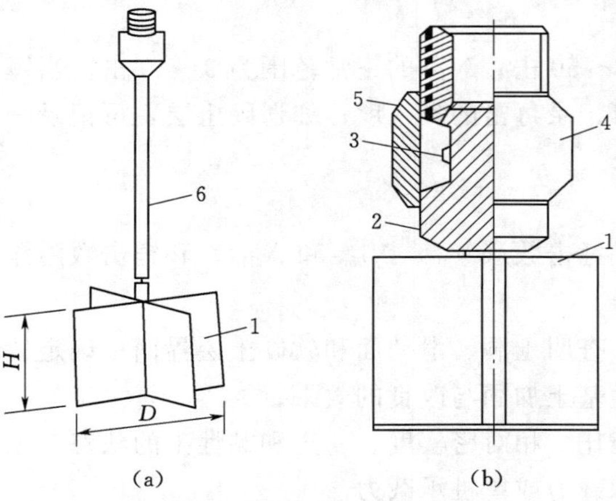

图 15.5　板头结构示意图

(a) 机械式；(b) 电阻应变式

1—十字板；2—扭力柱；3—应变片；4—套筒；5—出线孔；6—轴杆

目前我国使用的十字板剪切仪有机械式和电测式两种，后者的工效和测试精度均比前者高，因此使用较多的是后者。

机械式十字板剪切仪主要由测力装置、十字板头（图 15.5）、轴杆等 3 部分组成，应用于软黏土中的测试时一般可选用 $D\times H=75\text{mm}\times150\text{mm}$ 的板头，在稍硬的土中可选用 50mm×100mm 的板头，一般使用的轴杆直径为

20mm。电测式十字板剪切仪是在静力触探探头上附加一套电阻式十字板，它可以在饱和软黏土地区用一套仪器进行静力触探和十字板试验，仪器的结构主要包括十字板头、回转系统和静力触探仪共用的加压、量测、反力系统部分。根据换算公式即可由试验结果（量表或应变仪的读数）计算原状土或重塑土的十字板抗剪强度值。

2. 试验成果应用

根据十字板剪切试验可以解决以下问题：计算被测场地的地基承载力，估算单桩极限承载力，确定软土路基、堤坝、码头的临界高度，分析地基稳定性及判定软土的固结历史等。

15.3.6　旁压试验

旁压试验（PMT）又称横压试验，其原理是通过一定的成孔方法（有预钻孔、自钻孔、先钻小直径然后压入、直接压入等）将圆柱形旁压器在现场竖直放入土（岩）中，加压使旁压器沿水平径向呈圆柱形扩张，从而量测土（岩）中圆柱形孔穴的压力-变形关系。旁压试验可用于原位测定地基土的变形模量和承载力。

1. 试验简介

常用旁压仪，主要有预钻孔式、自钻孔式、扁平板旁压仪等。预钻式旁压试验适用于黏性土、粉土、砂土、碎石土、风化岩和软岩。自钻式旁压试验适用于不含砾的砂土、粉土、黏性土，尤其是适用于软土。扁平板旁压试验适用于不含砾的土。

预钻式旁压仪由旁压器、控制单元和管路三部分组成（图 15.6）。旁压器是对孔壁土（岩）体直接施加压力的部分，是旁压仪最重要的部件。它由金属骨架、密封的橡皮膜和膜外护铠组成。旁压器分单腔式和三腔式两种，目前常用的是三腔式，其上下两个护腔把测量腔夹在中间，试验时有压介质（水和油）从控制单元通过中间管路系统进入测量腔，使橡皮膜沿径向膨胀，孔周土（岩）体受压呈圆柱形扩张，从而可以量测孔壁压力与钻孔体积变化的关系。控制单元的功能是控制试验压力和测读旁压器体积（应变）的变化。管路是用于连接旁压器和控制单元、输送和传递压力和体积信息的系统，通常包括气路、水（油）路和电路。

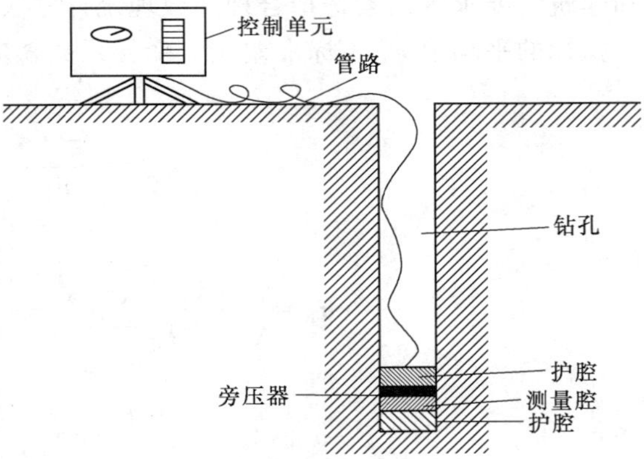

图 15.6　旁压试验示意图

自钻式旁压仪通常由包含自钻机构的探头部分，以及控制单元和管路系统组成。自钻的原理是把装有旁压器的薄壁取样器用某一速率压入土中，同时用几个转动的刀片将进入取样器内的土芯弄碎，形成钻屑，钻屑由射出的液体作用而成悬浮液，从旁压器的中央通过钻杆空心孔排到地面。

扁平板旁压试验是用静力（或锤击动力）把一扁铲形探头贯入到土中某一预定深度，然后加压使之侧向扩张，量测不同侧向膨胀位移时的侧向压力，根据这些相应于不同位移时的压力值，可以对土的工程性质进行估算。

2. 试验成果应用

利用旁压试验结果绘制旁压曲线，计算一些参数指标，可以求得地基承载力、变形模量等指标。

15.4　工程地质勘察报告

在工程地质勘察工作结束时，将直接和间接得到的各种工程资料，经分析整理、检查校对、归纳总结，便可用简洁的文字和图表汇编成工程地质勘察报告。它是工程地质勘察的最终成果，是向设计、施工部门直接交付使用的文件性资料。其任务是阐明勘察地区的工程地质条件和工程地质问题，对勘察区作出工程地质评价。

15.4.1　工程地质勘察的数据整理与分析

工程地质勘察资料的整理是将勘察中的各项数据进行分析和归纳统计，使这些数据更好地反映岩土体性质和地质特征的变化规律，是工程地质勘察成果准确与否的最终体现。

工程地质勘察中，各项指标可按工程地质单元、区段及层位分别进行统计整理，以便求得具有代表性的指标。统计整理时，应在合理分层基础上对每层土的有关测试项目，根据指标测试次数（每项参加统计的数据不宜小于 6 个）、地层均匀性和建筑物要求等因素选择合理的数理统计方法。

指标的平均值 φ_m、标准差 σ_f、变异系数 δ 应按下列公式计算：

$$\varphi_m = \frac{\sum_{i=1}^{n} \varphi_i}{n} \tag{15.1}$$

$$\sigma_f = \sqrt{\frac{1}{n-1}\left[\sum^{n} \varphi_i^2 - \frac{\left(\sum_{i=1}^{n} \varphi_i\right)^2}{n}\right]} \tag{15.2}$$

$$\delta = \frac{\sigma_f}{\varphi_m} \tag{15.3}$$

式中　φ_i——岩土指标的实测值；

n——统计样本数。

主要参数宜绘制沿深度变化的图件，并按变化特点划分为相关类型和非相关类型，需要时应分析参数在水平方向上的变异规律。

相关型参数宜结合岩土参数与深度的经验关系，按下式确定剩余标准差 σ_r，并用剩余标准差计算变异系数。

$$\sigma_r = \sigma_f \sqrt{1-r^2} \tag{15.4}$$

$$\delta = \frac{\sigma_r}{\varphi_m} \tag{15.5}$$

式中　r——相关系数。对非相关型，$r=0$。

岩土参数标准值 φ_k 按下式计算

$$\varphi_k=\gamma_s\varphi_m \tag{15.6}$$

$$\gamma_s=1\pm\left[\frac{1.704}{\sqrt{n}}+\frac{4.678}{n^2}\right]\delta \tag{15.7}$$

式中　γ_s——统计修正系数。

注：式中正负号按不利组合考虑，如抗剪强度指标的修正系数应取负值。

15.4.2　工程地质勘察成果报告

工程地质勘察报告的编制应充分利用勘察取得的各项地质资料，在综合分析的基础上进行，所依据的原始资料在使用前均应进行整理、检查、分析，确认无误。

公路工程地质勘察报告包括总报告和工点报告，总报告和工点报告均应由文字说明和图表部分组成。

总报告文字说明应包括下列内容：

(1) 前言。任务依据、目的与任务、工程概况、执行的技术标准、勘察方法及勘察工作量布置情况、勘察工作过程等。

(2) 自然地理概况。项目所处的地理位置、气象、水文和交通条件等。

(3) 工程地质条件。地形地貌、地层岩性、地质构造、岩土的类型、性质和物理力学参数、新构造运动、水文地质条件、地震与地震动参数，不良地质和特殊性岩土的发育情况、建筑材料等。

(4) 工程地质评价与建议。包括公路沿线水文地质及工程地质条件评价、工程建设场地的稳定性和适宜性评价、不良地质与特殊性岩土及其对公路工程的危害和影响程度评价、环境水或土的腐蚀性评价、岩土物理力学性质及其设计参数评价、工程地质结论与建议等。

总报告图表应包括路线综合工程地质平面图、路线综合工程地质纵断面图、不良地质和特殊性岩土一览表等。

思考与练习

1. 工程地质勘察的主要任务是什么?
2. 工程地质勘察的方法有哪些？各自特点和适用条件是什么?
3. 什么是现场原位测试？原位测试和室内试验相比，有哪些优缺点?
4. 工程地质勘察报告中应包括哪些主要内容?

第16章

各类工程地质勘察

学习要点： 熟悉工程地质勘察工作的程序及阶段划分；掌握道路、桥梁、隧道等工程地质勘察中工程地质问题、勘察内容及要点。

16.1 工程地质勘察的阶段划分

工程地质勘察阶段的划分是与工程设计阶段的划分相一致的。各类建设工程对勘察设计阶段划分的名称不尽相同，但勘察设计各阶段的实质内容则大同小异。一般将工程地质勘察阶段划分为可行性研究勘察（选址）阶段、初步勘察阶段、详细勘察阶段。对于工程地质条件复杂或有特殊要求的重要工程，尚应进行施工勘察。

16.1.1 可行性研究勘察阶段

可行性研究勘察阶段，也是选址阶段，其任务主要是满足选址或者确定场地的要求。该阶段应对拟建场地的稳定性和适宜性作出客观评价。

（1）在工程地质条件方面宜避开以下区段：

1）不良地质现象发育且对场地稳定性有直接危害或潜在威胁的地段。

2）地基土性质严重不良的地段。

3）不利于抗震地段。

4）洪水或地下水对场地有严重不良影响且难以有效预防和控制的地段。

5）地下有未开采的有价值矿藏地段或未稳定的采空区的地段。

6）埋藏有重要意义的文物古迹的地段。

（2）本阶段的工程地质勘察工作要求如下：

1）收集区域地质、地形地貌、地震、矿产和附近地区的工程地质资料及当地的建筑经验。

2）在充分收集和分析已有资料的基础上，通过踏勘了解场地的地层、构造及岩土体的性质、不良地质现象及地下水等工程地质条件。

3）对工程地质条件复杂，已有资料不能满足要求，但其他条件较好且倾向于选址的场地，应根据具体情况进行工程地质测绘及必要的勘探工作。

4）当有两个或两个以上拟选场地时，应进行比较分析。

16.1.2 初步勘察阶段

初步勘察阶段应对场地内建筑地段的稳定性做出岩土工程评价。本阶段的工程地质勘察工作有以下方面：

（1）收集本项目的可行性研究报告、场址地形图、工程性质、规模等文件资料。

（2）初步查明地层结构、地质构造、岩土工程特性、地下水埋藏条件。

（3）查明不良地质现象的成因、分布规律及其对场地稳定性的影响和发展趋势。

（4）对抗震设防烈度大于或等于Ⅵ度的场地，应对场地和地基的地震效应作出初步评价。

（5）季节性冻土地区，应调查场地土的标准冻结深度。

（6）初步判定水和土对建筑材料的腐蚀性。

（7）高层建筑初步勘察时，应对可能采取的地基基础类型、基坑开挖与支护、工程降水方案进行初步分析评价。

初步勘察应在收集分析已有资料的基础上，根据需要进行工程地质测绘或调查以及进行勘探、测试和物探工作。

16.1.3 详细勘察阶段

详细勘察应密切结合工程技术设计或施工图设计，针对不同工程结构提供详细的工程地质资料和设计所需要的岩土技术参数，对建筑地基作出岩土工程分析评价，为路基路面或基础设计、地基处理、不良地质现象的预防和整治等具体方案进行论证，并提出建议。

详细勘察工作的主要内容有以下几点：

（1）收集附有坐标和地形的建筑总平面图，场区的地面整平标高，建筑物的性质、规模、荷载、结构特点、基础形式、埋置深度、地基允许变形等资料。

（2）查明不良地质作用的类型、成因、分布范围、发展趋势和危害程度，提出有关整治方案的建议。

（3）查明建筑范围内岩土层的类型、深度、分布、工程特性、分析和评价地基的稳定性、均匀性和承载力。

（4）对需进行沉降计算的建筑物，提供地基变形计算参数，预测建筑物的变形特征。

（5）查明埋藏的河道、沟浜、墓穴、防空洞、孤石等对工程不利的埋藏物。

（6）查明地下水的埋藏条件，提供地下水位及其变化幅度。

（7）在季节性冻土地区，提供场地土的标准冻结深度。

（8）判定水和土对建筑材料的腐蚀性。

（9）对抗震设防烈度等于或大于Ⅵ度的地区，应根据国家批准的地震动参数区划和有关的规范，提供勘察场地的抗震设防烈度、设计基本地震加速度和设计特征周期分区；应划分场地类别，区别对抗震有利、不利或危险的地段。

（10）当建筑物采取桩基时，应进行桩基工程勘察；当工程需进行基坑开挖、支护和降水时，应进行基坑工程勘察。

（11）当工程需要时，应论证地基土和地下水在工程使用期间可能产生的变化及其对工程和环境的影响，并提出防治方案、防水设计水位和抗浮设计水位的建议。

16.1.4　施工勘察阶段

施工勘察主要是与设计、施工单位相结合进行的地基验槽，深基础工程与地基处理的质量和效果的检测，施工中的岩土工程监测和必要的补充勘察，解决与施工有关的岩土工程问题，并为施工阶段路基路面或地基基础设计变更提供相应的地基资料。

需要指出的是，并不是每项工程都需要严格遵守上述阶段进行勘察，有些工程项目的用地有限，没有场地选择的余地，如遇到地质条件不是很好时，则通过采取地基处理或其他的措施来改善，这时施工阶段的勘察尤为重要。此外，有些建筑等级要求不高的工程项目，可根据邻近的已建工程的成熟经验，简化勘察阶段。

16.2　道路工程地质勘察

16.2.1　道路工程地质勘察的目的任务

(1) 查明路线上的地质地貌条件及动力地质现象，阐明其演变规律，明确各条线路方案的主要工程地质条件，合理确定线路布设，为各方案的对比提供依据。

(2) 沿线特殊岩土地段及不良地质现象调查，如盐渍土、多年冻土、岩溶、滑坡、崩塌、泥石流等。这些地质现象往往影响路线方案的选择和布设以及构筑物的设计，应重点查明其类型、规模、性质、发生原因、发展趋势和危害程度。对严重影响路线安全且数量多、整治困难的各种工程地质问题，一般均以绕避为原则。但对技术切实可行，可彻底根治而所消耗费用不高的，应合理通过。

(3) 根据选定的路线方案和确定的路线位置，对中线两侧一定范围的地带，进行详细的工程地质勘察，为路基路面设计和施工提供可靠资料。

(4) 查明填方路段所用路基填筑材料的变形和强度性质，充分发掘、改造和利用沿线的一切就地材料，满足就地取材的要求。

16.2.2　道路工程地质问题

路基是道路的主体构筑物，道路的工程地质问题主要是路基工程地质问题。在平原地区比较简单，路基工程地质问题较少，但在丘陵和山区，尤其是地形起伏较大的地区，往往需要通过高填或深挖才能满足线路最大纵向坡度的要求。因此，在这些地区路基的主要工程地质问题是路基边坡稳定性问题、路基基底稳定性问题、路基土冻害问题以及天然构筑材料问题等。此外河流冲刷、水库回水、泥石流等不良地质现象等也都是危害路基的工程地质问题。

1. 路基边坡稳定性问题

路基边坡包括天然边坡、傍山路线的半填半挖边坡以及深路堑的人工边坡等。边坡都具有一定的坡度和高度，边坡岩土体在重力作用、河流冲刷或工程的影响下，其内部应力状态在不断发生变化。当其受到的剪应力大于土体的抗剪强度时，边坡即发生不同形式的变形和破坏。破坏形式主要表现为滑坡和崩塌。土质边坡的变形主要取决于土的矿物成分，特别是亲水性强的黏土矿物的含量。除受地质、水文地质和自然因素影响外，边坡的变形和施工方法的正确与否也有很大关系。岩质边坡的变形主要取决于岩体中各种软弱结构面的性状及其组合关系，它们对边坡的变形起着控制作用。

由于开挖路堑形成的路堑边坡，加大了边坡的坡度和高度，使边坡的边界条件发生了改变，破坏了自然边坡原因的应力平衡状态，进一步影响了边坡岩土体的稳定性。另外，路堑边坡不仅可能产生工程滑坡，而且在一定条件下，还能引起古滑坡复活。当施工开挖造成其滑动面临空时，易引起处于休止状态的古滑坡重新活动，造成边坡失稳。

2. 路基基底稳定性问题

路基基底稳定性问题，多发生于填方路堤地段，主要表现形式为滑移、挤出和塌陷。一般路堤和高填路堤对路基基底的要求是要有足够的承载力，因为它不仅承受车辆在运行中产生的动荷载，而且还承受很大的填土压力。基底土的变形性质和变形量的大小主要取决于基底土的物理力学性质、基底面的倾斜程度、软弱夹层或软弱结构面的性质与产状等。当高填路堤通过河漫滩或阶地时，若基底分布有饱水后层淤泥，往往会使基底产生巨大的塑性变形而造成路基破坏。路基基底若为不良土，对路基应进行处理或架桥通过、绕避该线等方法进行处理。

3. 路基冻害问题

路基冻害问题包括冬季路基因冻结作用而引起的路面冻胀和春季因融化作用而引起的路基翻浆。冻胀和冻融都会使路基土强度发生极大改变而对路基造成破坏，危害道路的安全和影响道路的正常使用。

路基土冻害具有季节性。冬季，由于路基土中水的冻结作用，使土体体积增大而形成路基隆起；春季，地表冰层融化较早，而下层尚未解冻，融化层的水难以下渗，致使上层土的含水量增大而软化，强度降低。在外荷载的作用下路基出现翻浆现象。

4. 构筑材料问题

路基工程需要的构筑材料种类较多，包括道砟、土料、片石、砂和碎石等。而且所需数量较大，要求各种构筑材料产地最好沿线路两侧零散分布。这些材料的质量好坏和运输距离的远近，直接影响工程的质量和造价。因此，寻找符合要求的天然构筑材料有时成为道路选线的关键问题。

针对上述问题，在工程地质勘察中必须做到以下 4 点：

（1）确定路堑边坡值。

（2）掌握好路堤基底的地质结构、构造及下伏基岩面的倾斜状态。

（3）选择好路堤填料和确定取土位置。

（4）摸清路基水文地质条件，提出排水措施。

16.2.3 道路工程地质勘察要点

道路工程地质勘察一般分为预可行性研究阶段工程地质勘察（简称预可勘察）、工程可行性研究阶段工程地质勘察（简称工可勘察）、初步设计阶段工程地质勘察（简称初步勘察）、施工图设计阶段工程地质勘察（简称详细勘察）四个阶段。

1. 预可勘察阶段

该阶段应充分收集区域地质、地震、气象、水文、采矿、灾害防治与评估等资料，采用资料分析、遥感工程地质解译、现场踏勘调查等方法，对各路线走廊带或通道的工程地质条件进行研究，完成下列各项工作内容：

（1）了解各路线走廊带或通道的地形地貌、地层岩性、地质构造、水文地质条件、地震动参数、不良地质和特殊性岩土的类型及其分布范围和发育规律。

（2）了解当地建筑材料的分布状况和采购运输条件。

（3）评估各路线走廊带或通道的工程地质条件及主要工程地质问题。

（4）编制预可行性研究阶段工程地质勘察报告。

预可勘察报告应提供下列资料：

1）文字说明。应对拟建工程项目的工程地质条件、存在的工程地质问题及筑路材料的分布状况和运输条件等进行说明，对各路线走廊带或通道的工程地质条件进行评估，对下一阶段的工程地质勘察工作提出意见和建议。

2）图表资料。1∶50000～1∶100000 路线工程地质平面图及附图、附表、照片等；跨江、跨海的桥隧工程，应编制地质剖面图。

遥感解译及踏勘调查应沿拟定的路线及其两侧的带状范围进行，工程地质调查的比例尺为 1∶100000～1∶50000，调查的宽度应满足路线走廊及通道方案必选的需要。

2. 工可勘察阶段

工可勘察阶段应初步查明道路沿线的工程地质条件和对道路建设规模有影响的工程地质问题。该阶段应以资料收集和工程地质调绘为主，辅以必要的勘探手段，对项目建设各工程方案的工程地质条件进行研究，完成下列各项工作内容：

（1）了解各路线走廊带或通道的地形地貌、地层岩性、地质构造、水文地质条件、地震动参数、不良地质和特殊性岩土的类型、分布及发育规律。

（2）初步查明沿线水库、矿区的分布情况及其与路线的关系。

（3）初步查明控制路线及工程方案的不良地质和特殊性岩土的类型、性质、分布范围及发育规律。

（4）初步查明技术复杂大桥桥位的地层岩性、地质构造、河床和岸坡的稳定性、不良地质和特殊岩土的类型、性质、分布范围及发育规律。

（5）初步查明长隧道隧址的地层岩性、地质构造、水文地质条件、隧道围岩分级、进出口地带斜坡的稳定性、不良地质和特殊岩土的类型、性质、分布范围及发育规律。

（6）对控制路线方案的越岭地段、区域性断裂通过的峡谷、区域性储水构造，初步查明其地层岩性、地质构造、水文地质条件及潜在不良地质的类型、规模、发育规律。

（7）初步查明筑路材料的分布、开采、运输条件以及工程用水的水质、水源情况。

（8）评价各路线走廊或通道的工程地质条件，分析存在的工程地质问题。

（9）编制工程可行性研究阶段工程地质勘察报告。

本阶段的工程地质调绘，应对区域地质、水文地质以及当地采矿资料等进行复核，对区域地层界线、断层线、不良地质和特殊性岩土发育地带、地下水排泄区等应进行实地踏勘，并做好复核记录。本阶段调绘的比例尺为1∶50000～1∶10000，勘察范围应包括各路线走廊或通道所处的带状区域。

3. 初步勘察阶段

初步勘察应基本查明道路沿线及各类构筑物（包括路基、陡坡路堤、深路堑、支挡工程、河岸防护工程、涵洞、隧道、桥梁等）建设场地的工程地质条件，为工程方案选择及初步设计文件编制提供地质资料。初步勘察应与路线和各类构筑物的方案设计相结合，根据现场地形地质条件，采用遥感解释、工程地质调绘、钻探、物探、原位测试等手段相结合的综合勘察方法，对路线及各类构筑物工程建设场地的工程地质条件进行勘察，并对工程项目建设可能诱发的地质灾害和地质环境问题进行分析、预测，评估其对道路工程和环境的影响。

4. 详细勘察

详细勘察阶段应详细查明道路沿线及各类构筑物（包括路基、陡坡路堤、深路堑、支挡工程、河岸防护工程、涵洞、隧道、桥梁等）建设场地的工程地质条件，为施工图设计提供地质资料。详细勘察应充分利用初勘取得的各项资料，采用以钻探测试为主，调绘物探、简易勘探等手段为辅的综合勘察方法，对路线及各类构筑物工程建设场地的工程地质条件进行勘察。

16.3　桥梁工程地质勘察

桥梁是道路跨越河流、山谷或不良地质现象发育地段而修建的构筑物。桥梁是道路工程中的重要组成部分，也是道路选线时考虑的重要因素之一，大、中型桥梁的桥位大多是选线方案比较的控制因素之一。桥梁工程的特点是通过桥台和桥墩把桥梁上的荷载，如桥梁自重、车辆和行人荷载，传递到地基中去。桥梁工程一般都是建造在沟谷和江河湖海上，这些地区本身工程地质条件一般都比较复杂，加之桥台和桥墩的基础需要深挖填埋，也会引起一些更为复杂的工程地质问题。

按照持久状况承载力极限状态设计时，《公路桥涵设计通用规范》（JTG D60—2015）根据桥涵结构破坏可能产生后果的严重程度将其划分为三个设计等级，见表16.1。

表16.1　公路桥涵结构的设计安全等级

设计安全等级	桥涵结构
一级	特大桥、重要大桥
二级	大桥、中桥、重要小桥
三级	小桥、涵洞

表16.1中的重要大桥和小桥，是指高速公路和一级公路、国防公路及城市附近繁忙公路上的桥梁；特大桥、大桥、中桥、小桥的划分，应按《公路桥涵设计通用规范》（JTG D60—2015）规定的单孔跨径确定，见表16.2。

表 16.2　公路桥涵结构的设计安全等级

桥涵分类	多孔跨径总长 L/m	单孔跨径 L_k/m
特大桥	$1000<L$	$150<L_k$
大桥	$100\leqslant L\leqslant 1000$	$40\leqslant L_k\leqslant 150$
中桥	$30<L<100$	$20\leqslant L_k<40$
小桥	$8\leqslant L\leqslant 30$	$5\leqslant L_k<20$
涵洞	—	$L_k<5$

16.3.1　桥梁工程地质问题

桥梁的主要工程地质问题集中于桥墩和桥台，包括桥墩和桥台的地基稳定性、桥台的偏心受压、桥墩和桥台地基基础的冲刷问题。

1. 桥墩和桥台的地基稳定性

桥墩和桥台地基稳定性主要取决于桥墩和桥台地基中岩土体的承载力。是桥梁设计的重要力学参数之一，对选择桥梁的基础和确定桥型起着决定性的作用，并且影响工程造价。

桥墩和桥台的基底面积虽然不大，但是由于桥梁工程处于地质条件比较复杂地段，不良地质现象严重影响桥基的稳定性。如在溪谷沟底、河流阶地、古河湾及古老洪积扇等处修建桥墩和桥台时，往往遇到强度很低的饱水淤泥和淤泥质软土层，有时也遇到较大的断层破碎带、近期活动的断裂层，或基岩面高低不平、风化深槽、软弱夹层，或深埋的古滑坡等地段。这些不良地质现象均能使桥墩台基础产生过大沉降或不均匀下沉，甚至造成整体滑坡。

2. 桥台的偏心受压

桥台除了承受垂直压力外，还承受坡岸的侧向主动土压力。在有滑坡的情况下，还受到滑坡的水平推力作用，使桥台基底总是处在偏心荷载状态下。桥台的偏心荷载是由于车辆在桥梁上行驶突然中断而产生的，这种作用对桥台的稳定性影响很大。

3. 桥墩和桥台地基基础的冲刷

桥墩和桥台的修建，使原来的河槽过水断面减小，增大了局部河水流速，改变了河水流态，对其地基基础产生强烈冲刷。有时河水会把河床中的松散沉积物局部或全部冲走，进而冲刷桥墩和桥台的地基和基础。因此桥墩台基础的埋深，除决定于持力层外，还应满足以下要求：

（1）桥位应尽可能选择在河道顺直，水流集中、河床稳定的地段，以保持桥梁使用期间不受河流强烈冲刷的破坏或由于河流改道而失去作用。

（2）桥位应选择在岸坡稳定，地基条件良好，无严重不良地质现象的地段，以保证桥梁和引道的稳定、减低工程造价。

（3）桥位应尽可能避开顺河方向及平行桥梁轴线方向的大断裂带，尤其不可在未胶结的断裂破碎带和具有活动可能的断裂带上建桥。

16.3.2　桥梁工程地质勘察要点

桥梁工程地质勘察一般包括两项内容：一是对各比较方案进行调查，配合路线，选择地质条件比较好的桥位；二是对选定的桥位进行详细的工程地质勘察，为桥梁及其附属工程的设计和施工提供地质资料。

1. 初步设计勘察阶段

初步勘察阶段目的在于查明桥址各线路方案的工程地质条件，并对建桥适宜性和稳定性有关的工程地质条件作出结论性评价，为选择最优方案、初步论证桥梁基础类型和施工方法提供必要的工程地质资料，此阶段的勘察要点如下：

（1）查明河谷的地质及地貌特征，覆盖岩土层的性质、结构和厚度，基岩的地质构造和埋藏深度。

（2）确定桥梁基础范围内的基岩类型，获取其强度指标和变形参数。

（3）查明桥址区内第四纪沉积物和基岩中含水层状况、水头高度以及地下水的侵蚀性，并进行抽水试验、研究岩石的渗透性。

（4）论述滑坡及岸边冲刷对桥址区内岸坡稳定性的影响，查明河床下岩溶发育情况及区域地震基本烈度等问题。

2. 施工设计勘察阶段

施工设计勘察阶段是在选定的桥址方案提供桥墩和桥台施工设计所需的工程地质资料，该阶段的勘察要点如下：

（1）查明桥位区地层岩性、地质构造、不良地质现象的分布及工程地质特性。

（2）探明桥梁墩台和调治构造物地基的覆盖层及基岩风化层的厚度、墩台基础岩体的风化与构造破碎程度、软弱夹层情况和地下水状态。

（3）测试岩土的物理力学、化学特性，定量评价地基承载力和桩壁摩阻力、桩端支承力等。

（4）对边坡及地基的稳定性、不良地质的危害程度和地下水对地基的影响程度作出评价。

（5）对地质复杂的桥基或特大的塔墩、锚锭基础应采用综合勘探，并根据设计需要，可现场鉴定岩土地基特性。

（6）调查河流的洪水水位、流量、流速、冲刷掏蚀深度等水文要素。

16.4 隧道工程地质勘察

隧道工程地质勘查是根据公路基本建设的各个阶段对地质资料的要求而分阶段进行，一般采用资料搜集与研究、工程地质调绘、钻探、物探及各种测试试验等综合勘查方法、手段进行勘查，其最终目的是详细查明隧址区的地质条件，确定隧道围岩级别，为隧道施工布置、各段洞身掘进方法及施工工艺、支护及衬砌类型或整治工程设计提供详细可靠的工程地质依据。

1. 隧道的位置

根据地质条件选择隧道的位置应符合下列规定：

（1）隧道应选择在地层稳定、构造简单、地下水不发育、进出口条件有利的位置，隧道轴线宜与岩层、区域构造线的走向垂直。

（2）隧道应避免沿褶皱轴部、平行于区域性大断裂，以及在断裂交汇部位通过。

(3) 隧道应避开高应力区，无法避开时洞轴线宜平行最大主应力方向。

(4) 隧道应避免通过岩溶发育区、地下水富集区和地层松软地带。

(5) 隧道洞口应避开滑坡、崩塌、岩堆、危岩、泥石流等不良地质，以及排水困难的沟谷低洼地带。

(6) 傍山隧道，洞轴线宜向山体一侧内移，避开外侧构造复杂，岩体卸荷开裂，风化严重，以及堆积层和不良地质地段。

2. 隧道勘察内容

隧道勘察的初勘阶段应根据现场地形地质条件，结合隧道的建设规模、标准和方案比选，确定勘查的范围、内容和重点，并应基本查明以下内容：

(1) 地形地貌、地层岩性、水文地质条件、地震动参数。

(2) 褶皱的类型、规模、形态特征。

(3) 断裂的类型、规模、产状，破碎带宽度、物质组成、胶结程度、活动性。

(4) 隧道围岩岩体的完整性、风化程度、围岩等级。

(5) 隧道进出口地带的地质结构、自然稳定状况、隧道施工诱发滑坡等地质灾害的可能性。

(6) 隧道浅埋段覆盖层的厚度、岩体的风化程度、含水状态及稳定。

(7) 水库、河流、煤层、采空区、气田、含盐地层、膨胀性底层、有害矿体及富含放射性物质的地层的发育情况。

(8) 不良地质和特殊性岩土的类型、分布、性质。

(9) 深埋隧道及构造应力集中地段的地温、围岩产生岩爆或大变形的可能性。

(10) 岩溶、断裂、地表水体发育地段产生突水、突泥及塌方冒顶的可能性。

(11) 傍山隧道存在偏压的可能性及其危害。

(12) 洞门基底的地质条件、地基岩土的物理力学性质和承载力。

(13) 地下水的类型、分布、水质、涌水量。

(14) 平行导洞、斜井、竖井等辅助坑道的工程地质条件。

当两个或两个以上的隧道工程方案需进行同深度比选时，应进行同深度勘查。

3. 工程地质及水文地质调绘规定

(1) 工程地质调绘应沿拟定的隧道轴线及其两侧各不小于200m的带状区域进行，调绘比例尺为1∶2000。

(2) 当两个及以上特长隧道、长隧道方案进行比选时，应进行隧址区域工程地质调绘，调绘比例尺为1∶10000～1∶50000。

(3) 特长隧道及长隧道应结合隧道涌水量分析评价进行专项区域水文地质调绘，调绘比例尺为1∶10000～1∶50000。

(4) 工程地质调绘及水文地质调绘采用的地层单位宜结合水文地质及工程地质评价的需要划分至岩性段。

(5) 有岩石露头时，应进行节理调查统计。节理调查统计点应靠近洞轴线，在隧道洞身及进出口地段选择代表性位置布设，同一围岩分段的节理调查统计点数量不宜少于2个。

4. 工程地质勘探规定

(1) 隧道勘探应以钻探为主，结合必要的物探、挖深等手段进行综合勘探。钻孔宜沿隧道中心线，并在洞壁外侧不小于5m的下列位置布置：①地层分界线、断层、物探异常点、储水构造或地下水发育地段；②高应力区围岩可能产生岩爆或大变形的地段；③膨胀性岩土、岩盐等特殊性岩土分布地段；④岩溶、采空区、隧道浅埋段及可能产生突泥、突水部位；⑤含煤、含放射性物质的地层；⑥覆盖层发育或地质条件复杂的隧道出口。

（2）勘探深度应至路线设计高程以下不小于5m。遇采空区、岩溶、地下暗河等不良地质时，勘探深度应至稳定底板以下不小于8m。

（3）洞身段钻孔，在设计高程以上3～5倍的洞径范围内应采取岩、土试样，同一地层中岩、土试样的数量不宜少于6组；进出口段钻孔，应分层采取岩、土试样。

（4）遇到地下水时，应进行水位观测和记录，量测初见水位和稳定水位，判明含水层位置、厚度和地下水的类型、流量等。

（5）在钻探过程中，遇到有害气体、放射性矿床时，应做好详细记录，探明其位置、厚度，采集试样进行测试分析。

（6）对岩体单一、露头清楚、地质构造简单的短隧道，可通过调绘查明隧址工程地质条件。

5. 隧道初勘应提供资料

（1）地质条件简单的短隧道可列表说明其工程地质条件；特长隧道、长隧道、中隧道和地质条件复杂的短隧道应按工点编制文字说明和图表资料。

（2）文字说明。应对隧道工程建设场地的水文地质及工程地质条件进行说明，分段评价隧道的围岩等级；分析隧道进出口地段边坡的稳定性及形成滑坡等地质灾害的可能性；分析高应力区岩石产生岩爆和软质岩产生围岩大变形的可能性；对傍山隧道产生偏压的可能性进行评估；分析隧道通过储水构造、断裂带、岩溶等不良地质地段时产生突水、突泥、塌方的可能性；隧道通过煤层、气田、含盐地层、膨胀性地层、有害矿体、富含放射性物质的地层时，分析有害气体（物质）对工程建设的影响；对隧道的地下水涌水量进行分析计算；评估隧道工程建设对当地环境可能造成的不良影响及隧道工程建设场地的适宜性。

（3）图表资料。1∶10000隧址区域水文地质平面图；1∶10000隧址区域工程地质平面图；1∶2000隧道工程地质平面图；1∶2000隧道工程地质纵断面图；1∶100～1∶2000隧道洞口工程地质平面图；1∶100～1∶200隧道洞口工程地质断面图；1∶50～1∶200钻孔柱状图；物探、测井资料；原位测试、地应力测量资料；水文地质测试资料；岩、土、水测试资料；有害气体、放射性矿体、地温测试资料；附图、附表和照片。

6. 隧道详勘

隧道工程详勘应根据现场地形地质条件和隧道类型、规模制订勘查方案，查明隧址的水文地质及工程地质条件，其内容应符合上述初勘中的相关内容。

隧道工程详勘应对初勘工程地质调绘资料进行核实。当隧道偏离初步设计位置或地质条件需进一步查明时，应进行补充工程地质调绘，补充工程地质调绘的比例尺为1∶2000。

勘探测试点应在初步勘查的基础上，根据现场地形地质条件及水文地质、工程地质评价的要求进行加密。勘探、取样、测试应符合《公路工程地质勘察规范》(JTG C20—2011）中有关勘探取样的规定。

思考与练习

1. 工程地质勘察可分为哪几个阶段？每个阶段的工作要求是什么？
2. 简述道路工程的主要工程地质问题和勘察要点。
3. 简述桥梁工程的主要工程地质问题和勘察要点。
4. 简述隧道工程的主要工程地质问题和勘察要点。

参 考 文 献

[1] 陈洪江. 土木工程地质 [M]. 北京：中国建材工业出版社，2005.

[2] 孔宪立. 工程地质学 [M] 北京：中国建筑工业出版社，2001.

[3] 左建. 地质地貌学 [M]. 2版. 北京：中国水利水电出版社，2007.

[4] 于玲，王占飞. 工程地质学（含实验指导）[M]. 北京：中国建材工业出版社，2016.

[5] 窦明健. 公路工程地质 [M]. 4版. 北京：人民交通出版社，2017.

[6] 宋春青，邱维理，张振春. 地质学基础 [M]. 4版. 北京：高等教育出版社，2010.

[7] 曹伯勋. 地貌学及第四纪地质学 [M]. 北京：中国地质大学出版社，1995.

[8] 胡厚田，白志勇. 土木工程地质 [M]. 北京：高等教育出版社，2009.

[9] 孔思丽. 工程地质学 [M]. 重庆：重庆大学出版社，2001.

[10] 陈希哲. 土力学地基基础 [M]. 4版. 北京：清华大学出版社，2004.

[11] 中国建筑科学研究院. 建筑地基基础设计规范：GB 50007—2011 [S]. 北京：中国建筑工业出版社，2012.

[12] 交通部公路科学研究院. 公路土工试验规程：JTG E40—2007 [S]. 北京：人民交通出版社，2007.

[13] 中交公路规划设计院有限公司. 公路桥涵地基与基础设计规范：JTG D63—2007 [S]. 北京：人民交通出版社，2007.

[14] 孔宪立，石振明. 工程地质学 [M]. 北京：中国建筑工业出版社，2011.

[15] 齐丽云. 工程地质 [M]. 北京：人民交通出版社，2005.

[16] 孔思丽. 工程地质学 [M]. 重庆：重庆大学出版社，2005.

[17] 孙家齐. 陈新民. 工程地质 [M]. 3版. 武汉：武汉理工大学出版社，2007.

[18] 中华人民共和国建设部. 岩土工程勘察规范：GB 50021—2001 [S]. 北京：中国建筑工业出版社，2002.

[19] 李斌. 公路工程地质 [M]. 北京：人民交通出版社，1995.

[20] 孙家齐，陈新民. 工程地质 [M]. 3版. 武汉：武汉理工大学出版社，2007.

[21] 孔纪名，阿发友，吴文平. 汶川地震滑坡类型及典型实例分析 [J]. 水土保持学报，2009，23（6）：66-70.

[22] 中华人民共和国交通运输部. 汶川地震公路震害图集 [S]. 北京：人民交通出版社，2009.